차 례

머리말 ··· (4)
제1장. 음성에 대한 물리음향학적리해 ·················· (6)
  제1절. 소리와 말소리 ································· (6)
    1. 소리 ··· (6)
    2. 말소리의 물리적 및 생리적, 심리적특성 ·········· (9)
  제2절. 말소리조성과정 ······························· (16)
    1. 발음기관의 구조작용 ··························· (16)
    2. 목청음의 발생 ································· (18)
    3. 발음통로에서의 공명과 모음발생 ················ (19)
    4. 자음의 발생 ···································· (22)
  제3절. 음성발생의 모형화수법 ······················ (27)
    1. 계의 고유떨기수결정 ··························· (27)
    2. 음향계와 전기음향회로의 대응 ·················· (34)
    3. 발음통로의 음향계에로의 대응 ·················· (44)
    4. 음성생성과정의 모형화 ························· (52)
제2장. 조선어의 어음론적현상 ························ (58)
  제1절. 음운변이와 변종 ······························ (59)
    1. 음운변이 ······································· (59)
    2. 음운변종 ······································· (64)
  제2절. 자음의 유성화와 모음의 무성화현상 ········· (68)

제3절. 어음변화현상 ······································· (71)
   1. 현행적인 어음변화 ································· (71)
   2. 발음관습에 의하여 일어나는 어음변화 ············ (80)
   3. 그밖의 특수한 어음변화현상들 ··················· (82)

제4절. 단어의 소리마루 ································· (85)

제5절. 억양 ··· (90)

제3장. 음성정보의 전처리 ································ (97)

제1절. 음성의 특징정수결정 ····························· (97)
   1. 시간파형의 특징정수결정 ························· (97)
   2. 시간주파수특징정수분석 ··························· (110)

제2절. 음성정보의 처리단위 ····························· (117)
   1. 음소단위 ··· (118)
   2. 음운단위 ··· (120)
   3. 소리마디단위 ····································· (146)
   4. 음운련쇄단위 ····································· (151)
   5. 통계적수법에 의한 음성단위 ····················· (152)
   6. 복합음성단위 ····································· (154)
   7. 단어단위 ··· (155)

제3절. 음성단위의 정합 ································· (155)
   1. 동적계획(Dynamic Programing –
      DP)정합법 ······································· (156)
   2. 숨은마르꼬브모형(Hidden Markov
      Model—HMM)에 의한 정합법 ··················· (160)
   3. 신경회로망모형에 의한 정합법 ··················· (164)

제4절. 음성정보의 자료기지화(음성코퍼스) ············· (166)

제4장. 조선어음성합성 ··(174)
 제1절. 음성합성방법 ··(174)
  1. 음성합성방법의 일반적분류 ·······························(174)
  2. 본문음성합성방법 ··(180)
 제2절. 홀소리마디합성 ···(185)
  1. 홀소리마디의 합성모형 ····································(185)
  2. 홀소리마디합성을 위한 파형자료 ······················(190)
  3. 홀소리마디합성알고리듬 ··································(193)
 제3절. 련속음성합성 ··(203)
  1. 음성합성단위의 련결 ·······································(204)
  2. 련속음성합성의 운률조종 ································(214)
제5장. 조선어음성인식 ··(227)
 제1절. 음성인식의 일반적리해 ······································(227)
  1. 음성인식에 대한 일반적개념 ····························(227)
  2. 음성인식의 일반적인 방법 ·······························(229)
  3. 음성인식방법의 분류 ·······································(229)
 제2절. 우리 말 음소식별과 인식 ··································(232)
  1. 음소식별 ···(233)
  2. 음소인식 ···(242)
 제3절. 우리 말 단어와 련속단어음성인식 ····················(257)
  1. 우리 말 단어음성인식 ·····································(257)
  2. 우리 말 련속단어음성인식 ······························(271)

머 리 말

《새로운 과학분야를 개척하며 최신과학기술의 성과를 인민경제에 널리 받아들이기 위한 연구사업을 전망성있게 하여야 합니다.》

《음성공학》은 사람들의 언어생활과정에 발현되는 음성의 본질적특성을 밝혀 그것을 인민경제 여러 부문에 효과적으로 리용하기 위한 응용과학의 한 분야이다.

사람들사이의 언어교제는 말과 글로써 이루어진다. 여기서 말소리(음성)는 사람들이 장구한 력사적기간에 걸쳐 창조한 사회적산물인 동시에 소리라는 물리적특성도 가지고있다. 그러므로《음성공학》은 언어학과 기초과학, 응용공학들과 밀접히 련관되여있다.

사람들사이의 언어적인 교제과정에 발현되는 음성은 언어적인 정보를 가진것으로서 자연계에서 이루어지는 다른 소리들과 다르며 사람들의 발음기관을 통하여 이루어지는것으로 하여 발음생리학적 및 물리음향학적인 특성을 가진다.

음성의 연구는 최소의 어음구성단위로부터 완결된 문장단위의 어음구성단위에 이르기까지 그 형성과정에 대하여 발음생리학적 및 물리음향학적측면에서 깊이있게 진행되여야 한다.

음성은 사람들의 목적의식적인 언어행위에 의하여 이루어지는 것만큼 그를 반영한 언어학적인 특성을 가진다.

언어는 사람들의 자주적이며 창조적인 활동에 의하여 장구한 력사적과정을 통하여 이루어진 사회적인 창조물이다.

언어현상으로서의 음성에는 말하는 내용과 목적, 말하는 사람의 사상감정과 심리상태, 말투가 종합적으로 반영되여있다.

그러므로 음성언어의 연구는 매개 민족어의 구조적특성에 토대하여 진행되여야 한다.

음성언어의 어음구조적특성과 물리음향학적속성을 깊이 알아야 그에 기초하여 음성을 응용하기 위한 리론과 방법, 기술수법과 수단들을 정확히 적용할수 있다.

《음성공학》은 말소리형성과정에 대한 발음생리학적 및 물리음향학적인 고찰을 통하여 여러 분야에서 음성을 응용하기 위한 음성의 본질적특성에 대한 리해를 깊이 주고 실험음성학적인 견지에서 어음론적구성단위들과 현상들을 분석평가하여 구체적인 자료를 마련하는것을 자기의 연구대상으로 한다. 또한 이에 토대하여 자연음성의 기계적처리를 위한 응용리론과 방법, 기술수법과 수단들을 확립하는것을 자기의 연구대상으로 한다.

언어에 대한 연구는 철저히 주체적립장에서 자기 민족어에 고유한 특성을 밝히고 그것을 더욱 발전시켜 효과적으로 리용하는데 중점을 두고 진행하여야 한다.

이런 견지로부터 《조선어음성공학》은 먼저 음성발성과정에 대한 발음생리학적 및 물리음향학적해석을 줌으로써 음성정보처리에서 기본으로 되는 음성특징인자들에 대한 일반적인 리해를 주며 음성정보처리의 기초자료로서 조선어에서의 어음론적인 구성단위들과 현상들에 대한 개념과 물리적특징량들을 제시하는것과 함께 현실적으로 조선어정보처리에서 기본적인 몫을 차지하는 음성합성과 음성인식에서의 기술수법과 수단들을 서술하는것을 목적으로 한다.

제1장. 음성에 대한 물리음향학적리해

사람들이 말을 할 때 내는 소리를 자연계에서 일어나는 보통소리들과 구별하여 말소리라고 하며 이 언어적인 정보를 가진 말소리를 공학적인 측면에서 취급할 때 보통 자연계에서 일어나는 소리들과 구별하여 음성이라고도 한다.

말소리는 사람들의 목적의식적인 활동에 의하여 발음기관의 작용으로 일어난다. 사람들은 이것을 청각기관을 통하여 듣고 그 말소리의 언어적인 정보를 인식한다.

사람들의 청각기관을 작용시켜 그의 언어적인 정보를 인식하게 하는 직접적인 물질적인자로서 말소리의 특성을 본질적측면에서 리해하기 위해서는 발음기관의 조음운동특성을 구체적으로 고찰한데 기초하여 이 조음운동의 결과로 이루어지는 말소리에 대한 물리음향학적인 해석을 따라 세워야 한다. 그러지 않고서는 복잡하고 다양하게 이루어지는 어음론적인 현상들을 원리적으로 해석하기가 어렵다.

제1절. 소리와 말소리

1. 소 리

그림 1-1과 같이 설치된 음차를 망치로 때렸을 때 음차는 떨기를 하며 그로부터 음차주위의 공기는 밀리우고 끌리우는 운동을 하게 된다. 음차의 떨기에 의하여 밀리우는 순간에 주위공기는 압축되여 밀도가 높아진다. 처음에 음차에 의하여 밀리운 공기는 팽창하면서 그 다음의 공기를 압축한다. 이렇게 하여 공기의 압축과

정은 빠른 속도로 주위공간으로 전
파된다.
 한편 음차의 떨기에 의하여 주
위공기가 끌려오게 되면 순간적으로
음차주위의 공기가 희박해지고 이로
부터 그 다음에 놓여있던 공기가 끌
려오게 된다. 이렇게 하여 공기의
확산과정도 빠른 속도로 주위공간에
로 전파된다.

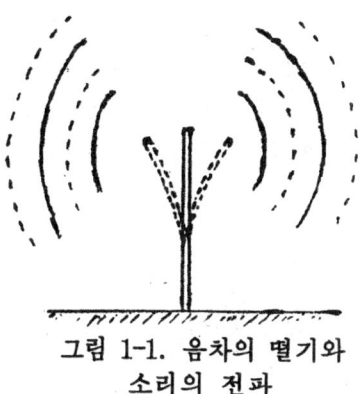

그림 1-1. 음차의 떨기와 소리의 전파

 이런 주기적인 공기의 압축과
확산으로 공기의 밴 부분과 성긴 부분이 전파되는데 이 공기의 운
동이 사람의 청각기관을 자극할 때 사람들은 그것을 감각하고 소리
라고 한다.
 소리는 공기의 흐름이 아니라 압축과 확산과정에 이루어지는
공기의 압축과 확산과정의 전파이다.
 이러한 압축과 확산과정은 공기의 밴 부분과 성긴 부분을 형성
하는데 이 과정은 곧 공기의 떨기를 의미하며 이 떨기의 전파가 곧
소리로 된다.
 음차가 떨면서 한번 공기를 압축하고 다음번에 다시 압축하는
시간을 떨기주기라고 하며 음차가 떠는 폭을 떨기너비라고
한다. 그리고 정해진 단위시간동안에 떠는 회수를 떨기수라고
한다.
 떨기수와 떨기주기사이에는 다음과 같은 관계가 성립한다.

$$f = \frac{1}{T} \qquad (1-1)$$

 여기서 f 는 떨기수, T 는 떨기주기이다.
 음차의 떨기에 의하여 소리가 발생하는것만큼 음차의 떨기주기
와 소리의 떨기주기는 같으며 음차의 떨기너비와 소리의 떨기너비
는 비례관계에 놓이게 된다.
 소리의 떨기너비는 음차의 떨기에 의한 공기의 압축과 확산이
얼마나 크게 이루어지는가에 의하여 결정된다. 즉 압축과 확산으로

인한 공기압력변화의 최대크기를 소리의 떨기너비라고 한다.

이와 같이 리상적인 음차의 떨기에 의하여 단 하나의 떨기수를 가진 떨기너비가 일정한 소리를 단순음이라고 한다.

공기의 압축과 확산에 의한 압력변화과정을 다음과 같은 식으로 표시할수 있다.

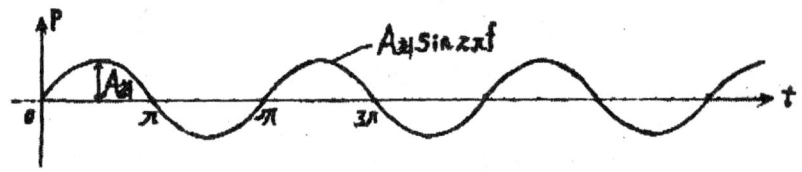

그림 1-2. 단순파의 그라프적표시

$$P = A_{최} \sin(2\pi f + Q) \qquad (1-2)$$

여기서 $A_{최}$는 떨기너비의 최대값이다.

소리의 압력변화과정을 그라프적으로 고찰하면 그림 1-2와 같다.

실지 우리들의 생활에서 단순음을 듣는 일은 거의 없다. 그러

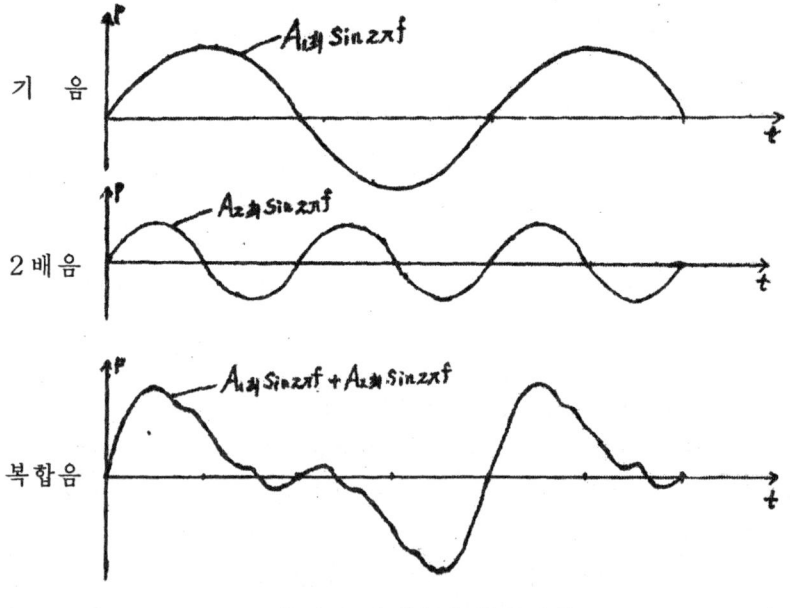

그림 1-3. 복합음의 형성과정

나 많은 경우의 소리들은 이러한 단순음들의 합성으로 이루어졌다. 목청음의 경우에 이것은 단순음들인 기음과 배음들의 합성으로 이루어진것이다.

그림 1-3에서 보여준것과 같이 떨기수와 떨기너비가 서로 다른 단순음들의 합성으로 이루어진 음을 복합음이라고 한다.

그림 1-3에서와 같이 합성되는 단순음들사이에 떨기수에서 정수배의 조화관계가 성립되면 합성된 복합음의 파형은 일정한 주기성을 띠며 이 주기는 기음의 떨기주기와 일치한다.

복합음의 한 형태로서 합성된 단순음들의 떨기수들이 정수배의 조화관계를 가지지 않는 음을 잡음 또는 소음이라고 한다.

이 소리들은 파형태가 불규칙적으로 변화된다.

2. 말소리의 물리적 및 생리적, 심리적특성

소리는 물리적측면에서 높이, 세기, 음질의 세 측면에서 특징 짓는다.

소리의 높이, 세기, 음질을 소리의 세 요소라고 한다.

그러나 언어적인 정보를 가진 말소리는 자연계에 존재하는 일반적인 소리와 같이 세 요소로 특징짓기에는 매우 불충분하다.

말소리의 언어적인 정보를 특징짓기 위해서는 높이, 세기, 음질뿐아니라 길이, 3차원적인 파형태와 스펙트르구조, 언어적인 음색 등 보다 구체적인 특징량들이 필요하다.

소리의 높이는 떨기수가 서로 다른것으로 하여 서로 다른 소리로 들리게 하는 청각상의 소리느낌량을 말한다.

사람들의 소리의 높이에 대한 느낌은 떨기수의 증가에 정비례하지 않는다. 즉 소리의 떨기수가 배로 증가되였다고 하여 그 소리를 배로 높아진 소리로 감각하지 못한다.

떨기수가 다른 두 소리를 동시에 들을 때 떨기수의 상대적인 차 $\dfrac{\Delta f}{f}$ 가 2~3%보다 크면 사람들은 높이가 서로 다른 소리로 느낀다. 만일 세개의 소리의 떨기수가 f_1, f_2, f_3이고 그에 대응하

는 높이를 h₁, h₂, h₃이라고 할 때 떨기수의 비가

$$\frac{f_2}{f_1} = \frac{f_3}{f_2} \qquad (1-3)$$

이면 청각적느낌으로서의 높이의 차들은

$$h_2 - h_1 = h_3 - h_2 \qquad (1-4)$$

의 관계에 놓이게 된다. 즉 소리의 높이차가 같은것으로 된다. 이 로부터 다음과 같은 관계가 얻어진다. 즉 식 (1-3)에 로그를 취하고 식 (1-4)와 비교하면 소리의 높이 h 는 떨기수의 로그에 비례한다는것을 알수 있다.

$$h \sim \lg f \qquad (1-5)$$

이것은 자극의 크기에 대한 사람의 청각적느낌의 크기를 고려한 식으로 된다.

소리가 크다거나 작다는 개념은 소리의 세기와 직접 련관되여 있다. 그러나 꼭 일치하는것은 아니다. 소리의 세기는 객관적인 물리적척도로서 주어지는 량이고 소리의 크기는 소리의 세기에 대한 사람의 청각적느낌에 대한 판단과 관계되는 량이다.

소리를 느끼자면 소리의 세기가 일정한 한계보다 커야 하는데 그것은 떨기수에 따라 다르다.

소리로서 느끼는 최소의 세기를 청각적느낌밑한계라고 한다.

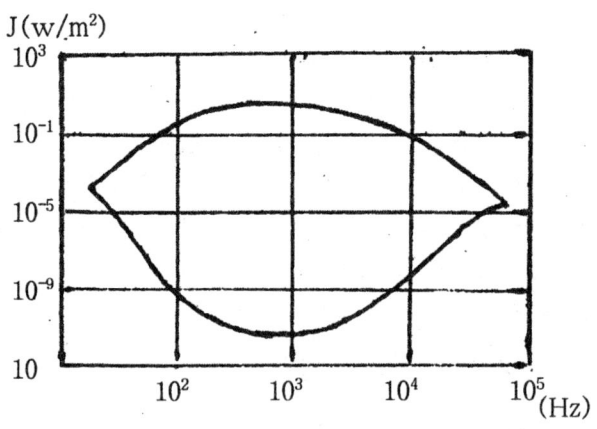

그림 1-4. 소리의 들림구역

사람의 귀는 1~4KHz범위내의 떨기수를 가진 소리들에 대하여 제일 잘 느끼는데 이 대역의 떨기수에 대한 청각적느낌밑한계는 $10^{-12}W/m^2$이다. 소리의 세기가 지나치게 크면 귀에 압박 또는 아픈감을 주며 소리로서 들리지 않는다. 이 한계를 청각적느낌웃한계라고 하며 대체로 $10^2 W/m^2$의 세기를 가진다.

그림 1-4에서 곡선에 의하여 닫긴구역이 소리가 들리는 구역이다.

소리의 크기는 소리의 세기에 직접 비례하지 않지만 소리의 세기의 로그에 근사적으로 비례한다. 즉 소리의 크기 J는 다음과 같다.

$$J = k\lg I \qquad (1-6)$$

여기서 k는 비례곁수이며 I는 소리의 세기이다.

소리의 크기는 소리의 세기가 셀수록 크다. 그러나 소리의 세기가 일정한 한계보다 작을 때에는 들리지 않으므로 소리의 크기를 정확히 평가하기 위하여 식 (1-6)대신에 소리의 준위를 표시하는 식을 쓴다.

떨기수가 1KHz인 소리에 대하여 소리느낌밑한계를 $I_0 = 10^{-12}W/m^2$로 잡고 그와 같은 떨기수를 가진 소리의 세기를 I라고 할 때 이 두 량의 비의 로그에 비례하는 량 L을 소리의 크기준위라고 한다.

$$L = k \lg I/I_0 \qquad (1-7)$$

여기서 k는 비례곁수이다. k를 1로 할 때 소리의 크기준위를 1벨(b), 그의 1/10을 데시벨(dB)이라고 한다.

$$L = \lg \frac{I}{I_0} (b); \qquad L = 10\lg \frac{I}{I_0} (dB) \qquad (1-8)$$

사람의 청각적느낌밑한계는 대체로 1dB이고 청각적느낌웃한계는 대체로 120dB정도이며 특수한 경우(어린이들의 경우)에 180dB, 지어 200dB까지 달하기도 한다.

떨기수와 소리의 세기가 같다 하더라도 서로 다른 음원에서 나오는 소리에 대한 느낌은 같지 않다.

개별적말소리들의 차이를 가려듣고 인식하게 되는것은 이 개별적말소리들의 음질이 서로 다르기때문이다.
　음질은 소리파의 모양에 의하여 결정된다.
　일반적으로 음성은 기본떨기에 대응하는 기음만이 아니라 고조떨기에 대응하는 고조성분들의 합성으로 이루어진 복합파이다.
　기본떨기와 고조떨기사이에 조화적관계가 있을 때 합성된 복합파는 주기성을 띠며 조화관계가 없으면 합성된 복합파는 주기성을 띠지 않는다.
　파형태는 소리스펙트르를 이루는 성분파들의 떨기와 떨기너비 및 자리각에 관계된다. 소리파의 모양을 규정하는데서 기본을 이루는것은 소리스펙트르이다. 즉 기음과 고조음들의 구성상태에 따라 파형태가 결정된다. 그러므로 기음이 같다고 해도 주요고조음의 떨기수와 떨기너비가 서로 다른것으로 하여 파형태가 달라지고 이런것으로 하여 청각적으로 서로 다르게 느낀다.
　소리스펙트르는 음원에 따라 다르다.
　소리를 스펙트르구조에 따라 크게 두가지로 나눈다.
　스펙트르들사이에 조화적인 관계가 있고 이로부터 일정한 간격으로 선스펙트르로 나타나는 소리를 악음이라고 하는데 대체로 현악기소리, 유성음 등이 여기에 속한다. 스펙트르들사이에 조화적인 관계가 없고 이로부터 무질서하게 무수히 많은 선스펙트르로 나타나는 소리를 잡음 또는 소음이라고 하는데 대체로 거리의 소음, 기계적소음, 스침소리, 터스침소리, 터침소리 등이 여기에 속한다.
　소리의 높이, 세기, 음질은 소리를 물리적측면에서 특징짓는 가장 중요한 요소로서 이것은 필요에 따라 어느 한순간 값으로 고찰할수도 있고 일정한 시간의 흐름속에서 고찰할수도 있다.
　그러나 언어적인 정보를 가진 음성을 고찰하는데서는 이 세 요소의 시간적인 정보가 매우 중요한 특징인자로 된다. 이것을 언어학적견지에서 말소리의 길이라고 한다.
　말소리들은 최소한 35ms이상의 길이를 가져야 언어적인 정보를 가진 어음으로 충분히 인식할수 있으며 말소리의 길고짧음은 그자체가 언어적인 의미를 나타내기도 한다.
　사람들은 말하는 사람을 직접 눈으로 보지 않고도 그가 누구이며 어떤 감정상태에서 어떤 목적을 가지고 말하는가 하는것을 알수 있다. 이것은 개별적말소리들이 언어학적정보를 가진 가장 본질적인 특성을 가지고있는것과 함께 언어외적인것 즉 발음생리적특성, 감정정서, 말하는 목적과 내용, 말투, 말하는 환경 등에 관계되는 특성을 가지고있기때문이다.

이런것들은 다 파형태와 스펙트르구조적특성에 관계되는것으로서 물리적견지에서 볼 때 음질에 속하는것이다. 그러나 언어학적견지에서는 말소리들사이의 음운론적차이를 나타내는 소리의 질적구성상태를 소리빛갈이라고 하고 언어외적인것들에 의하여 차이를 가지고 나타나는것을 색갈이라고 갈라본다.

말소리의 색갈은 사람들의 사상감정과 말하는 내용과 목적, 말투, 말하는 환경, 운률적요소 등에 영향을 주며 이로 하여 자기의 의사를 보다 정확히 상대방에게 전달하는데서 중요한 역할을 한다.

음성파형과 그의 주파수스펙트르는 푸리예변환 및 역푸리예변환관계에 있다.

일반적으로 음성의 물리적특성을 론할 때 파형과 함께 주파수스펙트르의 진폭스펙트르가 리용된다. 그것은 언어로서의 음성정보는 주로 발음기관들의 조음운동에 의하여 목청에서의 목청음의 발생과 그의 발음통로에서의 공명에 의한 목청음의 질적변화, 혀나 입술 등 발음기관들에 의한 소음적성격이 강한 음들로서 주어지고 그것이 파형태와 시간흐름속에서의 3차원적인 스펙트르에 종합적으로 나타나기때문이다. 또한 음파의 자리각차이는 사람이 그 음을 지각하는데 아무런 영향도 미치지 않는다.

모음의 주파수스펙트르에서 대표적인것이 극값(포르만트)과 령값(비포르만트)이다.

주파수스펙트르는 크게 유성음형스펙트르와 무성음형스펙트르로 나누어 고찰한다.

포르만트는 소리의 물리적특성을 특징짓는데서 중요한 징표로 오래전부터 써오지만 특히 음성에서는 여러가지 곤난한 점들로 하여 현재 음성특징파라메터의 한개 요소에 지나지 않는것으로 취급되고있다.

포르만트는 음성에서 에네르기가 큰 특징적인 구성음들이 놓인 주파수구역으로 정의한다. 그런데 자음과 같은데서는 포르만트를 정량적으로 정확히 평가할수 없다. 스침소리나 터침소리, 터스침소리들과 같은 자음들에서는 특징주파수구역들로 특징지을수 없으며 스펙트르포락으로 특징지어진다.

실지 언어행위과정에 이루어지는 음성에서 자음과 모음이 결합될 때 포르만트나 스펙트르포락은 심히 변화되고 그 변화의 형태가 매우 다양하다.

현재 음성을 특징짓는데서는 포르만트, 스펙트르포락과 함께 시간관계속에서의 파형태와 스펙트르, 조음조건 등 보다 구체적인 측면들이 적용되고있다.

파형을 특징짓는데서는 파형의 진폭준위분포, 령교차간격, 진폭극값계렬, 상관관계, 선형예측, 편자기상관, 마르코결수 등이 쓰이며 스펙트르를 특징짓는데서는 파형의 스펙트르포락, 포르만트, 극값 및 령값주파수, 음원 및 방사결수, 푸리예변환, 역푸리예변환, 상관함수, 선형예측, 케프스트람법 등이 쓰인다. 한편 조음조건에서는 발음통로의 모양과 그의 물리적특성, 방사특성 등이 고려되고있다.

음성은 생명체인 사람의 발음기관의 운동의 산물이고 또한 사람의 청각기관을 통하여 받아들이게 되므로 사람의 심리적 및 생리적특성과 밀접히 련관되여있으며 따라서 앞에서도 언급하였지만 소리의 느낌은 음성의 순수 선형적인 물리적특성량을 규정하는 척도와 다르다.

음성에 대한 연구는 어디까지나 사람의 발음기관과 말소리의 지각에 대한 연구이고 연구목적도 될수록 인간이 가지고있는 특성에 물리적특성과 장치를 따라 세우는것이다.

청각기관은 음향학적견지에서 보면 음에 대한 공명장치라고 할수 있다.

귀바퀴로부터 고막까지의 부분을 바깥귀, 고막으로부터 와우각입구까지의 부분을 중간귀, 이보다 안쪽에 있는 부분을 안귀라고 하는데 안귀의 와우각이 소리를 감수하는 작용을 한다.

바깥귀에서 고막까지의 구멍이 한끝이 막힌 음향관을 형성하므로 여기서 공명현상이 일어나는데 그의 기본떨기수는 3~4KHz범위에 있다. 따라서 이 떨기수범위의 소리들을 특별히 잘 듣는다.

고막의 안쪽 중심에서 좀 떨어진 곳에 추골이라는 작은 뼈가 붙어있다. 추골은 정골과 련결되고 정골은 등골과 련결되여 고막의 떨기너비를 지레대작용으로 작게 하고 그 대신 힘을 약 15배로 확대하여 란원창을 흔든다. 란원창의 떨기는 림파액이 가득찬 가늘고 긴 판을 감은 와우각에 전달된다. 와우각의 내부는 기저막에 의하여 두개 실로 갈라지고 란원창은 그 한쪽실의 입구에 닿아있고 다른 실의 입구는 중간귀와 면하고있는데 정원창이라고 한다.

기저막은 가로방향으로 놓인 많은 섬유들로 되였고 와우각의 꼭두점에 가면서 이 섬유들의 길이는 길어진다. 이 섬유에는 각각 신경이 련결되여 뇌수에 임플스를 보낸다.

소리의 떨기수가 작을 때에는 꼭두점부근의 긴 섬유가 많이 떨고 떨기수가 클 때에는 입구에 가까운 짧은 섬유가 많이 떤다. 따라서 와우각은 떨기수분석기 또는 스펙트르분석기의 역할을 수행한다. 와우각이 감수하고 분석할수 있는 떨기수범위는 16~2만Hz이며 우량도는 2~5이다.

음성에 대한 청각적느낌을 종합적으로 간단히 서술하면 다음과 같다.

청각기관은 음성신호의 자리각차이를 느끼지 못한다. 또한 음의 높이에 대한 느낌이 떨기수의 크기에 정비례하지 않으며 음의 크기에 대한 느낌도 역시 그 음의 세기에 정비례하지 않는다. 그리고 에네르기가 큰 구성성분음들 즉 스펙트르뾰족값들에 대하여 예민하다.

음성은 단순음들의 합성으로 이루어진 복합음이며 복합음성파를 일반적으로 표시하면 다음과 같은 푸리예합렬전개식으로 된다.

$$P(t) = \sum a_i e^{-j(2\pi f_i t - Q_i)} \qquad (1-9)$$

여기서 i는 i번째 소리구성성분, a_i는 매개 성분음의 소리압력의 떨기너비, f_i는 매개 성분음의 떨기수, Q_i는 매개 성분음의 자리각을 표시한다.

제2절. 말소리조성과정

1. 발음기관의 구조작용

말소리는 발음기관의 조음운동결과에 의하여 발생한다.
　발음기관은 어떤 의미에서 말소리를 내는 하나의 능률적인 기계장치와 같다고 할수 있다.
　언어가 사람들의 목적의식적인 창조적활동과정에 의하여 이루어진 사회적창조물이지만 그것을 음으로 실현시키는 수단은 발음기관이다.
　어떤 사물현상의 본질을 깊이 파악하기 위해서는 그 사물현상을 일으키는 대상에 대한 구체적인 리해가 중요하다.
　그 어떤 기계장치의 운동과정을 정확히 알려면 먼저 그 기계장치의 구조와 작용원리를 잘 알아야 하는것처럼 말소리형성과정을 잘 알려면 먼저 소리를 발생시키는 발음기관의 구조작용을 잘 알아야 한다.

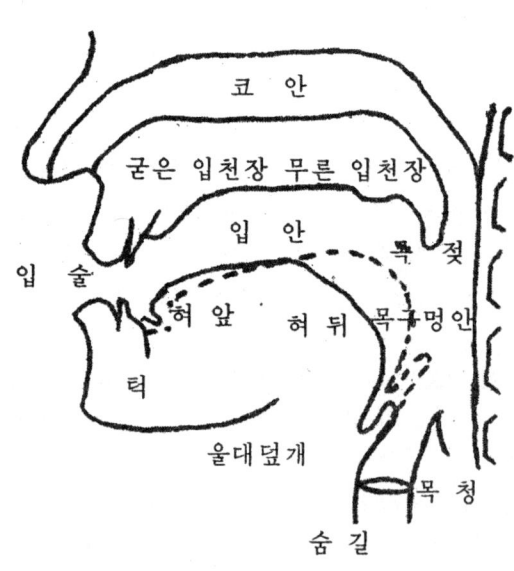

그림 2-1. 발음기관

말을 하기 위하여 소리를 내는데 참가하는 모든 생리적기관을 발음기관이라고 한다.(그림 2-1)
　발음기관은 말소리를 조성하는데서 노는 역할에 따라 세 부분으로 갈라볼수 있다.
　첫째로, 목청아래부분을 들수 있다.
　여기에는 횡경막, 폐, 기관지, 숨길 등이 속한다.
　이 발음기관들은 사

람의 생명활동에 필요한 숨쉬기를 할뿐만아니라 말소리를 발생시키는 원동기의 작용을 한다. 이 부분이 사람의 생명활동뿐아니라 말소리조성에도 참가하므로 숨쉬기와 언어행위사이에는 일정한 련관이 있게 된다. 구체적으로 말하여 생명활동을 위한 들숨과 날숨에는 일정한 한계가 있으므로 언어행위는 숨쉬기에 의한 제약을 받으며 사람들은 숨쉬기의 이러한 제한조건하에서 그것을 효과적으로 리용하여 말소리를 조성하는것은 물론 언어행위에 운률적인 색채를 부여한다.

둘째로, 목청부분을 들수 있다.(그림 2-2)

목청은 말소리형성에서 가장 중요한 역할을 한다. 목청의 발음생리적운동을 떠난 말소리의 형성을 생각할수 없다.

목청은 울대안에 있는 한쌍의 주름힘살근육으로서 소리를 내는 생리적기관이라는 의미에서 성대라고도 한다.

목청은 주름잡힌 점막으로 덮여있으며 울대안의 방패삭뼈와 한쌍의 조롱박삭뼈사이에 길게 붙어있다. 조롱박삭뼈는 가락지삭뼈와 힘살근육으로 련결되여있고 이 힘살근육의 작용으로 조롱박삭뼈를 움직여 목청의 발음생리적상태를 조절한다. 목청이 열렸을 때 목청사이를 목청문이라고 한다. 목청문의 열림모양은 가락지삭뼈와 조롱박삭뼈의 발음생리적운동에 의하여 달리된다.

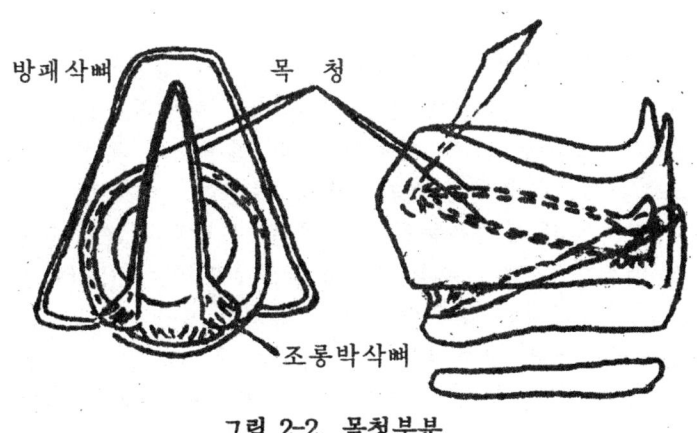

그림 2-2. 목청부분

목청과 보조목청(가짜목청)사이의 공간을 후두강이라고 한다. 목청은 엷고 탄력성있는데다가 주름잡힌 상태로 울대안에 가로질러 길게 놓여있기때문에 가락지삭뼈와 조롱박삭뼈에 의하여 민활하게 늘구었다 줄였다 할수 있으며 굵기와 긴장도를 조절할수 있게 되여있다.

셋째로, 목청웃부분을 들수 있다.

여기에는 입안과 목구멍안, 코안, 입술부분이 속한다. 여기서 가장 능동적인 발음기관은 혀와 입술이다. 혀와 입술은 그자체로써 말소리를 조성하기도 하고 목청웃부분의 발음통로를 여러가지 모양으로 형성하여 목청에서 발성된 소리를 서로 달리 공명시키기도 한다. 목젖은 무른입천장의 안쪽에 달려있으면서 날숨의 흐름길과 소리의 공명통로를 조절하는 발음기관이다. 목젖이 목안벽에 붙어서 코안길을 막으면 날숨에 의한 입안소리를 조성하는것과 함께 목청음의 입안 및 목구멍안에서의 공명을 조성하며 목안벽에서 떨어져 코안길을 열면 코안공명의 조건을 지어준다. 이, 이몸, 입천장, 턱은 혀의 능동적인 발음운동에 보조적으로 참가하는 피동적인 발음기관이다.

2. 목청음의 발생

앞에서도 언급하였지만 목청은 앞부분에서 방패삭뼈와 뒤부분에서 한쌍의 조롱박삭뼈사이에 길게 붙어있는 한쌍의 힘살근육으로서 가락지삭뼈와 조롱박삭뼈에 의하여 그의 긴장도와 굵기, 길이를 자유롭게 조절한다. 목청에는 목청힘살을 비롯한 6가지로 된 조절근육이 붙어있어 목청의 떨기운동을 조절한다. 목청문은 조절근육들에 의하여 크게 열릴수도 있고 부분적으로 열릴수도 있다.(그림 2-3)

목청이 방패삭뼈와 조롱박삭뼈에 의하여 량끝이 고정된 한쌍의 엷은 힘살이라는것은 떨기파동의 견지에서 볼 때 량끝이 굳은 물질에 의하여 고정된 줄과 같이 볼수 있는 충분한 근거로 된다. 즉 1차원떨기계로 볼수 있다.

들숨의 경우　　날숨의 경우　　스침의 경우　속삭임의 경우

유성음을 내는 경우　　고음을 내는　목청터침의
　　　　　　　　　　　　경　우　　　경　우

그림 2-3. 목청문의 열림모양

목청을 방패삭뼈와 가락지삭뼈에 의하여 긴장시키고 날숨의 빠른 흐름에 의하여 목청주위에 압력을 조성하면 목청은 이 압력에 의하여 끌리웠다가 자체튐성에 의하여 제자리로 돌아오면서 두끝이 고정된 줄에서와 같이 1차원떨기를 한다. 이때 고유떨기수들은 목청의 길이가 길수록 그리고 목청이 굵고 튐성이 약할수록 작아지고 그 반대의 경우 커진다. 여기서 떨기에 참가하는 목청의 길이와 튐성은 사람들의 목적의식적인 언어행위에 의하여 조절된다.

생리적으로 놓고볼 때 어린이나 녀성들의 경우에 어른이나 남성들에 비하여 목청의 길이가 짧고 얇기때문에 떨기수가 높다.

사람들의 말소리에서 기음의 떨기수를 보면 남성저음은 90～340Hz, 남성고음은 150～520Hz, 녀성저음은 200～750Hz, 녀성고음은 260～1,050Hz의 대역을 가진다.

3. 발음통로에서의 공명과 모음발생

날숨의 흐름으로부터 생긴 압력에 의하여 일어나는 목청떨기로부터 발생되는 목청음은 아직까지 말소리로서의 소리빛갈을 가지지 못한 말소리원천에 불과하다. 이 소리는 개별적인 말소리(주로 모음)의 발음에 알맞게 형성되는 목청으로부터 입술까지의 발음통로에서 공명됨으로써만 언어적인 특성을 가진 말소리로 된다.
 모음을 발음하기 위한 발음기관들의 발음생리적인 운동에 의하여 이루어지는 발음통로는 매우 복잡한 모양을 띠며 이에 의존하는 공명효과도 매우 복잡한 양상을 띤다.
 발음통로에서의 공명현상에 대한 리해를 간단히 하기 위하여 그림 2-4와 같이 설치된 용수철흔들이에서의 껴떨기에 대하여 보자.
 용수철흔들이는 흔들이의 끝에 매달린 짐 m과 용수철자체의 재질상특성과 관련되는 튐성결수 k로부터 일정한 주기의 고유떨기수를 가진다. 흔들이의 끝에 매달린 짐을 밑으로 당겼다 놓으면 용수철흔들이는 자체의 특성으로부터 일정한 주기의 고유떨기를 한다. 이때 우에서 용수철흔들이의 떨기주기에 맞추어 주기적인 힘 F를 가한다고 하자. 그러면 용수철흔들이는 우에서 주는 힘을 받아 더 큰 아래우에로의 떨기를 하게 된다. 이런 현상을 껴떨기라고 한다. 음향계에서도

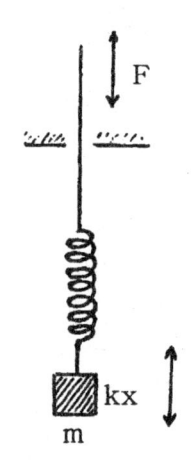

그림 2-4. 용수철흔들이에서의 껴떨기

이와 같은 현상이 일어나는데 음향계에서 일어나는 껴떨기현상을 흔히 공명이라고 한다.
 만일 용수철흔들이에서 우에서 주는 힘 F의 주기가 용수철흔들이의 떨기주기와 일치하지 않는다면 용수철흔들이의 주기적인 떨기는 파괴되며 떨기로서의 고유한 성격을 유지하지 못한다.
 굳은 물질에 의하여 둘러막혀 일정한 크기와 모양을 가진 공기공간도 일종의 기체물질로서 자체의 고유특성을 가지며 외부로부터의 작용에 반응한다.

실례로 사람들이 일정한
크기의 항아리의 입구에 대고
말을 할 때 본래 말한 사람의
말소리보다 매우 궁글은 소리
가 껴울림하여 나오는데 이것
은 항아리속의 공기매질의 고

그림 2-5. 헬름홀쯔음향계

유멸기수와 사람의 말소리중의 어느 한 성분의 떨기수가 서로 공명
하여 증폭되였다는것을 말하여준다.
   그림 2-5에서 보여준것과 같은 음향계에서 소리원천은 용수철
흔들이의 떨기에 대응하며 일정한 크기와 모양을 가진 공기공간은
외부로부터 가해지는 주기적인 힘에 대응한다. 이 공기공간은 일정
한 형태를 갖춘 공기매질로서 3차원떨기계로 되며 따라서 여러개의
고유떨기수를 가진다.
   용수철떨기에서와 마찬가지로 공기매질의 떨기주기와 일치하는
소리원천의 구성성분음들은 이 공기공간에서 공명되여 세기가 증폭
된다. 그리고 일치하지 않는 구성성분음들은 약화된다.
   이상에서 서술한 공명현상은 매우 리상적이고 단순한 경우에
해당한다.
   언어행위과정에 이루어지는 발음통로에서의 공명현상은 매우
복잡하다.
   모음을 발음할 때 목청음은 소리원천으로 되며 일정한 크기와
모양을 가진 발음통로는 공기공간으로 된다. 목청의 떨기로부터
발생된 목청음은 단순한 음이 아니라 1차원계의 떨기과정에 이루
어지는 기음과 배음의 합성으로 된것이다. 또한 모음발음에서 이
루어지는 발음통로의 모양도 그림 2-5에서 보여준것과 같이 단
순한 형태가 아니
라 여러가지 모양
의 단순한 3차원음
향계들이 직-병렬
로 결합된것
이다. (그림 2-6)

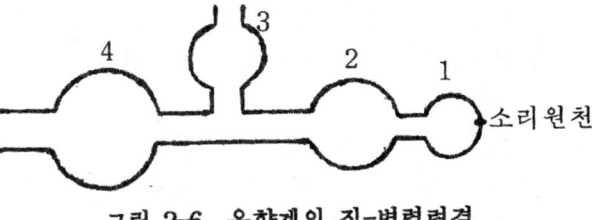

그림 2-6. 음향계의 직-병렬련결

여러가지 모양의 단순한 3차원음향계들은 다 자체의 고유한 떨기수들을 가지고있기때문에 이것들이 직-병렬로 결합될 때 서로 영향을 주고받으면서 여러개의 고유떨기들이 존재하게 된다.

목청의 떨기로부터 발생된 기음과 배음들은 직-병렬련결형태의 음향계인 발음통로를 통과하면서 발음통로에 고유한 떨기수들에 일치하는것들은 공명을 일으켜 세기가 증폭되고 일치하지 않는것들은 약화된다. 따라서 초기의 목청음의 질적구성을 변화시킨다.(그림 2-7)

발음통로에서의 공명에 의한 목청음의 질적변화, 이것이 곧 개별적모음들의 물리음향학적인 특징으로 되며 매개 모음을 구별하게 하는 하나의 중요한 질적지표로 된다.

말소리를 구성하고있는 구성음들을 떨기수에 따라 그의 세기를 평면상에서 선의 크기로 나타낸것을 스펙트르라고 한다.

목청음에서 기본떨기의 떨기너비는 가장 크며 배떨기들에서 기본떨기에 비하여 배수가 증가함에 따라 떨기너비도 이에 맞게 점차 작아진다. 이것을 스펙트르그라프적으로 표현하면 그림 2-7의 ㄱ)와 같다. 이것이 초기 목청음의 질적구성상태이다. 그림 2-7의 ㄴ)는 발음통로안에 있는 공기매질의 고유떨기특성을 그라프적으로 보여준것이다.

그림 2-7의 ㄱ)와 같은 스펙트르구조를 가지고있던 목청음은 그림 2-7의 ㄴ)와 같은 고유떨기특성을 가진 발음통로의 공기매질에서 공명됨으로써 결국 그림 2-7의 ㄷ)와 같이 변화된 스펙트르구조를 가진 소리로 되여 발성된다.

4. 자음의 발생

자음은 날숨의 힘을 리용하여 발음통로의 일정한 부위에서 능동적인 발음기관에 의하여 터침, 터스침, 스침, 튀김을 조성하여 내는 소리이다.

모음의 발성에서는 떠는 물체가 1차원계로 볼수 있는 목청의 떨기에 의하여 소리원천이 이루어지므로 모음의 구성음들사이에는 기음과 배음사이의 조화관계가 존재한다.

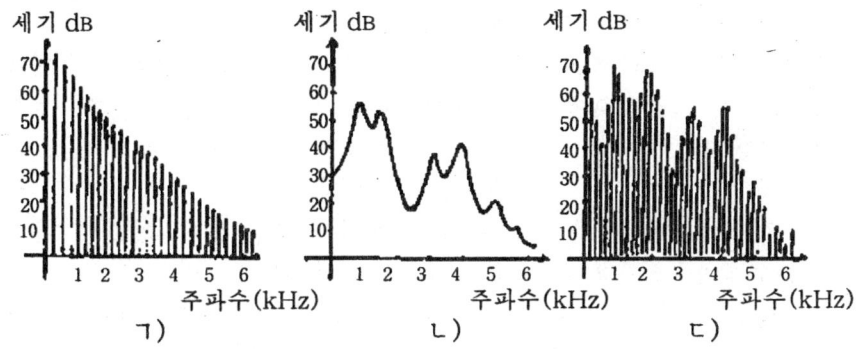

그림 2-7. 모음형성과정에 대한 스펙트르그라프적표현

그러나 자음은 발음통로의 일정한 부위 즉 떨기파동의 견지에서 2차원계나 3차원계로 볼수 있는 각이한 모양을 가진 부분들의 떨기에 의하여 소리원천이 이루어지므로 고유떨기들사이에 조화관계가 성립하지 않는다.

이러한 떨기로 하여 구성음들사이에 조화관계가 없는 소리를 음향학적견지에서 소음이라고 한다.

소음들은 구성음들의 떨기수와 떨기너비가 조화관계에 있지 않을뿐만아니라 구성음들의 떨기너비가 시간에 따라 불규칙적으로 변한다. 그러므로 파형이 불규칙적으로 변하며 따라서 일정한 세기의 느낌은 주나 높이의 느낌은 주지 않는다.

지금까지 자음의 특성을 론하는데서 어느 한 모음(《ㅡ》)과 결합된 상태에서 고찰하였다.

그런데 언어실천과정에서 매개 자음들은 그것이 어느 모음과 결합되는가와 어느 위치에서 실현되는가에 따라 일정한 변화를 일으킨다.

언어행위속에서 나타나는 개별적인 말소리들의 구체적인 어음론적인 변화특성을 고려하지 않고 특정한 언어환경속에서 유지되는 어음론적특성만을 고찰하는것으로서는 실천적의의가 매우 적다.

조선어에서는 조음방식과 소리의 느낌감각에 따라 다음과 같이 갈라본다.

우선 자음의 조음방식에 따라 터침소리(《ㄱ, ㄲ, ㄷ, ㄸ, ㅂ,

ㅃ》)와 터스침소리(《ㅈ, ㅉ, ㅊ, ㅋ, ㅌ, ㅍ》), 스침소리(《ㅅ, ㅆ, ㅎ》), 튀김소리(《ㄹ》), 울림소리(《ㄴ, ㅁ, ㅇ》)로 갈라보며 다음으로 소리의 느낌감각에 따라 순한소리(《ㄱ, ㄷ, ㅂ, ㅅ, ㅈ, ㅎ》)와 된소리(《ㄲ, ㄸ, ㅃ, ㅆ, ㅉ》), 거센소리(《ㅋ, ㅌ, ㅍ, ㅊ》), 청있는소리(《ㄹ, ㅁ, ㄴ, ㅇ》)로 갈라본다.

조선어자음은 날숨의 힘을 리용하지 않는것이 없으며 따라서 날숨에 의한 스침을 동반하지 않는것이 없다.

말소리로서의 터침소리는 고무풍선과 같은 공기주머니의 터침소리와 같은것이 아니다. 이 소리는 날숨을 일정한 부위에서 막았다가 압축된 날숨의 힘을 리용하여 급작스레 터치는것으로서 터침으로서의 특성뿐만아니라 통로에서의 일정한 스침성도 띠게 된다.

실험적으로 혀앞스침소리 《ㅅ》의 파에서 약 70~80%의 앞부분을 잘라내면 이때의 나머지 파형태는 혀앞터침소리 《ㄷ》의 파형태와 류사하게 되며 이 상태에서 청취실험을 해보면 《ㄷ》의 소리와 매우 류사하게 들린다.

또한 《ㅅ》의 파에서 약 20~30%의 앞부분을 잘라내면 이때의 나머지 파형태는 혀앞터스침소리 《ㅌ》의 파형태와 류사하게 되며 이 파에 대한 청취실험을 해보면 《ㅌ》의 소리와 매우 류사하게 들린다. 계속하여 《ㅅ》의 파에서 10~15%의 앞부분을 잘라내면 나머지 파형태는 혀앞터스침소리 《ㅊ》의 파형태와 류사하게 되며 이 파에 대한 청취실험을 해보면 《ㅊ》의 소리와 매우 류사하게 들린다.

한편 혀뒤목구멍안스침소리 《ㅎ》의 파에서 약 60~70%의 앞부분을 잘라내면 이때의 나머지 파형태는 혀뒤터침소리 《ㄱ》의 파형태와 비슷하게 되며 이 파에 대한 청취실험을 해보면 《ㄱ》의 소리와 매우 류사하게 들린다. 계속하여 《ㅎ》의 파에서 30~40%의 앞부분을 잘라내면 이때의 나머지 부분은 혀뒤터스침소리 《ㅋ》의 파형태와 류사하게 되며 이 파에 대한 청취실험을 해보면 《ㅋ》의 소리와 매우 류사하게 들린다.

이와 같은 실험적사실들은 터침소리나 터스침소리를 비롯한 거의 모든 자음들이 스침소리를 동반하고있다는것을 증명해주는것으로 된다.

결국 울림없는 자음들은 질적면에서 스침소음이라는 공통점을 가지며 개별적자음들의 차이는 그 소리의 발성방식과 발성부위의 차이에 의하여 나타나는 파형태와 스펙트르구조에서의 차이로 나타난다.

우선 터침소리, 터스침소리, 스침소리들은 발성방식에 의하여 차이를 가진다.

능동적발음기관으로 발음통로의 일정한 부위를 막았다가 터침으로써 발성되는 소리의 파형태는 스침소리파형태의 앞부분이 잘리운것과 같은 모양을 띤다. 이로부터 시작부분이 급격하고 시간적으로 짧게 발음되는 소리를 터침소리라고 하며 터침소리에 비하여 스침소리가 많이 포함되는 소리를 터스침소리라고 한다.

다음으로 터침소리, 터스침소리, 스침소리들은 발성부위에 의하여 차이를 가진다.

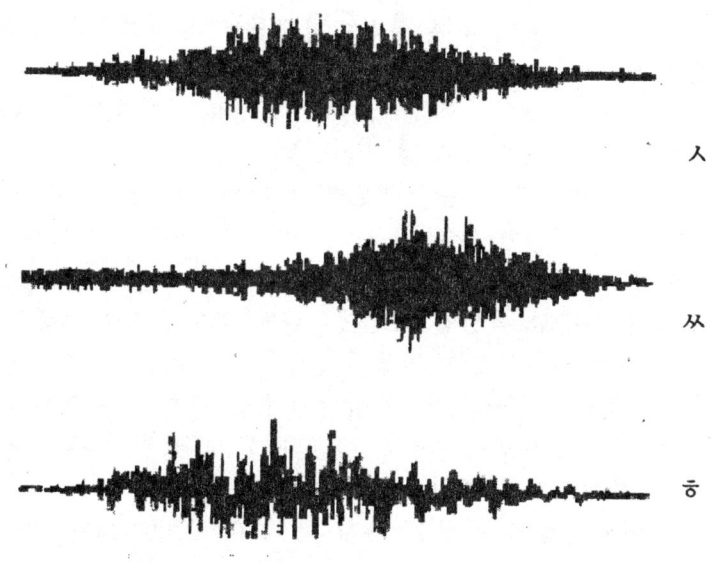

그림 2-8. 스침소리 《ㅅ, ㅆ, ㅎ》의 파형

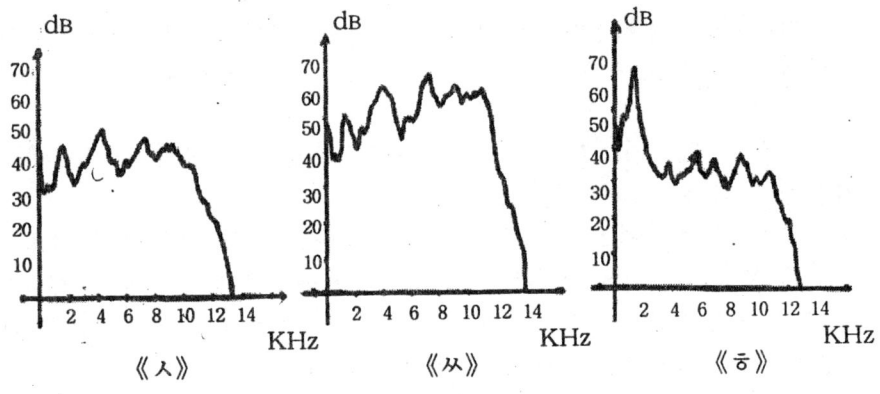

그림 2-9. 스침소리의 스펙트르

혀앞부분과 굳은입천장에서 소리가 이루어지는 경우 이 부분이 굳은 부분이기때문에 상대적으로 높은 주파수를 가진 떨기들이 발생하며 혀뒤부분이나 무른입천장, 입술과 같은데서 소리가 이루어지는 경우 이 부분이 무른 부분이기때문에 상대적으로 낮은 주파수를 가진 떨기들이 발생한다.

조선어에서 스침소리(《ㅅ, ㅆ, ㅎ》)의 파형태와 스펙트르구조를 보면 그림 2-8과 그림 2-9와 같다.

실험분석결과들을 종합해보면 혀앞부분과 굳은입천장사이에서 이루어지는 소리들인 《ㄷ, ㄸ, ㅌ, ㅈ, ㅊ, ㅉ》는 파형태에서 주기성이 없다는 측면에서 《ㅅ, ㅆ》와 류사하며 스펙트르구조에서도 《ㅅ, ㅆ》와 류사한 특성을 가진다. 한편 혀뒤부분과 무른입천장, 입술부분에서 이루어지는 소리들인 《ㅂ, ㅃ, ㅍ, ㄱ, ㄲ, ㅋ》는 파형태에서 일정하게 주기적인 물결파형태를 띤다는 측면에서 《ㅎ》와 류사하며 스펙트르구조에서도 《ㅎ》와 같이 낮은 주파수를 가진 구성음들이 우세한것이 특이하게 나타난다.

조선어자음들의 특성을 론할 때 100～5,000Hz의 낮은 주파수대역과 5,000～10,000Hz의 높은 주파수대역으로 갈라 고찰할 필요가 있다.

이것은 일반적으로 스펙트르그라프상에서 혀앞과 굳은입천장사이에서 이루어지는 소리들은 특징성분들이 높은 주파수구역에 놓이고 입술이나 혀뒤, 무른입천장에서 이루어지는 소리들은 특징성분들이 낮은 주파수대역에 놓이기때문이다.

조선어에서 울림소리자음들은 발음통로에서의 공명을 동반한다는 측면에서 순수 소음적인 자음들과 구별된다. 울림소리자음들에서 청소리 및 울림소리를 제거한다면 발성방식에서나 발성된 소리의 물리적특성이 다른 자음들과 같이 순수 소음적인 소리로 된다.

제3절. 음성발생의 모형화수법

사람의 발성기관을 직접 다루지 못하는 조건에서 그리고 언어행위과정에 이루어지는 발음통로의 모양이 다양하고 발음기관의 조음운동이 복잡한 조건에서 모형화에 의한 음성연구는 언어행위과정에 대한 본질적특성과 물리적특성량들을 분석하고 평가하는데서 매우 중요한 수단으로 된다.

1. 계의 고유떨기수결정

이 세상에 존재하는 모든 물체들은 다 자기의 고유떨기수를 가지고있다.

줄, 막대기, 항아리안의 공기, 건물, 다리 등 임의의 크기와 모양, 재질을 가진 물체들은 자기에게 고유한 떨기수를 가지고있다. 그렇기때문에 줄이나 막대기에 충격을 주었을 때 그로부터 나는 소리가 다르고 다리나 건물, 기계 등도 주기적인 바깥작용(떨기)에 대하여 자기의 고유떨기수에 맞을 때 그에 맞추어 껴떨기를 한다.

사람의 발음생리적운동에 의하여 발생되는 말소리의 형성과정도 자연계에서 일어나는 소리의 발생이나 공명현상들과 본질에 있어서 다를바 없다.

자연계에서 일어나는 소리의 발생과 공명현상들이 매우 다양하듯이 사람들의 발음생리적운동에 의하여 일어나는 말소리의 발생과 공명현상도 매우 다양하다.
 이러한 복잡하고 다양한 소리들의 본질적특성을 밝히기 위하여서는 떨기의 기초적인 문제를 잘 알아야 한다.
 이제 그 기초적인 문제로서 물체의 고유떨기에 대하여 보자.
 줄과 같은 련속매질의 한 부분에서 일어난 떨기는 다른 부분으로 전달되여 고정된 마디점에서 되돌아오게 된다. 이때 되돌아오는 떨기의 크기는 같으나 방향이 반대인 즉 떨기각이 180°의 차이를 가진다. 그러므로 줄에서는 가는 떨기와 오는 떨기가 합쳐진 합성파가 생기게 된다.(그림 3-1)
 이러한 조건에서는 정상파가 생긴다.
 이것을 두끝이 고정된 줄의 경우에서 보자.

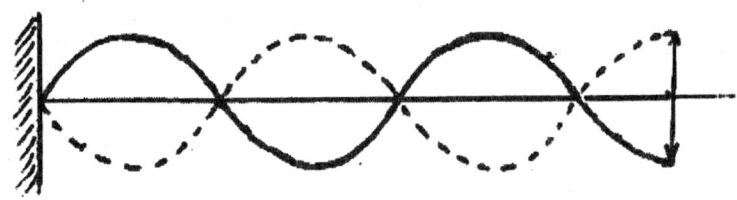

그림 3-1. 정상파

 두끝이 고정된 줄의 임의의 부분을 당겼다가 놓아 줄을 가로 떨게 하면 전파되여 가는 파동과 고정된 두끝에서 반충되여 되돌아오는 파동이 겹치여 우의 경우에서와 같이 마디와 배를 가진 정상파가 형성된다. 고정된 두끝은 줄에 생긴 정상파에서 항상 마디점으로 된다.
 줄의 길이를 ℓ 라고 할 때 두끝이 고정된 줄에서 정상파가 생길수 있는 조건은 다음과 같다.

$$\ell = n\frac{\lambda}{2} \qquad (3-1)$$

 여기서 n=1, 2, 3…의 값을 가지는 옹근수이며 λ 는 파길이 또는 파장이라고 한다.

즉 두끝이 고정된 줄에서는 줄의 길이가 기본떨기의 반파장의 길이와 같고 또 줄의 길이와 옹근수배로 되는 정상파들이 생긴다.

한편 줄은 정상파가 생겼을 때에 세게 떨고 그렇지 않을 때에는 약하게 떨거나 떨기가 똑똑치 않게 된다.

줄에 한번 충격을 주었을 때 일어나는 줄의 떨기(고유떨기)는 이 줄에서의 정상파와 직접 련관된다. 이로부터 줄의 고유떨기수는 정상파의 발생조건을 만족시키는 떨기수와 같다는것을 알수 있다. 줄에 생기는 파동의 파장은

$$\lambda_n = \frac{2\ell}{n} \quad (3-2)$$

이며 이에 대응하는 떨기수는

$$f = \frac{v}{2\ell} \cdot n \quad n=1, 2, 3\cdots \quad (3-3)$$

와 같다. 여기서 v는 줄에서 파의 전파속도이다.

식 (3-3)에서 n=1에 대응하는 떨기수를 기본떨기수라고 하며 n=2, 3…에 대응하는 떨기수를 배떨기 또는 고조떨기수라고 한다. 그러면 줄의 고유떨기수는

$$f_n = nf_1; \qquad f_1 = \frac{v}{2\ell} \quad (3-4)$$

로 된다.

줄에서의 떨기는 초기조건 즉 두끝이 고정되였다는 조건으로부터 완전히 결정된다. 임의의 처음조건밑에서 일어나는 떨기는 고유떨기들이 겹쳐서 나타난것이라는것을 실험적으로 확증할수 있다.

이상에서 본 관계는 줄뿐만아니라 임의의 모양과 재질로 된 물체들에서

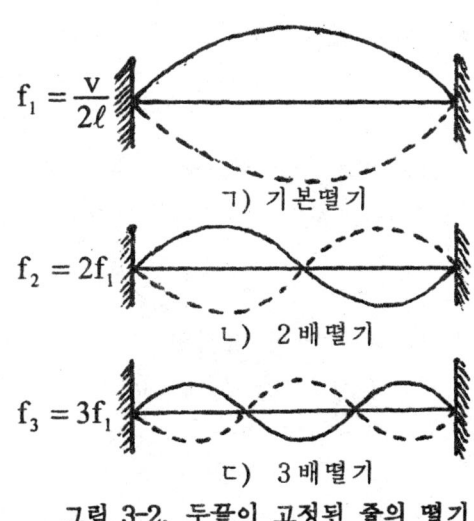

그림 3-2. 두끝이 고정된 줄의 떨기

도 성립된다. 또한 력학적떨기만이 아니라 전자기떨기, 음향계의 떨기에서도 성립된다.

1) 1차원계의 고유떨기

떨기파동의 견지에서 줄이나 막대기와 같은것은 1차원계에 속한다. 앞에서도 보았지만 두끝이 고정된 줄에서의 고유떨기수는 식 (3-4)에 의하여 표시된다. 식에서 전파속도 v는 다음과 같이 표시된다.

$$v = \sqrt{\frac{E}{\rho}} \qquad (3-5)$$

여기서 ρ는 줄의 밀도이고 E는 늘음튐성률(양그률)이다. 따라서 두끝이 고정된 줄의 고유떨기수는

$$f_n = nf_1; \qquad f_1 = \frac{1}{2\ell}\sqrt{\frac{E}{\rho}} \qquad (3-6)$$

로 된다.

한끝만 고정된 줄의 경우에는 고정된 부분은 마디, 열린 부분은 배가 되므로 정상파의 발생조건은

$$\ell = n\frac{\lambda}{4}; \qquad n = 1, 3, 5 \cdots$$

이다. 이에 대응하는 고유떨기수는

$$f_n = nf_1 = \frac{n}{4\ell}\sqrt{\frac{E}{\rho}} \qquad (3-7)$$

가운데를 고정시키면 두끝이 배가 되고 가운데가 마디로 되므로 두끝이 고정된 경우처럼 정상파의 발생조건은

$$\ell = n\frac{\lambda}{2}; \qquad n = 1, 3, 5 \cdots$$

이때는 두끝이 고정된 경우와는 달라서 배와 마디의 자리가 반대이다. 따라서 n=1, 3, 5 …의 기수로 된다. 고유떨기수는

$$f_n = \frac{n}{2\ell}\sqrt{\frac{E}{\rho}} = nf_1 \quad n=1, 3, 5 \cdots \quad (3-8)$$

1차원계의 떨기를 직관적으로 보면 그림 3-3과 같다.

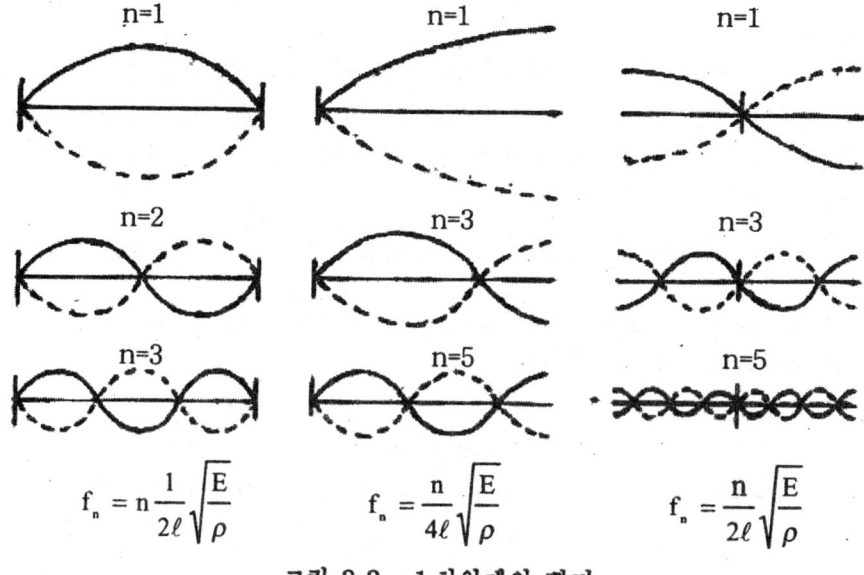

그림 3-3. 1차원계의 떨기

2) 2차원계의 고유떨기

떨기파동의 견지에서 볼 때 판이나 막과 같은것은 2차원계에 속하는 물체이다.

간단한 2차원계인 직4각형막에서의 고유떨기에 대하여 보자.

막의 네 모서리를 고정시키고 막의 어느한 부분을 떨게 하면 막을 따라 파동이 전파되며 이 파동은 막의 다른 면에서 반충되여 또 다른 면으로 전파된다.

이런 과정이 계속되는 과정에 막에서 파동이 겹치여 정상파가 생길수 있다. (그림 3-4)

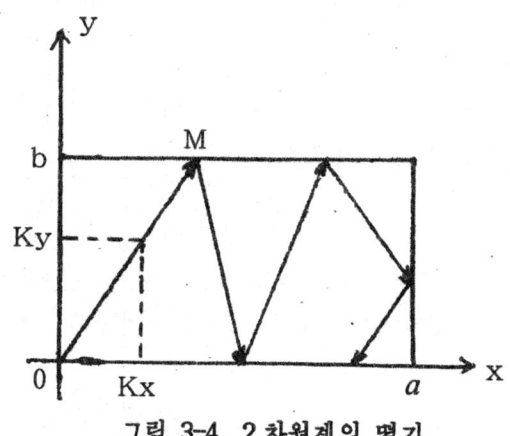

그림 3-4. 2차원계의 떨기

막에서 정상파가 생길수 있는 조건은 다음과 같이 볼수 있다.

만일 xy면안에서 OM방향으로 파수벡토르가 K인 평면파가 전파된다고 하고 K를 서로 수직인 두 성분으로 갈라보자. 이때 K_x와 K_y에 의한 파동의 정상파는 1차원계에서와 같은 조건에서 생긴다. 즉

$$a = n\frac{\lambda}{2} ; \quad b = m\frac{\lambda}{2} \quad (3-9)$$

여기서 n, m은 1, 2, 3 …의 값을 가지는 곁수이다. 식 (3-9)를 파수벡토르로 표시하면

$$\left.\begin{array}{l} K_x a = n\pi \\ K_y b = m\pi \end{array}\right\} \quad (3-10)$$

그런데 $K_x = k\cos\theta$, $K_y = k\sin\theta$ 이므로 식 (3-10)은

$$\left.\begin{array}{l} k a \cos\theta = n\pi \\ k b \sin\theta = m\pi \end{array}\right\} \quad (3-11)$$

또는

$$\left.\begin{array}{l} 2a\cos\theta = n\lambda \\ 2b\sin\theta = m\lambda \end{array}\right\} \quad (3-12)$$

로 바뀐다. 여기서 λ는 평면막에 생긴 정상파의 파장이다.

식 (3-12)로부터 파장을 구하면

$$\frac{1}{\lambda^2} = \frac{1}{4}\left(\frac{n^2}{a^2} + \frac{m^2}{b^2}\right) \quad (3-13)$$

이고 이에 대응하는 떨기수는

$$f_{n,m} = \frac{v}{2}\sqrt{\frac{n^2}{a^2} + \frac{m^2}{b^2}} \quad (3-14)$$

이다. 여기서 v는 평면파의 전파속도이다. 막의 고유떨기수들은 n, m의 값에 관계되는데 기본떨기수의 옹근수배는 아니다. 만일 $a = b = \ell$ 라면

$$f_{n,m} = \frac{v}{2\ell}\sqrt{m^2 + n^2} \quad (3-15)$$

간단히

$$f_{n,m} = f_0\sqrt{n^2 + m^2} \quad ; \quad f_0 = \frac{v}{2\ell} \quad (3-16)$$

여기서 f_0을 기본떨기수라고 한다. 이 경우에 고유떨기수들은 기본떨기수와 정수배의 관계가 아니라 다음과 같은 값을 가진다.

$$f_0, \quad ff_{11} = \sqrt{2}f_0, \quad ff_{12} = f_{21} = \sqrt{5}f_0, \quad \cdots$$

자연계에 존재하는 2차원계의 모양은 우에서 본 직4각형의 단순한 형태만을 띠는것이 아니라 보다 복잡한 다각형태를 띤다. 그러므로 그 모양의 복잡성정도에 따라 고유떨기수도 매우 복잡한 관계로 이루어진다. 그러나 아무리 복잡한 형태의 2차원계의 떨기라고 해도 그것은 단순한 모양의 2차원계의 떨기의 합성 또는 모임으로 보고 분해할수 있다.

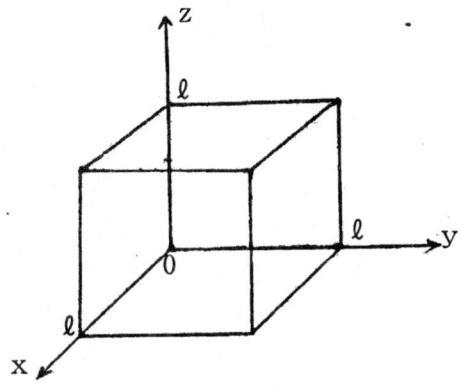

그림 3-5. 3차원떨기계

3) 3차원계의 고유떨기

떨기파동의 견지에서 볼 때 일정한 립체적인 크기와 모양을 가진 물체는 3차원떨기계에 속한다.

리해를 간단히 하기 위하여 한 모서리의 길이가 ℓ인 바른6면체를 생각하자. 이 경우에도 마찬가지로 파동이 벽에서 반사되여 6면체의 공간에서 엇갈리면서 정상파가 생길수 있다. 이때의 정상파는

$$\left.\begin{array}{l} K_x\ell = n_x\pi \\ K_y\ell = n_y\pi \\ K_z\ell = n_z\pi \end{array}\right\} \quad (3-17)$$

과 같은 파수벡토르로 표시된다.

여기서 n_x, n_y, n_z는 옹근수이다.

파수벡토르의 크기는

$$K = \sqrt{K_x^2 + K_y^2 + K_z^2}$$
$$(3-18)$$

이다. 식 (3-17)과 식 (3-18)로부터 파수와 떨기수를 구하면 다음과 같다.

$$\left. \begin{array}{l} K = \dfrac{\pi}{\ell}\sqrt{n_x^2 + n_y^2 + n_z^2} \\ f = f_0\sqrt{n_x^2 + n_y^2 + n_z^2}; \quad f_0 = \dfrac{v}{2\ell} \end{array} \right\} \quad (3-19)$$

여기서 f_0은 기본떨기수이다.

이처럼 3차원계는 n_x, n_y, n_z에 의하여 결정되는 많은 고유 떨기수를 가진다. 이때의 고유떨기수들도 2차원계에서와 마찬가지로 기본떨기수와 옹근수배의 조화관계를 가지지 않는다.

이상에서 본바와 같이 련속물체는 그에 고유한 많은 고유떨기수를 가진 떨기계이다. 이런 의미에서 보다 복잡한 물체의 고유떨기는 떨기수가 각이한 조화떨기들의 모임이라고 본다. 그리하여 어떤 물체에 충격을 주어 떨게 하면 초기조건에 따라 어느 하나의 고유떨기에 해당한 정상파가 생길수도 있고 고유떨기들의 합성떨기가 일어날수도 있다.

만일 밖에서 주기적인 힘을 준다고 할 때 그의 주기가 계의 어느 한 고유떨기수와 일치하는 경우에 껴떨기가 일어난다. 그런데 물체의 고유떨기수는 여러개이므로 조화관계에 있는 여러개의 떨기수를 가진 떨기들에서도 껴떨기가 일어난다.

발음기관의 발음생리적운동에 의하여 이루어지는 말소리의 형성과정도 발음부분의 각이한 모양에 따르는 고유떨기수들의 발현과 그 고유떨기수들과의 껴떨기로 설명할수 있다.

2. 음향계와 전기음향회로의 대응

전기회로에 대하여서는 아무리 복잡한 회로라고 할지라도 교류 리론의 제법칙을 리용하면 복잡한 미분방정식을 세우고 그의 답을 구하는 과정을 략하고 간단한 대수식을 푸는 방법으로 문제를 풀수 있다.

한편 력학적떨음계의 분석을 위해서도 관성(질량), 튐성, 쓸림 등 요소로 되여있는 체계에 대한 미분방정식을 세우고 그의 해를 구해야 한다. 이때 력학계에 대한 미분방정식을 보면 많은 경우에 전기회로에 관한 미분방정식과 형태가 같다는것을 알수 있다. 즉 미분방정식의 형태가 같은 력학적떨음계와 전기회로에서 진행되는 전기적떨음과정은 서로 비슷하다. 이 특성을 고려하면 력학적떨음계에서의 매개 떨음계에 대한 미분방정식을 세우고 그 해를 구하는 등 복잡한 과정을 피하고 전기회로의 계산법과 같은 방법을 적용할수 있다.

그러면 주어진 력학적떨음계를 어떻게 전기회로로 대치시킬수 있는가를 보자.

그림 3-6에서와 같이 설치된 력학적떨음계에 주기적인 외부힘이 작용한다면 다음과 같은 미분방정식을 세울수 있다.

$$m\frac{d^2x}{dt^2} + R_기\frac{dx}{dt} + \frac{x}{C_기} = Fe^{j\omega t} \quad (3-20)$$

여기서
$Fe^{j\omega t}$: 외부힘의 순간값(N)
m: 질량(g)
$R_기$: 기계적손실저항(g/s)
$C_기$: 튐성용량(S^2/g)
x: 변위의 순간값(cm)

외부힘이 $Fe^{j\omega t}$ 로 표시되기때문에 변위도 $xe^{j\omega t}$ 와 같은 조화떨기의 법칙으로 변하게 된다. 그러면

$$\frac{dx}{dt} = j\omega x = \dot{V}$$

$$\frac{d^2x}{dt^2} = j\omega \dot{V}$$

이 관계를 식 (3-20)에 대입하면

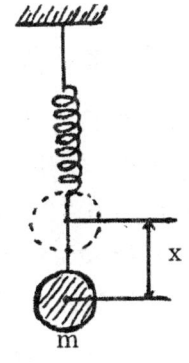

그림 3-6. 력학적떨음계

$$\left(j\omega m - j\frac{1}{\omega C_{기}} + R_{기}\right)\dot{V} = \dot{F} \qquad (3-21)$$

이 식으로부터 력학적떨음계의 완전저항은

$$\dot{Z}_{기} = \frac{\dot{F}}{\dot{V}} = R_{기} + j\omega m - j\frac{1}{\omega C_{기}} \qquad (3-22)$$

한편 그림 3-7과 같이 설치된 전기회로에서는

$$L\frac{d^2\dot{q}}{dt^2} + R\frac{d\dot{q}}{dt} + \frac{\dot{q}}{C} = Ee^{j\omega t} \qquad (3-23)$$

$$Z = \frac{\dot{E}}{\dot{q}} = R + j\omega L - j\frac{1}{\omega C} \qquad (3-24)$$

이와 같은 미분방정식으로부터 질량 m은 전기회로의 L로, 쓸림 $R_{기}$는 전기회로의 R로, 튐성용량 $C_{기}$는 전기회로의 C로 대응된다는것을 알수 있다. 그리고 변위 x는 전하량 q로, 힘 F는 전압 E로, 떨기

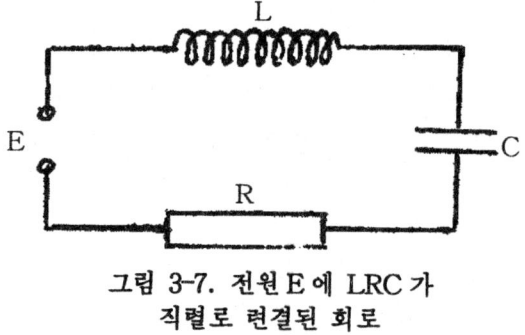

그림 3-7. 전원 E에 LRC가 직렬로 련결된 회로

속도 v는 전류 i로, 복귀력 $f = \frac{x}{C}$는 $E_c = \frac{q}{C}$로 대응시킬수 있다. 즉 력학계의 관성저항은 전기회로의 유도성저항, 튐성저항은 용량성저항, 쓸림저항은 유효저항에 대응한다는것을 알수 있다.

한편 전기적인 대응회로로 전류가 모든 요소에 대하여 같은 직렬회로가 아니라 전압이 같은 병렬회로를 생각하면 다음의 식이 성립한다.

$$i_c + i_R + i_L = i$$

$$j\omega CE + \frac{E}{R} + \frac{E}{j\omega L} = I$$

$$\frac{I}{U} = \frac{1}{Z} = \frac{1}{R} + j\omega C - j\frac{1}{\omega L} \qquad (3-26)$$

식 (3-22)와 (3-26)을 비교해보면 다음의 대응관계가 있다.

질량 m은 용량 C, 쓸림저항 $R_기$는 유효전도도의 역수 R^{-1}, 튐성용량 $C_기$는 유도도의 역수 L^{-1}, 속도 v는 전압 E, 힘 f는 전류 i에 대응된다.

이런 대응관계는 일련의 우점이 있으나 이 리론의 발전초기부터 힘-전압의 대응관계를 널리 리용하여 발전하였기때문에 힘-전류의 대응관계는 실제상 쓰지 않는다.

음향계에서도 력학계에서와 마찬가지로 전기회로의 요소에 대응시키는 세 종류의 요소가 있다.

1) 음향질량

음향계의 요소가 음향질량의 특성을 가지기 위해서는 튐성과 손실저항이 될수록 작아야 한다. 자름면이 크고 균일한 짧은 관은 근사적으로 이 조건을 만족시킨다.

동작파장보다 작은 차수를 가진 량쪽이 열린 관안에서 공기가 자유로이 움직일수 있는 상태에 있다고 하자. 한쪽자름면

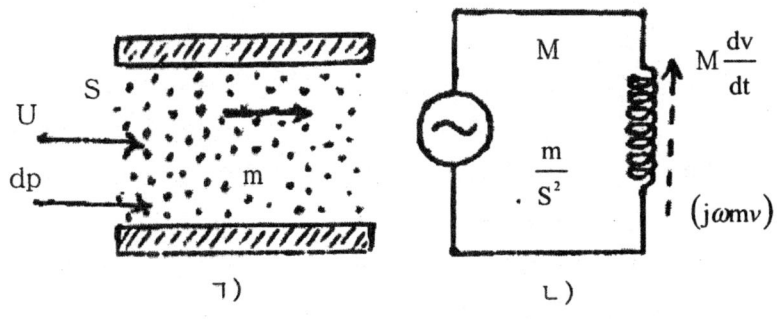

그림 3-8. 음향질량과 그의 전기음향닮음회로

S(m^2)에 여분압력 dp(N/m^2)가 작용하면 이 면에는 Sdp와 같은 힘이 작용하게 된다. 그리하여 판내 매질은 거의 한덩어리가 되여 움직이게 되는데 그의 질량을 m($\rho_0 \ell S$), 운동속도를 v라고 하면 다음 식이 성립한다.

$$dp \cdot S = m \frac{dv}{dt}$$

그리고 자름면 S를 지나는 부피속도를 V라고 하면 V=Sv 이므로 다음과 같이 된다.

$$dp = \frac{m}{S^2} = \frac{dv}{dt} = M \frac{dv}{dt} \qquad (3-27)$$

여기서 $M = \frac{m}{S^2} = \frac{\rho_0 \ell}{S} [Kg/m^4]$ 이다. M은 음향계의 관성을 대표하는데 이것을 음향질량이라고 한다.

이제 음압 dp(N/m^2)→전압E(V)
　　부피속도 V(m^3/S)→전류 i (A)
　　음향질량 M(kg/m^4)→유도도L(H)

로 대응시키면 그림 3-8의 ㄴ)와 같이 회로를 그릴수 있다. 이때 자름면 S에 작용하는 압력이 조화떨기의 법칙으로 변화하면 다음과 같이 표시된다.

$$\dot{P} = j\omega M \dot{V} \qquad (3-28)$$

2) 음향튐성

다른 음향학적요소들보다 매질의 튐성이 우세하게 나타나는 경우는 그림 3-9와 같은 공동을 들수 있다. 만일 공동의 직경이 파장에 비하여 작다면 질량의 영향을 무시할수 있으며 공동내 모든 점에서 압력은 같다고 볼수 있다.

부피가 W_0인 공동의 입구에 여분압력 dp가 작용하면 용기안의 매질은 압축되고 매질이 차지하고있던 부피에서는 dw만한 변화가 생긴다

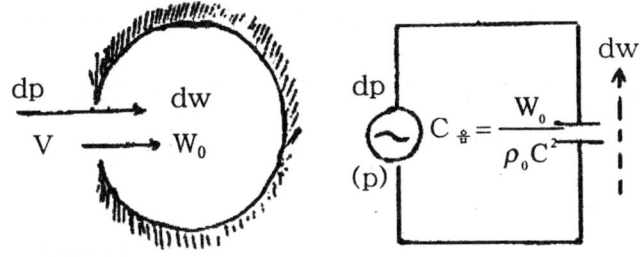

그림 3-9. 음향용량과 그의 전기음향닮음회로

매질의 정지압력을 P_0, 정지밀도를 ρ_0, 밀도의 변화를 $d\rho$, 비열비를 γ, 음속도를 C라고 하면 식 $P\rho^\gamma=$일정으로부터 다음과 같은 관계식을 쓸수 있다.

$$dp = P_0\gamma\frac{d\rho}{\rho_0} \approx P_0\gamma\frac{dw}{W_0} = \frac{C^2\rho_0}{W_0}dw \qquad (3-29)$$

따라서 부피변화는

$$dw = \frac{W_0}{C^2\rho_0}dp = C_음 dp \qquad (3-30)$$

여기서 $C_음 = \dfrac{W_0}{C^2\rho_0}$ 을 음향학적튐성이라고 한다.

한편 부피속도 V는

$$V = \frac{d(dw)}{dt} = C_음\frac{d(dp)}{dt} \qquad (3-31)$$

3) 음향저항

이 음향학적인 손실저항은 떠는 매질의 립자들이 통로의 벽 특히 가는 관, 틈, 솜을 채운 관 등에서 벽과의 마찰에 의하여 생긴다.

그림 3-10에서와 같이 매질이 류동하는 중간에 섬유를 붙이거나 가는 틈을 설치하면 점성때문에 저항이 생기며 매질의 운동을 방해한다. 때문에 매질을 어떤 부피속도 V로 류동시키기 위해서는 그것에 따라 압력 dp가 필요하다. V와 dp가 비례관계에 있으면 다음과 같이 표시할수 있다.

$$d\dot{p} = r_음 \dot{V} \qquad (3-32)$$

비례결수 $r_음$(NS/m⁵)를 음향저항이라고 한다. $d\dot{p}$, $\dot{V}$, $r_음$은 각각 E, i, R 로 대응시킬수 있다.

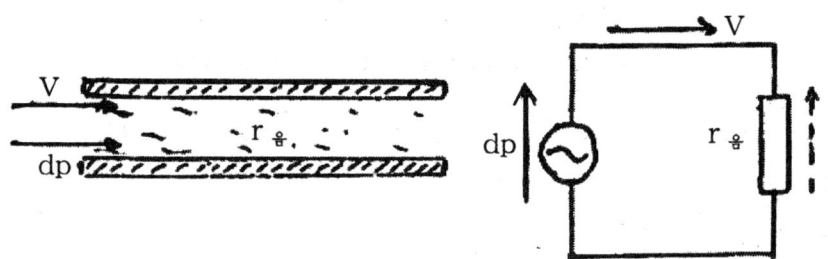

그림 3-10. 음향저항과 그의 전기음향닮음회로

4) 헬름홀쯔의 공명기

그림 3-11에 헬름홀쯔의 공명기를 보였는데 목부분의 공기 립자들의 질량이 이 떨음계의 음향질량으로 된다. 그리고 공동내 매질의 튐성이 이 떨음계의 음향용량으로 되며 목부분의 립자들이 움직일 때 벽과 쓸리게 되는데 이것이 떨음계의 쓸림저항으로 작용하게 된다. 이 떨음계의 매질을 부피속도 V로 움직이게 하기 위해서는 음향저항 $r_음$을 극복하고 음향질량 $M_음$을 가속하며 음향용량 $C_음$을 압축하는데 필요한 압력을 가해야 한다. 이 압력은 다음과 같이 표시된다.

$$M_음 \frac{dv}{dt} + \frac{1}{C_음} \int V dt + r_음 V = P \qquad (3-33)$$

음압이 조화파인 때 V, P를 각각 복소량으로 표시하면

$$r_음 \dot{V} + j\omega M_음 \dot{V} + \frac{1}{j\omega C_음} \dot{V} = \dot{P}$$

$$\frac{\dot{P}}{\dot{V}} = \dot{Z}_음 = r_음 + j\omega M_음 + \frac{1}{j\omega C_음} \qquad (3-34)$$

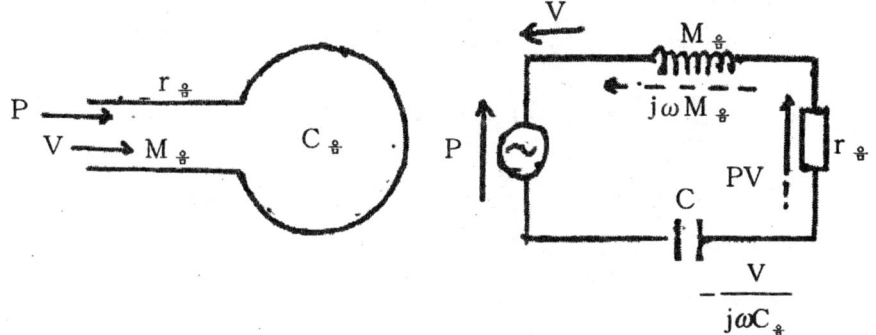

그림 3-11. 헬름홀쯔의 공명기와 그의 전기음향닮음회로

여기서 $\dot{Z}_음$은 음향계의 어떤 자름면에 작용하는 음압과 이 자름면에 흘러드는 매질의 부피속도와의 비인데 음향저항이라고 부른다. 각주파수가 $\omega = \omega_0$ 이면 껴떨기가 일어난다.

$$\omega = \frac{1}{\sqrt{M_음 C_음}} = \omega_0 \quad (3-35)$$

$\omega = 2\pi f$, $M_음 = \dfrac{\rho \ell_e}{S}$, $C_음 = \dfrac{V}{\rho C^2}$ 이라는것을 참고하면

$$(3-36)$$

여기서 C는 공기속에서 소리의 전파속도이고 ℓ_e는 목부분으로 된 관의 유효길이이며 S는 목부분으로 된 관의 자름넓이, V는 공동의 부피이다.

밖으로부터 음압의 작용이 중지되면 공명기에서 자유떨기가 생긴다. 이때에 다음과 같은 미분방정식을 얻을수 있다.

$$M_음 \frac{d\dot{v}}{dt} + r_음 \dot{V} + \frac{1}{C_음} \int \dot{V} dt = 0$$

$$\frac{d^2 v}{dt^2} + \frac{r_음}{M_음} \frac{d\dot{v}}{dt} + \frac{\dot{v}}{C_음 M_음} = 0$$

$$\frac{d^2v}{dt^2} + 2\delta \frac{dv}{dt} + \omega_0^2 \dot{V} = 0 \qquad (3-37)$$

여기서 $\frac{r_음}{M_음} = 2\delta \leq 1$ 이므로 식 (3-37)의 일반해는

$$V = V_m e^{-\delta t} \cos(\omega t - \varphi) \qquad (3-38)$$

즉 주기적인 잦아듬떨기를 하게 된다.

여기서 $\omega = \sqrt{\omega_0^2 - \delta^2} \approx \omega_0$ 으로 된다.

헬름홀쯔의 공명기는 소리샘의 떨기수측정과 여러가지 악기나 사람의 발성기관에서 발음통로의 공명현상을 연구하는데 리용된다.

5) 음향요소들의 직렬련결

그림 3-12의 ㄱ)와 같이 음향저항 $\dot{Z}_음$이 음향질량 $M_음$을 통하여 련결되였을 때 이것을 움직이기 위해서는 여분의 압력이 필요한데 그 압력의 크기는

$$\dot{P} = \left(\dot{Z}_음 + j\omega M_음 \right) \dot{V} \qquad (3-39)$$

이다. 그리고 이에 대한 등가회로는 그림 3-12의 ㄴ)와 같이 된다.

같은 방법으로 그림 3-11에서 보여준 헬름홀쯔의 공명기입구

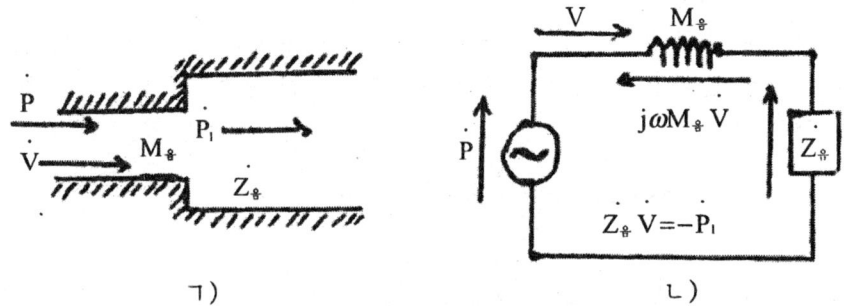

ㄱ)　　　　　　　　　　　ㄴ)

그림 3-12. 음향질량이 직렬로 들어가는 음향회로

에 압력 $\dot{P}$가 작용하며 이 계의 매질을 $\dot{V}$와 같은 속도로 움직였다면

$$\dot{P} = \left[r_음 + j\left(\omega M_음 - \frac{1}{\omega C_음}\right) \right] \dot{V} \quad (3-40)$$

인 관계식이 성립되며 이에 대한 등가회로는 그림 3-11에서 보여준것과 같이 된다.

6) 음향요소들의 병렬련결

그림 3-13의 ㄱ)에 보여준것과 같이 음향요소 $C_음$, $R_음$, $M_음$이 련결되고 여기에 압력 $\dot{P}$가 작용하는 경우에 이 음향계는 그림 3-13의 ㄴ)와 같은 등가회로에 대응된다. 이 회로에서 부피속도 $\dot{V}$, 여분압력 $\dot{P}$와 음향저항 $\dot{Z}_음$ 사이에는 다음의 관계가 성립된다.

$$\dot{V} = \frac{\dot{P}}{\dot{Z}_음} = \dot{P}\left(j\omega C_음 + \frac{1}{R_음} + \frac{1}{j\omega M_음} \right) \quad (3-41)$$

이상에서 고찰한바와 같이 복잡한 력학계나 음향계가 직렬로 련결되였는가 병렬로 련결되였는가 하는것은 속도와 힘관계에 의하여 구별되는데 매개 요소들에서 속도가 같고 힘이 합으로 되게 련결된 체계는 직렬련결된 체계이고 매개 요소들에서의 힘은 같고 속

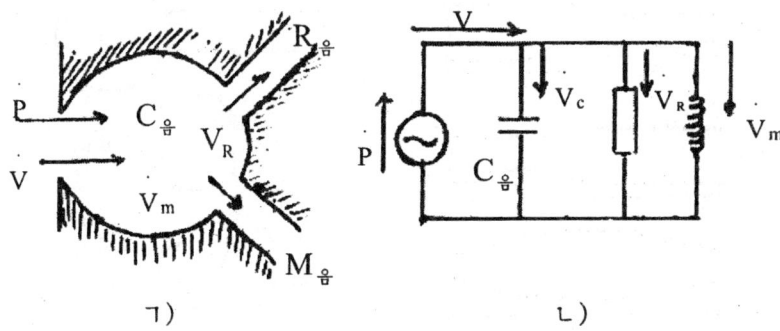

그림 3-13. 음향완전저항의 병렬련결

도가 합으로 되게 련결된 체계는 병렬로 련결된 체계이다. 그리고 복잡한 계의 등가회로를 작성할 때에는 이 체계를 적당한 몇개의 마디로 나누고 그 개별마디들에서 요소들이 어떻게 련결되였는가를 검토하여 종합하면 된다.

3. 발음통로의 음향계에로의 대응

1) 음향계의 여러가지 형태와 그의 고유떨기수

복잡한 형태의 음향계들은 보다 단순한 형태의 음향계들의 직—병렬련결로 볼수 있다.

결합에 참가하는 단순한 형태의 음향계들은 독립적으로 존재하는 경우에 다 자체의 고유한 떨기수를 가지며 결합되는 경우에 서로 영향을 주고받아 일정한 변화를 일으키며 이것이 결합된 음향계의 전일적인 떨기특성에 나타난다.

그림 3-14에 여러가지 형태의 음향계들을 보여주었다.

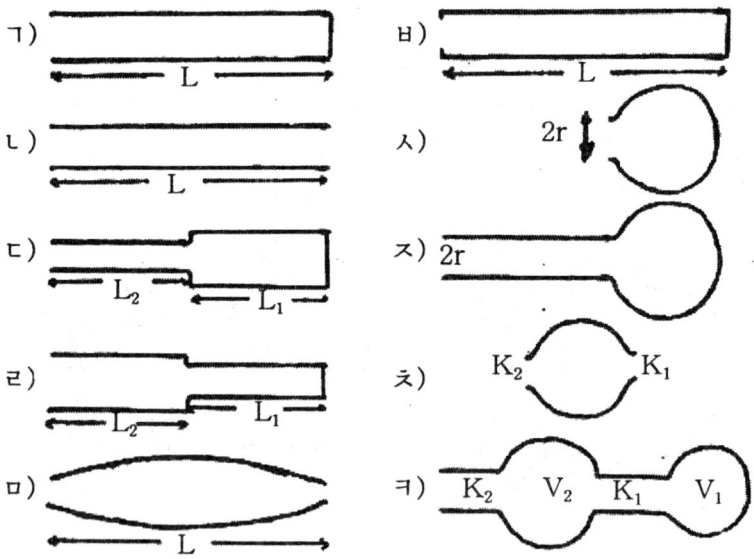

그림 3-14. 여러가지 형태의 음향계

앞에서 서술한 계의 고유떨기에 비추어보면 이 음향계들은 1차원계와 3차원계에 속한다.

그림 3-14에 보여준 음향계들의 고유떨기를 보면 다음과 같다.

ㄱ) 한끝이 막히고 다른 끝이 열린 굵기가 일정한 관

이러한 형태의 관에서 정상파의 발생조건은

$$L = \frac{\lambda}{4}$$

이다. 떨기수는 소리의 속도를 파길이로 나눈것이기때문에

$$f_n = \frac{C}{\lambda_n} = \frac{C}{4L}(2n+1) \qquad (3-42)$$

로 된다. 여기서 n = 0, 1, 2…이다. 고조파들의 떨기수는 기본파의 떨기수의 3, 5, 7…배로 된다.

ㄴ) 량끝이 열린 굵기가 일정한 관

이런 관에서 정상파의 발생조건은

$$L = \frac{\lambda}{2}$$

이며 따라서 고유떨기수는

$$f_n = \frac{C}{\lambda_n} = \frac{C}{2L} n \qquad (3-43)$$

로 된다. 여기서 n=1, 2, 3…이다. 따라서 고조파들의 떨기수는 기본파의 떨기수의 2, 3, 4배로 된다.

ㄷ), ㄹ) 한끝이 막히고 다른 끝이 열린 굵기가 일정하지 않은 관

이런 관에서의 고유떨기는 다음과 같은 방정식으로 표현할수 있다.

$$\frac{S_2}{S_1} \cot \frac{2\pi}{C} fL_1 \cot \frac{2\pi}{C} fL_2 - 1 = 0 \qquad (3-44)$$

여기서 S_1과 S_2는 관의 단면적을 표시하며 L_1과 L_2는 관의 길이를 표시한다.

식 (3-44)으로부터 고유떨기수를 구하면

$$f_n = \frac{C(2n+1)}{4\left(L_1 + \frac{S_2}{S_1}L_2\right)} \qquad (3-45)$$

로 된다. 여기서 n=0, 1, 2…의 값을 가진다. 그러므로 고조파들의 떨기수는 기본파의 떨기수의 2, 3, 4…배로 된다.

이런 관에서의 고유떨기수는 굵기가 일정한 관의 고유떨기수보다 크거나 작은것으로 얻어진다. ㄷ)와 ㄹ)에서 L_1과 L_2의 길이가 같다면 열림부분에서의 영향을 무시하는 경우에 고유떨기수가 같은것으로 된다.

ㅁ) 가운데가 불룩한 관

이 경우의 고유떨기수는 굵기가 일정하고 량끝이 열린 관에서의 고유떨기수보다 작아진다.

$$f_n < \frac{C}{2L}n \qquad (3-46)$$

이와는 반대로 량끝이 벌어지고 가운데가 좁아진 관에서는 량끝이 열리고 굵기가 일정한 관에서의 고유떨기수보다 커진다.

$$f_n > \frac{C}{2L}n \qquad (3-47)$$

이러한 현상은 관의 량끝 열림부분에서의 음향저항이 굵기가 일정한 관에서보다 크거나 혹은 작은 사정과 관련된다.

ㅂ) 한끝은 막히고 열림부분이 작은 굵기가 일정한 관

이런 관에서의 고유떨기수는 같은 길이와 굵기의 관에서보다 작아진다. 관에서의 고유떨기는 다음과 같은 방정식으로 표현할수 있다.

$$\frac{2\pi S}{K}f - \cot\frac{2\pi}{C}fL = 0 \qquad (3-48)$$

여기서 k는 열림부분에서의 음향학적전도성이며 S는 관의 단면적, L은 관의 길이, C는 소리의 전파속도이다.

ㅅ), ㅈ), ㅊ) 하나의 공동과 하나 혹은 두개의 열림부분을 가진 음향계0

우에서 본바와 같이 고유떨기수와 파길이는 관의 길이에 관계된다. 이때 파길이는 관의 길이보다 훨씬 크다.
   ㅅ), ㅈ), ㅊ)의 경우에 고유떨기수는 다음과 같은 식으로 계산할수 있다.

$$f = \frac{C}{2\pi}\sqrt{\frac{K}{V}} \qquad (3-49)$$

여기서 V는 공동의 부피를 표시한다.
열림부분의 크기와 모양에 관계되는 전도성은 다음과 같다.
   ㅅ)에서 $K = 2r$ (r는 열림의 반경)
   ㅈ)에서 $K \dfrac{\pi r^2}{L + \dfrac{1}{2}\pi r}$ (L은 목부분의 길이, r는 관의 반경, $\pi r^2 = S$)
   ㅊ)에서 $K = K_1 + K_2$ (K_1과 K_2는 두 열림부분에서의 전도성을 표시함)
   ㅋ) 2중결합공명기
   이것은 ㅈ)의 경우와 같은 음향계가 병렬로 련결된 경우라고 할수 있다.
   관으로 된 부분에서의 전도성을 K_1, K_2로, 공동의 부피를 V_1, V_2로 표시할 때 이 음향계에서의 고유떨기는 다음과 같은 방정식으로 표현할수 있다.

$$f^4 + f^2\left(\frac{C}{2\pi}\right)^2\left(\frac{K_1+K_2}{V_2} + \frac{K_1}{V_1}\right) + \left(\frac{C}{2\pi}\right)^4 \frac{K_1 K_2}{V_1 V_2} = 0$$
$$(3-50)$$

이로부터 고유떨기수를 구하면

$$f = \frac{C}{2\pi}\sqrt{\frac{(K_1+K_2)V_1 + K_1 V_2}{2V_1 V_2} \pm \sqrt{\left\{\frac{(K_1+K_2)V_1 + K_1 V_2}{2V_1 V_2}\right\}^2 - \frac{K_1 K_2}{V_1 V_2}}}$$
$$(3-51)$$

여기서 $K = \dfrac{\pi r^2}{L + \dfrac{1}{2}\pi r}$ 이다.

2) 발음통로와 동등한 음향계의 작성과 고유떨기수계산

실지 사람의 발음통로를 놓고 그의 모양을 구체적으로 조사하여 고유떨기수를 계산한다는것은 어려운 문제이다. 문제의 고찰을 쉽게 하기 위하여 실제적인 발음통로와 음향학적으로 동등한 값을 가지는 리상적인 형태의 음향계를 작성하고 이것으로 발음통로를 대치하는 문제가 제기된다.

이로부터 렌트겐촬영자료에 기초하여 목청으로부터 입술까지의 발음통로상에 중심선을 긋고 그 선에 준하여 여러 단계의 수직선을 그어 그 수직자름면에서의 단면적을 구하는 방법을 취한다.

그림 3-15는 조선어홑모음 《ㅓ》를 발음할 때의 발음통로의 측면모양과 수직자름면을 구하는 방법을 보여준것이다.

매개 수직자름면에서 자름면모양을 보면 그림 3-16과 같다.

이와 같은 방법으로 발음통로의 크기와 모양을 측정하고 그것을 음향계로 모형화하면 그림 3-17과 같이 2중결합공명기로 볼수 있다.

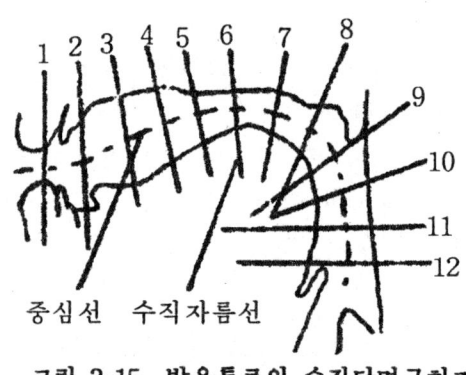

그림 3-15. 발음통로의 수직단면구하기

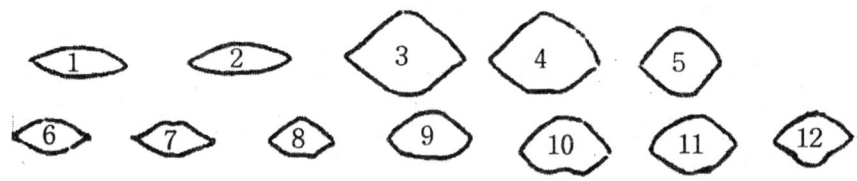

그림 3-16. 발음통로의 매 수직자름면의 모양

그림 3-17에서 V_1은 혀뒤목구멍안에 이루어지는 공동의 용적을 표시하며 V_2는 입안에 이루어지는 공동의 용적을 표시한다. 그리고 S_1과 L_1, r_1은 혀뒤부분과 무른입천장, 목안뒤벽에서 이루어지는 관모양의 좁은 통로의 단면적과 길이, 반경을 표시하며 S_2와 L_2, r_2는 입술과 이발부분에서 이루어지는 발산구멍의 단면적과 길이, 반경을 표시한다.

그림 3-17에 보여준 2중결합공명기의 각 요소들의 크기를 렌트겐촬영자료에 기초하여 구하고 식 (3-51)에 의하여 고유떨기수를 구하면 $F_1=469Hz$, $F_2=896Hz$로 된다. 여기서 k 는 간단히 $\frac{S}{L}$ 로 하였다.

한편 혀뒤부분과 무른입천장, 목안뒤벽에서 이루어지는 판모양의 좁은 통로를 량끝이 열린 관모양의 부분적인 음향계로 보고 식 (3-43)에 의하여 그의 고유떨기수를 구하면 $F_3=2,580Hz$로 얻어진다.

같은 방법으로 남자 성인을 대상으로 조선어홀모음 10개의 발음에 대한 발음통로의 모양을 일률적으로 2중결합공명기로 모형화하고 각 부분들의 값(표 3-1)을 구하여 고유떨기수를 계산하면 표 3-2와 같다.

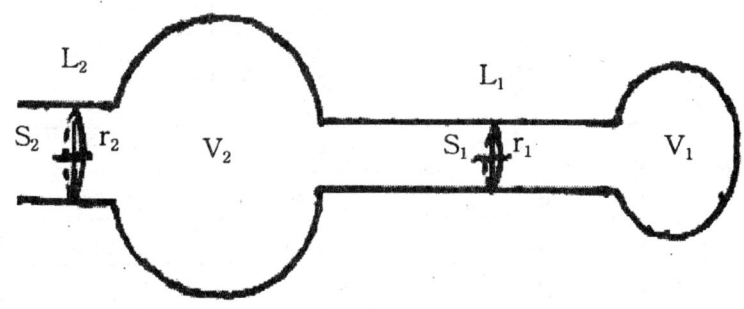

그림 3-17. 발음통로를 모형화한 2중결합공명기

표 3-1

	V_1(cm³)	S_1(cm²)	L_1(cm)	V_2(cm³)	S_2(cm²)	L_2(cm)
ㅏ	11	1.4	6.8	75	3.5	1.4
ㅗ	16	1.4	6.7	68	1.9	2
ㅓ	28	1.8	6.9	63	2.2	1.9
ㅜ	36	1.7	7.1	50	1.1	2.5
ㅡ	49	1.4	7.3	38	2.2	2.1
ㅐ	35	2.7	6.4	16	2.4	1.5
ㅚ	40	2.5	6.5	13	1.8	2
ㅔ	52	2.0	6.3	11	2	1.7
ㅟ	62	1.1	5.8	7.1	1.8	2.2
ㅣ	65	0.9	5.7	6.9	1.9	2

표 3-2

	F_1(Hz)	F_2(Hz)	F_3(Hz)
ㅏ	720	1,115	2,618
ㅗ	520	835	2,657
ㅓ	469	896	2,580
ㅜ	335	734	2,507
ㅡ	323	1,034	2,438
ㅐ	548	2,037	2,781
ㅚ	458	1,810	2,738
ㅔ	391	2,099	2,825
ㅟ	282	2,140	3,069
ㅣ	258	2,274	3,123

 실지 발음통로의 모양은 대단히 복잡하게 이루어지므로 2중결합공명기와 같은 음향계로 일률적으로 모형화하여서는 그의 특성을 충분히 표현하기 어렵다.

실례로 조선어홑모음 《ㅣ》나 《ㅟ》를 발음할 때 이루어지는 발음통로의 모양은 그림 3-14에서 ㅈ)에 해당하는 단일한 헬름홀쯔공명기의 모양에 더 가깝다고 할수 있다.

《ㅣ》를 발음할 때 혀는 전반적으로 앞으로 나오며 이때 혀가운데부분의 량옆이 굳은입천장에 닿아 혀가운데와 혀뒤부분에서 관모양의 좁은 통로가 형성된다. 한편 혀의 이런 운동으로 하여 목구멍 안쪽에는 비교적 큰 공동이 형성되나 입안에서는 혀끝부분에 매우 작게 어떻게 보면 무시할수 있을만 한 공동이 형성된다. 혀끝부분에 형성되는 공동을 무시하고 혀가운데부분에서 형성되는 관모양의 통로의 연장으로 보면 하나의 공동과 하나의 목을 가진 헬름홀쯔의 공명기로 된다.

표 3-1에서 《ㅣ》발음에 해당한 요소들의 값을 보면 $V_1=65cm^3$, $S_1=0.9cm^2$, $L_1=5.7cm$이다. 혀끝부분에서 이루어지는 작은 공동과 입술부분을 약 3cm로 잡으면 관모양의 통로의 총 길이는 8.7cm로 된다. 식 (3-49)에 의하여 이런 형태의 음향계의 고유떨기수를 계산하면

$$f_1 = \frac{C}{2\pi}\sqrt{\frac{K}{V}} = \frac{35,600}{2\times 3.14}\sqrt{\frac{0.9}{65\times 8.7}} \approx 257(Hz)$$

로 된다.

혀가운데로부터 입술까지의 통로를 량끝이 열린 관으로 보면 이 부분의 길이가 8.7cm이므로

$$f_2 = \frac{C}{2\ell} = \frac{35,600}{2\times 8.7} \approx 2,146(Hz)$$

로 된다.

한편 입안에 형성되는 작은 공동을 고려하여 혀가운데부분에서 이루어지는 통로만을 부분적으로 작용하는 량끝이 열린 관으로 보는 경우에 이 부분의 길이가 5.7cm이므로 고유떨기수는

$$f_3 = \frac{C}{2\ell} = \frac{35,600}{2\times 5.7} \approx 3,131(Hz)$$

로 된다.

《ㅣ》발음에서 이루어지는 발음통로의 모양을 이런 관점에서. 고

찰하고 그로부터 얻어진 고유떨기수들을 종합하면 f_1=257Hz, f_2=2,146Hz, f_3=3,131Hz로 된다. 이것은 표 3-2에 주어진 《ㅣ》의 고유떨기수값들과 매우 가까운 값들이다.

모형에 의하여 얻은 조선어홀모음들의 고유떨기수계산값과 실지 발음된 조선어홀모음들의 포르만트측정값을 비교하기 위하여 남자(20~60살) 50명을 대상으로 고속푸리예변환스펙트르분석기로 측정한 포르만트평균값을 표 3-3에 제시한다.

표 3-3

	F_1(Hz)	F_2(Hz)	F_3(Hz)
ㅏ	735	1,215	2,605
ㅗ	522	582	2,656
ㅓ	458	889	2,505
ㅜ	326	681	2,475
ㅡ	362	1,092	2,388
ㅐ	538	1,995	2,735
ㅚ	464	1,895	2,571
ㅔ	387	2,050	2,759
ㅟ	251	2,078	2,856
ㅣ	249	2,213	3,072

스펙트르분석기에 의하여 측정한 포르만트중심주파수평균값과 모형에 의하여 계산한 고유떨기수값들은 표 3-3과 3-2에서 보는바와 같이 기본적으로 일치한다. 이것은 발음통로를 리상적인 음향계로 모형화하여 모음뿐만아니라 모든 말소리들의 본성적인 특성들을 얼마든지 원리적으로 해석할수 있다는것을 말해준다.

4. 음성생성과정의 모형화

1) 말소리발성체계의 모의회로

발성에네르기원천은 페에서 나오는 호흡기체흐름이다. 이 기체의 흐름에 의하여 우선 울대부에 있는 목청이 떠는데 이것은 일반회화에서 기본떨기수가 50~500Hz정도이다.

앞에서도 언급하였지만 목청의 떨기는 기본떨기와 배떨기의 합성으로 이루어진다. 음성을 분석하고 어음론적인 현상을 연구하는데서 기본떨기는 매우 주목되는 대상이다.

호흡기체를 리용하여 발음통로상의 일정한 부위에서 터침이나 스침, 터스침, 튀김을 조성하여 소리를 내는데 이때에 목청의 떨기가 동반되지 않을 때 무성음이라고 한다. 무성음은 소음적인 소리로서 파형태가 비주기적이며 스펙트르구조에서 유성음과 같이 조화적인 관계가 성립하지 않으며 일정한 스펙트르포락들로 특징지을수 있다.

유성음 특히 모음의 음성신호는 발음통로의 공명특성을 고려한 시변결수수자려파기의 출력신호로 볼수 있다. 발음통로의 공명특성이 변하는 속도는 비교적 완만하기때문에 이 수자형려파기의 전송특성은 10~20ms정도로 되는 짧은 시간안에서는 대체로 일정한것으로 취급해도 된다. 발음통로와 같은 소리전송관으로서의 이 수자려파기입구에는 유성음인 경우에 기본떨기수와 같은 주기로 반복되는 단위임플스(단위함수)계렬이 작용하며 무성음인 경우에는 평탄한 련속스펙트르구조를 가지는 잡음발생기 출력이 작용하게 된다.

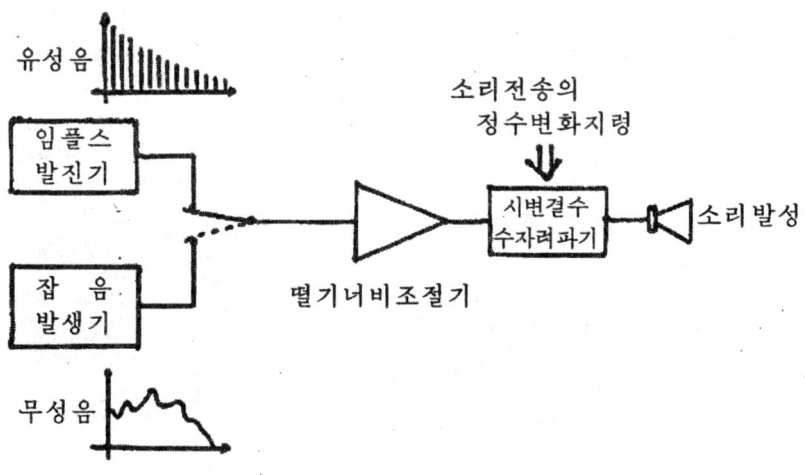

그림 3-18. 소리발성체계의 모의회로

유성음이나 무성음인 경우에 그 떨기너비는 호흡기체의 충격의 세기에 의하여 조절되는데 이것을 장치적으로 떨기너비조절기(증폭기)로 모의할수 있다. (그림 3-18)

음성신호를 정확히 분석처리하기 위하여서는 음성이 이루어지는 이와 같은 음향학적인 모의체계를 잘 알아야 한다. 그래야 이를 통하여 음성정보처리방법과 수단을 바로 정하고 신호의 기본정수들을 옳게 선택하고 조절할수 있다.

또한 소리자체의 형성과정이 자변정수형수자식려파기를 경과한것과 동등하기때문에 음성신호의 수자식처리에 합리적이다.

2) 목청음발성에 관한 음향학적모형화

말소리흐름의 기본핵을 이루는 목청음에서 기본주기는 고정된것이 아니라 목청운동의 필수적인 결과로서 일정한 변화를 일으킨다.

기본떨기에 의한 부피흐름의 변화는 목청떨기의 시간적변화에 비례하며 이로부터 발생된 목청음은 비대칭삼각파에 가깝다. 센 발성에서는 목청문의 열림이 크고 목청의 긴장이 세므로 이로부터 삼각파가 더욱 크고 뚜렷하여진다.

목청음의 스펙트르포락은 $-12\sim18dB$/옥타브의 경사를 이룬다.

목청떨기에 대한 음향학적모형화수법은 여러가지가 있다. 그중에서 2질량모형은 목청을 그림 3-19와 같이 상부와 하부의 2개로 나누고 이것을 음향강성 Ke로 결합한것이다.

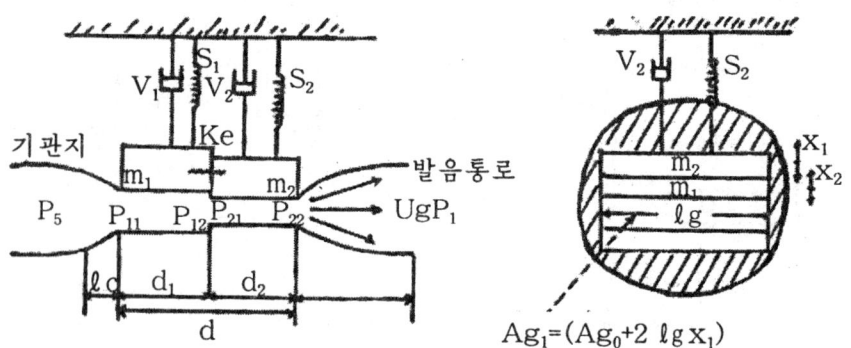

그림 3-19. 목청떨기에 관한 음향학적2질량모형

Ag_1: d_1구간의 자름면적, Ag_0: d_2구간의 자름면적

이 모형에 의하여 전기적인 둥가회로를 얻어내고 발음통로의 공명특성을 포함시켜 모의실험을 해보면 목청떨림이 일어나는 조건, 그때의 목청의 진동형태, 목청떨기의 시간적변화, 목청음의 떨기수 등의 호상관계를 알수 있다.

이에 의하면 목청문아래의 압력변화에 따르는 목청떨기의 떨기수변화률은 $1cmH_2O$ 당 2~3Hz로서 발음통로의 영향을 받지 않으며 발음통로의 모양과 목청음사이에는 깊은 상관관계가 있다는것을 알수 있다. 또한 목청의 상부와 하부에서 진동의 자리각차는 0~60° 범위내에 있다는것을 확증할수 있다. 날숨의 압력, 목청의 긴장도, 목청문의 열림정도(떨기에 참가하는 목청의 길이), 발음통로의 모양이 주어지면 목청떨림을 특징지을수 있다.

그림 3-20에는 2질량모형에 의하여 생성된 모음《ㅏ》경우의 목청문자름면적(열림정도), 목청떨림파형(목청문에서의 부피흐름속도), 발음통로에서의 공명을 거쳐 입술부분에서 방사되는 음파를 보였다.

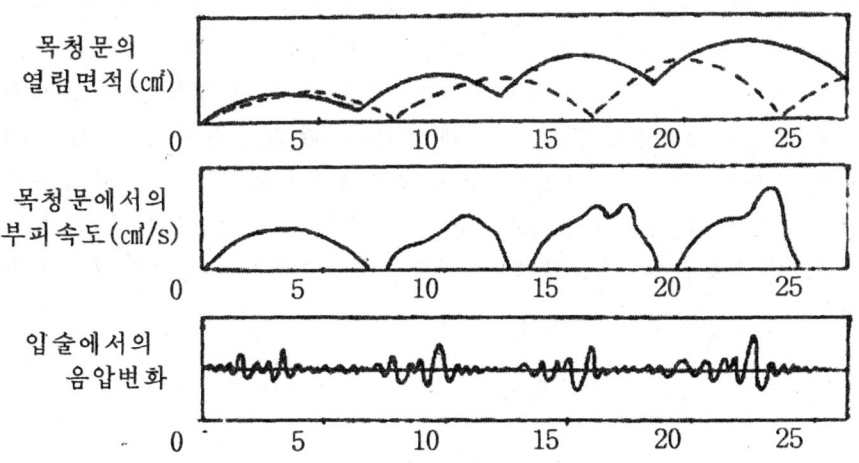

그림 3-20. 2질량모형에 의한 모음《ㅏ》발성의 모의실험결과

2질량모형에 의하여 발생된 목청음의 파형은 목청떨기에 의한 목청음의 발생과정을 직관적으로 리해하는데서 도움으로 된다.

3) 음성의 음향공학적처리를 위한 음성생성과정의 흐름도

앞에서 서술한 2질량모형과 같은 목청음생성과정에 대한 모형과 발음통로의 발음생리적 및 물리음향학적특성을 고려한 발음통로 모형을 조합한 음성생성실체모형을 작성하고 합성에 의한 분석법으로 음성의 특징파라메터들을 추정하고 조종하기 위한 시도들이 제안되고있다.

그림 3-21에 음성생성실체모형에 의한 특징파라메터의 추정과 조종을 도식화하여 보여주었다.

여기서 Q는 목청긴장도, Ag_0은 목청이 쉴 때 목청문이 열리는 넓이, P_S는 목청문의 아래압력, N은 코안결합도, A는 발음통로자름면적이다.

이 흐름도에서 가장 중요한 문제는 음성파형과 모형에 의한 합성음의 분석결과(대수스펙트르와 케프스트람)가 가장 잘 맞도록 생성모형의 특징파라메터의 조종정수들을 정확히 추정하는것이다. 목청음원과 발음통로의 결합모형에 의하여 목청떨림에 대한 발음통로의 영향과 발음통로의 조음적특성이 옳바로 고려됨으로써 합성음성의 질개선이나 련속음성인식의 발전에 이바지할수 있는 실제적인 음성파라메터들과 그 조정방법들이 제안되고있다. 이 흐름도에 자음과 같은 소음의 조성에 대하여서는 발음통로의 조음특성에 맞는 란류발생의 모형이 첨가되고 있다.

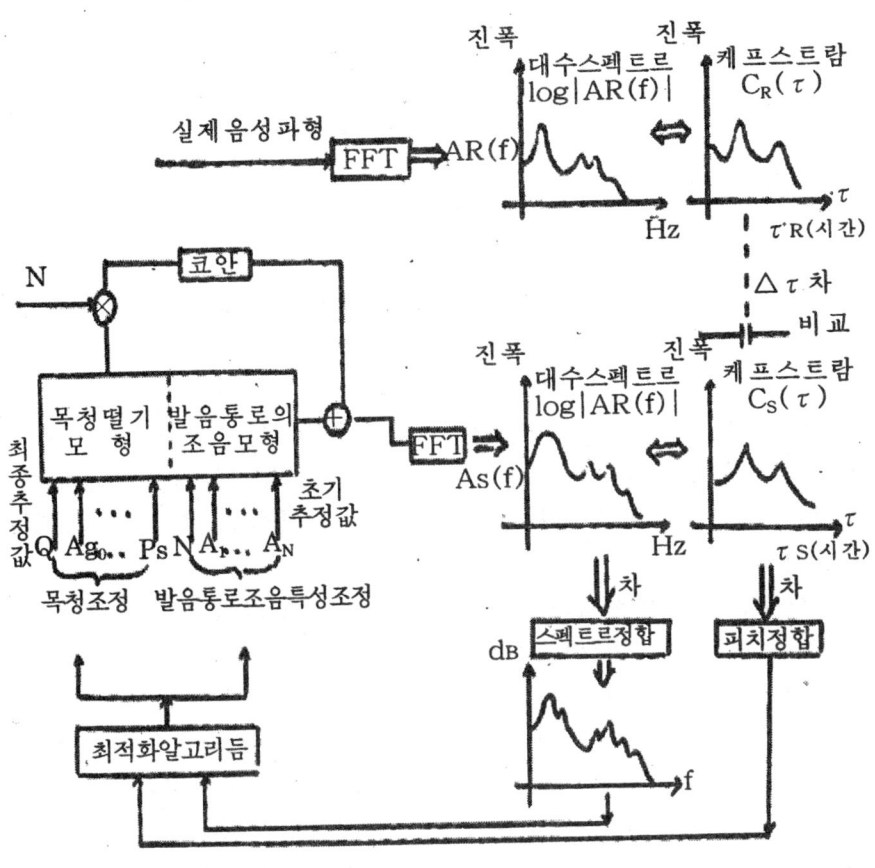

그림 3-21. 음성생성실체모형에 의한 특징
파라메터의 추정과 조종의 도식화

제2장. 조선어의 어음론적현상

《우리 말은 매우 류창하며 억양도 좋고 듣기에도 유순하고 아름답습니다.》

우리 말은 발음의 기초단위인 소리마디가 모음을 핵으로 하여 자음과의 규칙적인 결합으로 되여있고 이것을 토대로 하여 말소리흐름이 이루어지므로 말소리흐름의 높고낮음과 길고짧음이 유기적으로 결합되여 억양도 좋고 듣기에도 류창하고 매우 아름답다.

어음론적인 현상이라고 할 때 그것은 개별적인 어음구성단위들이 보다 높은 단위의 어음론적단위를 구성하면서 위치-결합적조건에 따라 나타나는 이러저러한 변화현상들과 사람들의 목적의식적인 언어활동에 의하여 부여되는 운률적성격의 말소리흐름현상을 말한다. 구체적으로 말해서 개별적인 음운들이 소리마디나 소리토막을 구성하는 과정에 나타나는 음운변이와 변종, 음운들의 련쇄로서 말소리흐름속에서 소리마디와 소리마디들사이에서 나타나는 어음변화현상들, 말소리흐름에 운률적인 성격을 부여하는 단어의 소리마루, 억양과 같은것을 말한다.

음성을 응용함에 있어서 어음론적인 제반 현상들에 대한 구체적인 분석과 체계화는 매우 중요한 의의를 가진다.

그것은 매개 어음론적인 단위들이 언어실천과정에 독자적으로 실현되는것이 아니라 호상련관속에서 서로 영향을 주면서 하나의 전일적인 통합을 이루고 실현되기때문이다.

제1절. 음운변이와 변종

음운은 언어학적으로 유의미적단위인 단어나 형태부의 물질적 외피를 이루어주고 구별시켜주는 최소어음단위이며 음성언어가 이루어질수 있게 하는 가장 기초적인 물질적단위이다. 음운은 언어행위과정에 말소리흐름속에서 실현되며 이 과정에 어음론적인 조건들에 의하여 일정한 변화를 일으킨다.

1. 음운변이

음운이 말소리흐름속에서 실현될 때 어음론적인 조건들에 의하여 변화되는데 그 변화정도는 조건에 따라 일정한 질량적차이를 가진다.
음성정보처리를 위한 음성자료기지에는 이러한 변화에 대하여 보다 낮은 수준에서부터 보다 높은 수준에 이르기까지 세부적으로 분류체계화하여 반영해주어야 한다.
음성정보처리의 견지에서 이 책에서는 편리상 소리마디나 단어의 첫머리 즉 강한위치에서 개별적음운들이 다른 음운들과 결합될 때 결합적조건에 의하여 나타나는 일정한 정도의 어음론적인 변화형태들을 음운변이라고 한다.
음운변이는 해당 음운을 어음론적으로 특징짓는 구별적표식을 유지하는 한계내에서의 음운변화로서 량적변화라고 말할수 있다. 음운을 특징짓는 구별적표식중에서 한두개의 구별적표식이 변한다면 그것은 벌써 그 음운의 질적변화라고 보아야 할것이다. 왜냐하면 음운은 한두개의 구별적표식의 차이에 의하여 서로 달리 규정되고 서로 비교되기때문이다.
조선어음운에서 변이를 가장 심하게 일으키는것은 《ㅎ》이다.
모음 《ㅡ》와 결합되여 발음된 상태에서 규정된 《ㅎ》의 음운론적인 구별적표식은 허뒤스침소리이다.
다른 자음들은 어떤 모음과 결합되여 발음되는가에 따르는 발음위치와 발음방식에서의 차이가 크지 않으므로 문제될것이 없지만 《ㅎ》의 경우는 사정이 다르다.

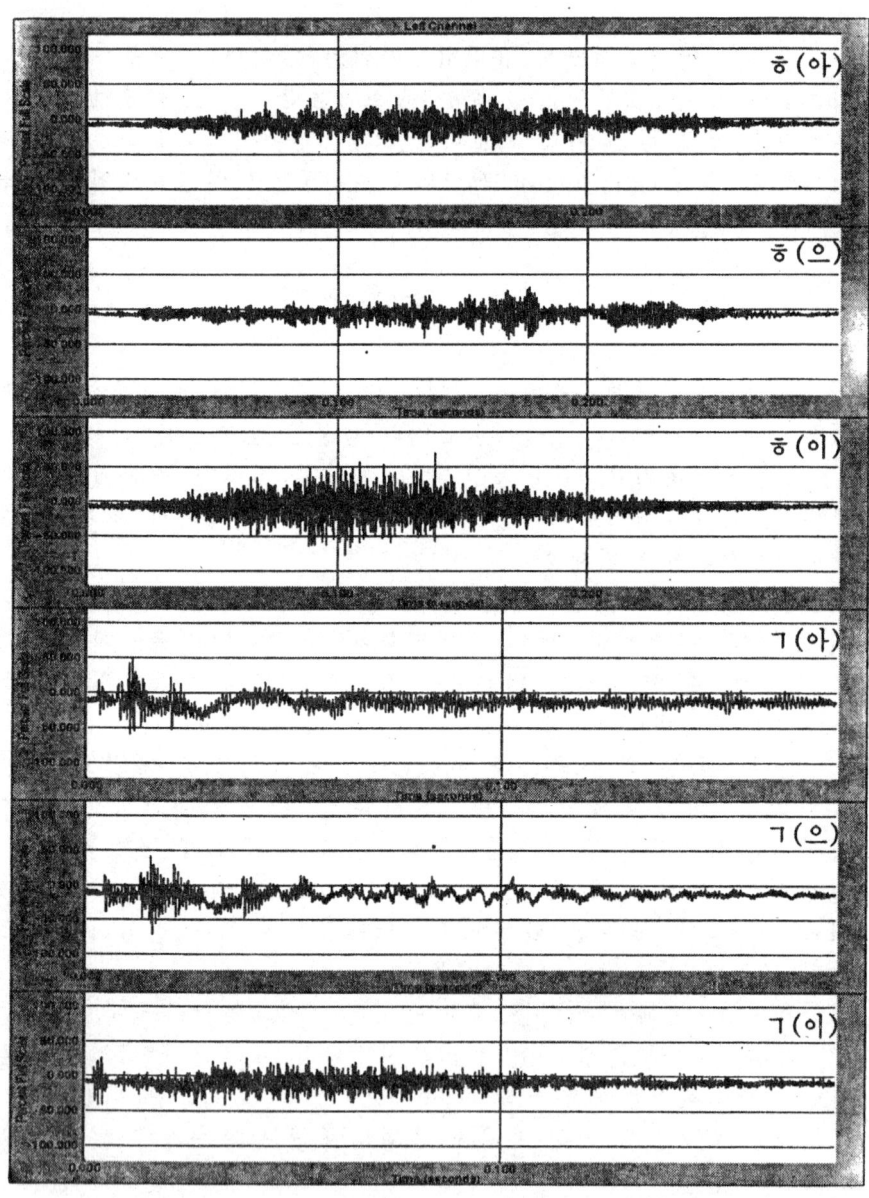

그림 1-1. 자음 《ㅎ》, 《ㄱ》의 파형

조음적견지에서 볼 때 《ㅎ》는 《ㅏ》와 같은 뒤모음이면서 낮은모음들과 결합될 때에는 기본적으로 혀뒤목구멍안쪽에서 이루어지며 《ㅣ》와 같은 앞모음이면서 높은모음들과 결합될 때에는 기본적으로 혀앞과 굳은입천장, 이몸, 입술사이에서 이루어진다.

이와 같이 자음 《ㅎ》는 결합되는 모음에 따라 발음부위가 심하게 차이나는 소리이다.

혀뒤목구멍안쪽은 혀앞이나 굳은입천장, 이몸들에 비하여 상대적으로 무른 곳이다. 무른 곳에서 조성된 소리의 구성을 보면 굳은 부분에서 조성된 소리들에 비하여 떨기수가 작은 저음성분들이 우세한것이다.

그림 1-1에 자음《ㅎ》가 모음《ㅏ, ㅡ, ㅣ》들과 결합되여 발음되였을 때 유성음을 제거한 상태에서의 파형태를 보여주었다.

그림 1-1에서 보는바와 같이 《ㅏ》와 결합되여 혀뒤목구멍안쪽에서 이루어지는 스침소리《ㅎ》의 파형은 불완전하게나마 일정한 정도의 주기적인 형태를 띠며 《ㅡ》와 결합되여 혀뒤웃부분과 무른 입천장부분에서 이루어지는 《ㅎ》의 파형은 《ㅏ》와 결합되여 발음되였을 때보다 주기적인 모양이 약하며 《ㅣ》와 결합되여 혀앞과 굳은 입천장, 이몸과 입술부분에서 이루어지는 《ㅎ》의 파형은 혀앞스침소리 《ㅅ》와 매우 류사하다.

《ㅎ(ㅏ)》와 《ㅎ(ㅡ)》, 《ㅎ(ㅣ)》의 차이는 그 소리들에 대한 스펙트르분석결과를 놓고보면 더욱 명백히 안겨온다.

그림 1-2에서 볼수 있는바와 같이 《ㅏ》와 결합되여 발음된 《ㅎ》에서는 850Hz부분, 《ㅡ》와 결합되여 발음된 《ㅎ》에서는 1,050Hz부분, 《ㅣ》와 결합되여 발음된 《ㅎ》에서는 2,700Hz부분에 놓인 구성음들의 세기가 특아하게 세게 나타난다.

5,000Hz~12,000Hz사이의 구성음들을 보면 반대로 《ㅎ(ㅣ)》에서 가장 세며 그다음 《ㅎ(ㅡ)》이고 제일 약한것이 《ㅎ(ㅏ)》이다.

조선어자음들중에서 변이가 그중 약하게 일어나는것은 《ㄱ》라고 할수 있다.

조음적견지에서 고찰할 때 《ㄱ》소리는 뒤에 어떤 모음과 결합되여 발음되는가에 따르는 조음위치와 조음방식에서 큰 차이가 없다. 물론 뒤모음이면서 낮은모음인 《ㅏ》와 결합될 때에는 혀뒤부분과 목젖부분에서 터침이 이루어지고 앞모음이면서 높은모음인 《ㅣ》와 결합될 때에는 입술방향으로 조금 앞으로 나와 혀가운데의 뒤부분과 무른입천장사이에서 터침이 이루어지는 차이가 있으나 이것은 총체적으로 혀뒤부분에서의 터침으로 특징지을수 있다. 즉 《ㄱ》는 어떤 모음과 결합되든지 가장 일반적인 특징으로서 혀뒤터침소리라는 구별적표식을 가진다.

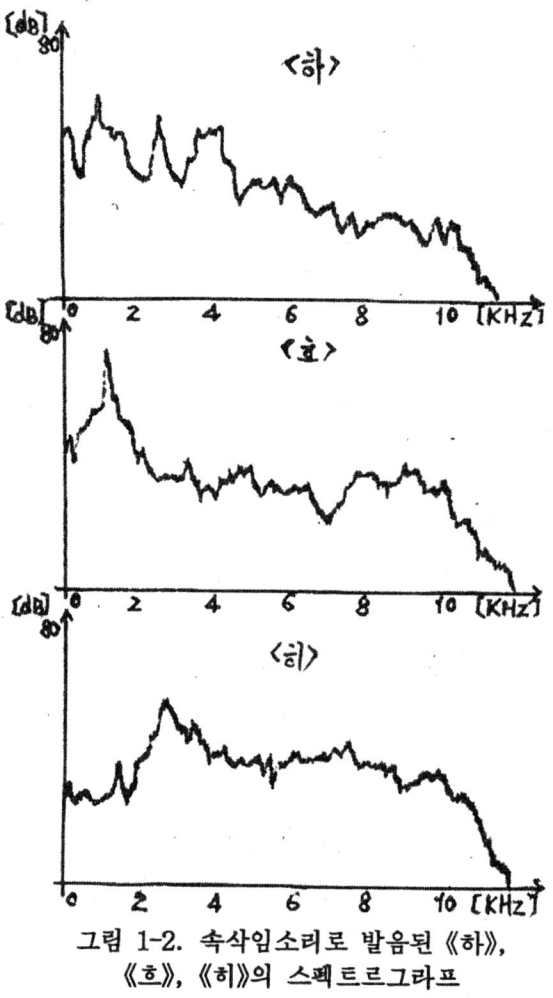

그림 1-2. 속삭임소리로 발음된 《하》, 《흐》, 《히》의 스펙트르그라프

그림 1-1에 《가, 그, 기》발음에서 모음부분을 제거한 《ㄱ》의 파형태들을 보여주었다.

그림에서 보는바와 같이 《ㅏ》와 결합되여 발성된 《ㄱ》의 파형에서는 일정한 정도의 굴곡이 있으며 진폭이 상대적으로 크다. 《ㅡ》와 결합되여 발성된 《ㄱ》의 파형태는 《ㅏ》와 결합되여 발성된 《ㄱ》의 파형태와 모양은 기본적으로 같으나 진폭이 작다. 그리고 《ㅣ》와 결합되여 발성된 《ㄱ》의 파형태는 《ㅏ》와 결합되여 발성된 때보다 굴곡이 없는 순수 백색소음의 형태를 띤다.

그림 1-3에서 이 말소리들의 스펙트르그라프를 보여주었다.

그림에서 보는바와 같이 《ㄱ》는 《ㅏ》와 결합되여 발음되는 경우에 1,000Hz부근에, 《ㅡ》와 결합되여 발음되는 경우에 1,100Hz부근에, 《ㅣ》와 결합되여 발음되는 경우에 2,800Hz부근에 놓이는 구성음들의 세기가 특이하게 우세하다. 6,000~10,000Hz사이에 놓인 구성음들의 세기를 보면 《ㅣ》와 결합되여 발음된 《ㄱ》에서 상대적으로 크며 《ㅏ》나 《ㅡ》와 결합되여 발음된 《ㄱ》에서는 서로 비슷하다.

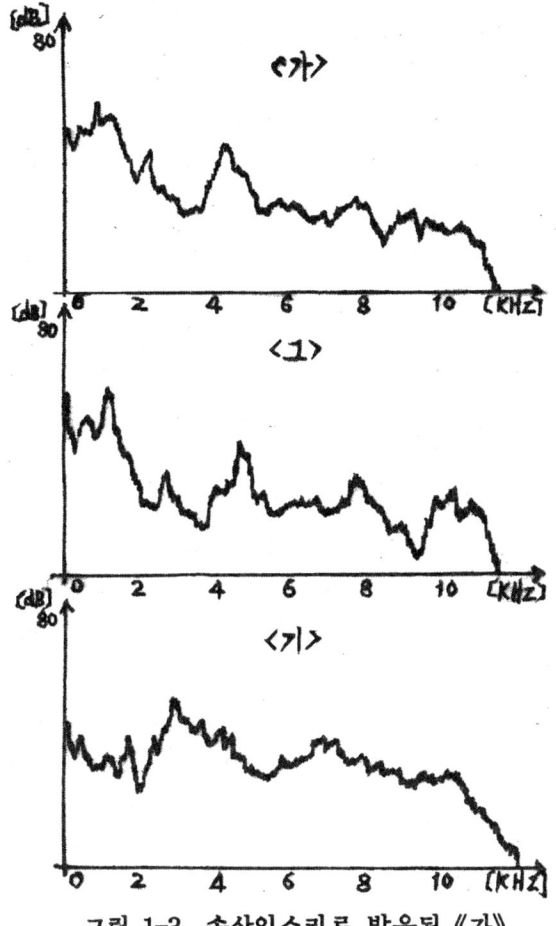

그림 1-3. 속삭임소리로 발음된 《가》, 《그》, 《기》의 스펙트르그라프

이와 같이 개별적인 음운들 특히 자음들은 강한위치에서 실현될 때 결합조건에 따라 일정한 차이를 나타내는데 이 차이들을 음운변이라고 하며 이 음운변이들을 포함한 모임을 어음론적견지에서 통일적인것으로 규정지은것이 바로 그 해당 음운의 구별적표식으로 된다.

앞에서 고찰한바와 같이 자음 《ㄱ》는 강한위치에서 어떤 모음과 결합되여 실현되는가 하는 결합조건에 따르는 일정한 차이를 나타내는데 이 차이는 허뒤터침소리의 한계내에 들어 간다. 즉 변이로서 나타나는 차이들은 순한터침소리라는 큰 개념을 벗어나지 못한다.

이와 같이 음운은 강한위치에서 실현되는 개별적어음들의 통일로서 특징지어지는 최소어음단위이다.

2. 음운변종

음운은 언어행위과정에 말소리흐름속에서 실현되면서 자기의 본질적인 구별적표식을 일부 변경시키게 되는 때도 있다. 해당 음운이 자기의 구별적표식마저 변경시키게 될 때 이 변화는 음운변이와는 다른 질서의 질적변화라고 할수 있다.

음운이 언어행위과정에 변화되여 자기의 본질적인 구별적표식의 일부를 변경시켰을 때 그 어음실체를 음운변종이라고 한다.

조선어에서 첫소리에 쓰이는 소리가 받침소리로도 되는것은 《ㄱ, ㄴ, ㄷ, ㄹ, ㅁ, ㅂ》의 6개가 있다. 여기서 말하는 받침소리 《ㄱ, ㄴ, ㄷ, ㄹ, ㅁ, ㅂ》는 음운으로서의 《ㄱ, ㄴ, ㄷ, ㄹ, ㅁ, ㅂ》와 표기상으로 같을뿐이지 실지 내용에 있어서는 음운의 변종이다.

조선어의 형태론적특성으로부터 자음글자들은 첫소리에는 19개가 쓰이고 끝소리에는 겹글자까지 포함하여 27개가 쓰이게 되여있으나 발음상견지에서 놓고볼 때 첫소리에서 발음되는 자음들이 끝소리에서도 다 발음되는것이 아니라 이 6개의 음운변종으로 실현된다. 구체적으로 보면 첫소리에서 쓰이던 《ㄱ, ㄲ, ㅋ》는 《ㄱ》의 변종 즉 받침소리 《ㄱ'》로 실현되며 《ㄷ, ㅌ, ㅅ, ㅆ, ㅈ, ㅊ》는 《ㄷ》의 변종 《ㄷ'》로 실현된다. 그리고 《ㅂ, ㅍ》는 《ㅂ》의 변종 《ㅂ'》로, 《ㅎ》는 《ㄷ》의 변종으로 실현되거나 발음되지 않는다.

실례로 《ㄱ》는 강한위치에서 무성이면서 혀뒤터침소리라는 음운론적인 구별적표식을 가지였으나 이것이 소리마디구성에서 받침으로 실현될 때에는 모음발음을 중단시키는 혀뒤막힘소리라는 특성을 가진다. 즉 터침이 막힘으로 변하였다.

한편 《ㄴ》는 강한위치에서 입안 및 코안에서의 울림소리이면서 혀앞터침소리라는 구별적표식을 가지였으나 이것이 받침으로 실현될 때에는 코안울림소리이면서 혀앞막힘소리라는 특성을 가진다. 즉 입안 및 코안울림이 코안울림으로 제한되고 혀앞터침이 혀앞막힘으로 변하였다

음운으로서의 《ㄱ》와 그 변종으로서의 받침소리 《ㄱ'》사이의 공통적인것은 혀뒤소리라는것이며 차이나는것은 터침과 막힘이다.

그림 1-4에 《ㄱ, ㄷ, ㅂ, ㅁ, ㄴ, ㄹ》가 《ㅏ》와 결합되여 받침소리로 발음되였을 때 파형태를 보여주었다.

《악, 안, 압》과 같은데서 《ㄱ, ㄷ, ㅂ》는 모음발음을 정지시키는 막힘소리로서의 작용을 한다.

그림 1-4에서 보는바와 같이 《ㄱ, ㄷ, ㅂ》가 모음뒤에 결합되여 모음 《ㅏ》의 발음을 중도에서 정지시킨다. 《악》에서는 3분의 1정도, 《안》에서는 2분의 1정도, 《압》에서는 3분의 2정도까지 모음의 발음을 단축한다.

그런데 여기서 막힘에 의하여 생기는 단축된 구간(무음구간)을 절대로 무시하여서는 안된다. 소리마디에서 막힘에 의하여 생기는 무음구간자체는 언어실천과정에 언어적인 정보를 가진 무시할수 없는 부분이다.

실례로 《각지다》, 《뻣대다》, 《밥바리》와 같은 단어발음에서 무음구간을 제거해버리고 청취실험을 해보면 각각 《가지다》, 《뻐대다》, 《바바리》로 들린다.

《암, 안, 알》과 같은데서 《ㅁ, ㄴ, ㄹ》는 한편으로는 모음발음을 정지시키는것과 함께 코안 또는 입안울림소리를 조성한다.

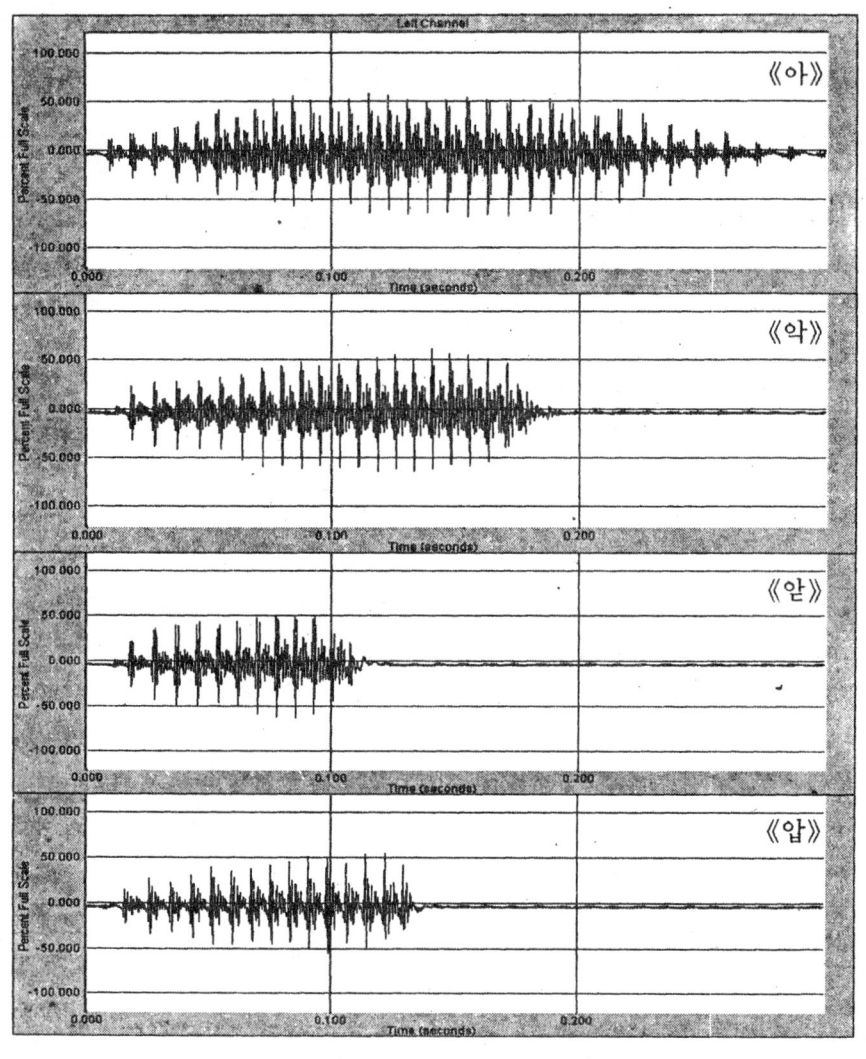

그림 1-4. 《아》, 《악》, 《안》, 《압》의 파형

그림 1-5에서 보는바와 같이 모음《ㅏ》는 뒤에 결합되는 《ㅁ, ㄴ, ㄹ》에 의하여 정지되는것과 함께 목청소리의 코안 또는 입안울림이 지속된다.

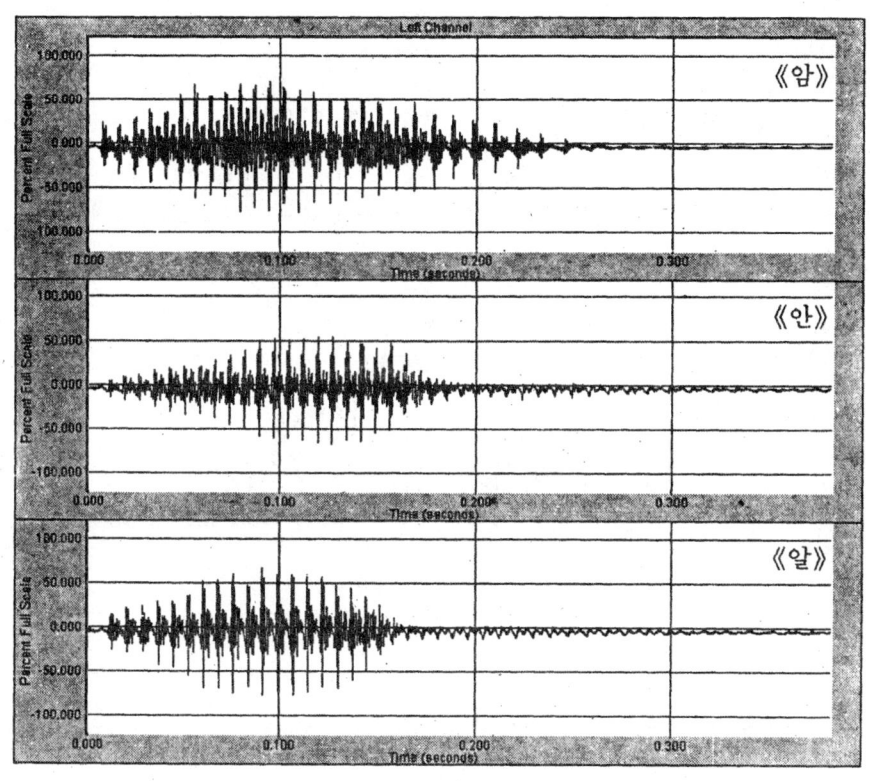

그림 1-5. 《암》, 《안》, 《알》의 파형

그림 1-6에 《아》와 《앝, 악, 알》에서 받침소리부분의 스펙트르구조를 보여주었다.
그림에서 보는바와 같이 받침소리부분의 스펙트르구조는 일반 모음들에서의 스펙트르구조와 매우 류사하다. 모음에서의 기본적인 특징의 하나인 구성음들사이의 배음관계도 유지되고 공명에 의한 포르만트도 비교적 명백히 나타난다. 어느 위치에서 어떤 방식으로 모음발음을 중지시키는가에 따라 일련의 차이가 있을뿐이다.

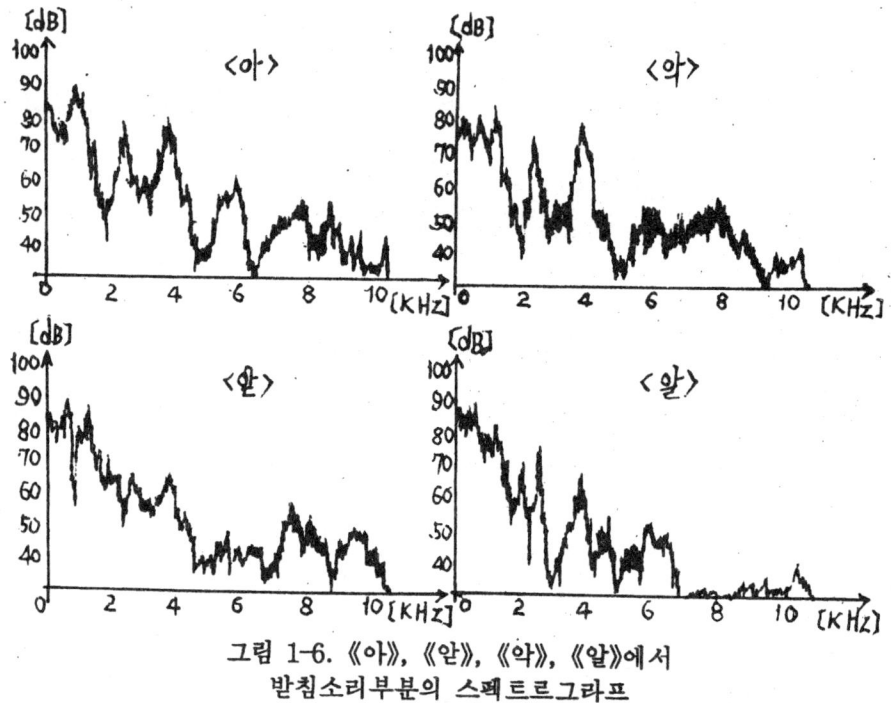

그림 1-6. 《아》, 《안》, 《악》, 《알》에서
받침소리부분의 스펙트르그라프

제2절. 자음의 유성화와 모음의 무성화현상

조선어에서 순한소리이면서 짧은 터침소리들인 경우에 모음이나 울림소리들사이에서 이 소리들의 영향을 받아 유성화된다.
실례로 《나가다》라는 단어를 발음할 때 혀뒤터침소리 《ㄱ》는 앞뒤에서 발음되는 모음 《ㅏ》의 영향을 받아 무성음으로서의 자기의 고유한 특성을 유지하지 못하고 마치 영어에서의 《g》와 같은 유성음으로 된다. 이것을 모음에 의한 자음의 유성화라고 한다.
그림 2-1과 그림 2-2에 《나가다》라는 단어발음에서 《ㄱ》의 유성화현상의 파형태와 스펙트르그라프를 보여주었다.
물론 《나가다》를 발음할 때 《ㄱ》의 발음위치와 발음방식은 그대로 유지된다. 그러나 《ㄱ》소리보다 앞서서 발음되는 모음 《ㅏ》가

《ㄱ》의 발음시점에 와서 완전히 마무리되지 못하고 지속됨으로써 《ㄱ》의 발음과 겹치게 된다.

《ㄱ》에 대한 발음만은 무성혀뒤터침소리이나 말소리흐름속에서는 유성음과 겹쳐진 상태로 나타나기때문에 현실적인 실체는 유성혀뒤터침소리로 된다. 영어에서 《g》를 유성혀뒤터침소리로 보는것은 조선어에서 《ㄱ》가 단어발음속에서 유성화될 때 그 실체에 대한 평가와 비슷하다.

조선어에서 높은모음들은 스침소리나 터스침소리들과 결합될 때 이 소리들의 영향을 받아 무성화된다.

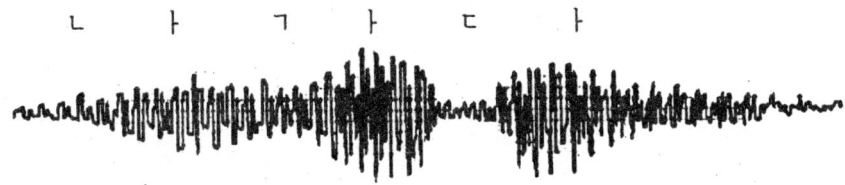

그림 2-1. 《나가다》발음에서 모음에 의한 《ㄱ》의 유성화(파형)

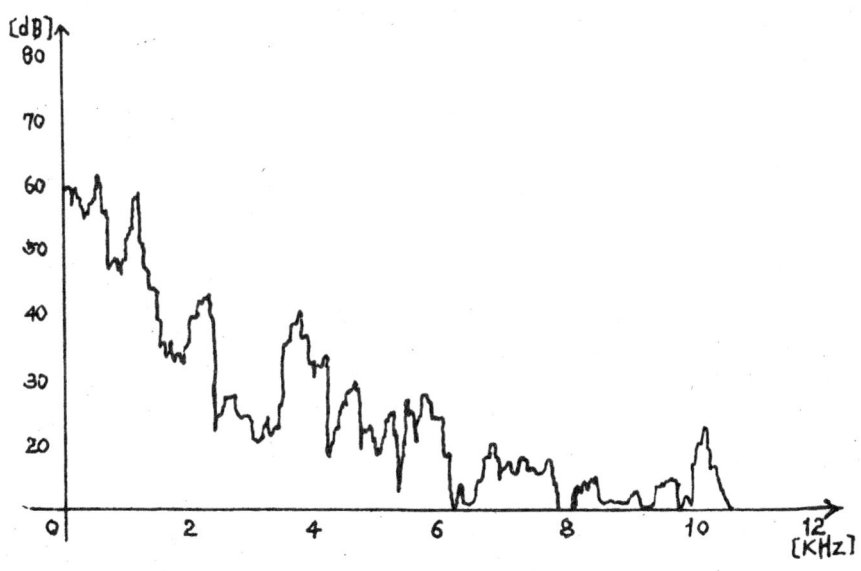

그림 2-2. 《나가다》발음에서 모음에 의한 《ㄱ》의 유성화(스펙트르)

실례로 《맞추다》, 《기슭에서》와 같은 단어발음에서 《ㅜ》나 《ㅡ》는 《ㅊ》나 《ㅅ》의 영향을 받아 자기의 소리값을 발휘하지 못하고 그저 형식만 취하면서 심히 무성화된다.

그림 2-3과 그림 2-4에 《맞추다》라는 단어발음에서 《ㅊ》에 의한 《ㅜ》의 무성화현상을 보여주었다.

《맞추다》와 같은 단어발음에서 《ㅊ》에 의한 《ㅜ》의 무성화는 단순히 유성음으로서의 《ㅜ》의 약화정도가 아니라 완전무성화이다. 그것은 단어에서 소리들의 구성상특성으로 보아 이 단어발음에서 《ㅊ》가 충분히 세고 지속적으로 길게 발음되기때문이다.

그림 2-3. 《맞추다》발음에서 《ㅊ》에 의한 《ㅜ》의 무성화(파형)

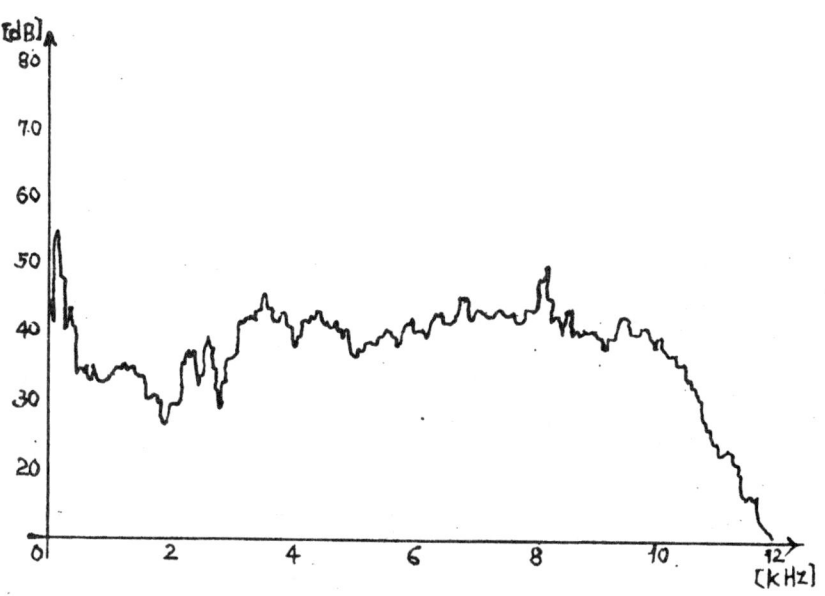

그림 2-4. 《맞추다》발음에서 《ㅊ》에 의한 《ㅜ》의 무성화(스펙트르)

제3절. 어음변화현상

어음변화현상을 구체적으로 고찰하고 분류체계화하는것은 음성정보처리에서 중요한 문제의 하나이다.

어음변화현상을 그 성격상 현행적인 어음변화와 발음토대에 의한 어음변화로 갈라서 볼수 있다.

1. 현행적인 어음변화

현행적인 어음변화는 현실적인 언어행위과정에 말소리흐름속에 들어가있는 소리마디들사이에서 린접한 말소리들의 호상작용에 의하여 일어난다. 구체적으로 말하면 개별적인 음운들이 언어행위과정에 말소리흐름속에 들어가 발음단위를 형성할 때 발음생리적요인과 발음관습에 의하여 해당 위치에서 자기의 본성적인 소리값을 발휘하지 못하고 완전히 다른 음운으로 바뀌여 발음되는 현상을 말한다.

실례로 《혁명》의 받침소리 《ㄱ》가 뒤이어 발음되는 《ㅁ》의 영향을 받아 혀뒤울림소리 《ㅇ》으로 발음되는 현상, 《막히다》의 받침소리 《ㄱ》와 다음 소리마디의 첫소리 《ㅎ》가 서로 밀착되여 결합적 영향을 주어 혀뒤터침소리 《ㅋ》로 발음되는 현상들을 들수 있다. 즉 《혁명》은 《형명》으로, 《막히다》는 《마키다》로 발음되는 현상들이다.

음운변종은 해당 음운이 말소리흐름속에서 실현될 때 단어에서의 위치적조건과 결합적조건에 의하여 자기의 본래의 음운론적특성을 그대로 유지하지 못하고 일부 변경시키는 질적변화였지만 현행적인 어음변화는 발음생리적요인과 발음관습에 의하여 해당 음운이 해당 위치에서 자기의 소리값을 전혀 발휘하지 못하고 다른 음운의 형태를 띠거나 새로운 형태의 음운을 산생시키는 현상으로서 이것은 음운교체 또는 음운전환이라고 말할수 있다.

이런 견지에서 볼 때 고유한 의미에서의 현행적인 어음변화는 울림소리되기, 거센소리되기, 소리따르기의 3가지를 들수 있다.

현행적인 어음변화현상은 어디까지나 현대문화어발음에 기초해서 고찰되여야 한다.

① 울림소리되기

앞에서도 언급하였지만 조선어에서는 소리마디구성에서 순한터침소리 《ㄱ, ㄷ, ㅂ》가 받침소리로 되는 경우 막힘소리로 된다.

막힘소리는 발음상 발음통로를 막으면서 앞서 발음되던 모음의 발음을 중단하는것으로 이루어지므로 막힘소리뒤에 다른 소리가 련달아 올 때 그 소리들을 그대로 발음하면 말소리흐름이 끊기면서 발음이 딱딱하고 긴장하여 듣기 싫고 발음하기 어렵다. 그러나 우리 말 발음에서는 막힘소리뒤에 자음이 련달아 놓일 때 발음하기 편리한 자음으로 바꾸어 발음하는것을 허용함으로써 말소리흐름을 류창하고 순탄하게 하고있다.

모든 말소리들은 발음의 세 단계를 거쳐 이루어진다. 먼저 그 말소리를 발음하기 위하여 발음기관을 움직여 소리를 발성시키는 시작단계와 그 말소리의 본질적특성을 이루어주고 일정한 시간 지속시켜주는 지속단계, 발음을 중지하고 발음기관을 제자리로 돌리는 끝맺는 단계를 거친다.

그러나 실지 언어생활에서는 개별적말소리들이 말소리흐름속에 들어가면서 이 발음의 세 단계를 다 거치지 못하는 때가 드문하다. 어떤 때는 앞서 있는 말소리를 발음하던 상태가 그대로 뒤에 있는 말소리를 발음하는데까지 넘어가기도 하고 또 어떤 때는 뒤에 있는 말소리를 발음할 때 해야 할 발음행위가 앞당겨져 그앞에 있는 말소리를 발음할 때에 벌써 실행하기도 한다. 이 과정에 발음의 끝과 시작에서 발음행위가 서로 밀착되면서 성격이 류사한 울림소리를 만든다.

단어발음에서 끝맺는 단계가 마무리되기 전에 벌써 다음 소리마디의 시작단계가 오면 울림소리되기와 같은 어음변화현상이 일어난다.

《혁명》이란 단어에서 앞의 소리마디 《혁》의 끝맺는 단계에서 발음되는 소리는 허뒤막힘소리이다. 그리고 뒤의 소리마디 《명》의 시작단계에서 발음되는 소리는 코안울림소리이다. 《혁》에서 《ㄱ》와 《명》에서 《ㅁ》가 이어져 발음될 때 역행동화에 의하여 《ㄱ》가 같은 위치의 울림소리 《ㅇ》으로 발음된다.

이와 같이 혀뒤막힘소리 《ㄱ》가 코안울림소리 《ㅇ》으로 되는 현상을 울림소리되기라고 한다.

울림소리되기현상은 세가지로 나누어 고찰할수 있다.

첫째로, 받침소리 《ㄱ》가 뒤소리마디의 첫소리로 되여있는 울림소리 《ㄴ, ㄹ, ㅁ》의 영향을 받아 그와 비슷한 울림소리 《ㅇ》으로 되는 현상이다.

받침소리 《ㄱ》로 실현되는 첫소리자음은 《ㄱ, ㄲ, ㅋ》의 3개가 있다.

울림소리되기는 모든 단어에서 다 일률적으로 일어나는것이 아니라 단어의 형태부구성에 따라 일어나는 정도가 다르다. 단어의 형태부구성이 단순할수록 울림소리되기가 적극적으로 일어나고 보다 복잡할수록 소극적으로 일어난다.

우선 둘 또는 세개의 소리마디로 이루어진 단어, 앞붙이와 말뿌리, 말뿌리와 뒤붙이로 이루어진 단어들에서는 례외없이 일어난다.

혁명(형명), 격려(경려), 백미(뱅미), 목란(몽란), 식료(싱료), 국내(궁내), 각나다(강나다), 개학날(개항날), 막농군(망농군), 옥류교(옹류교), 극문학(긍문학), 부엌문(부엉문) ···

다음으로 두개이상의 소리마디로 구성된 형태부들이 서로 결합되여 하나의 단어로 된 경우 형태부들사이에서 일어나는 경우도 있고 일어나지 않는 경우도 있는바 일어나는 경우가 더 많다.

어음변화를 일으키지 않는 단어들은 대체로 사용빈도가 적은 단어들이나 새로운 단어들, 의식적으로 강조하여 발음하는 단어들, 형태부경계에 놓인 앞소리마디의 첫소리가 된소리인 단어들, 상징부사로 된 단어들, 외래어가 들어있는 단어들이다.

일어나는 단어들

과학농사(과항농사), 조직로선(조징로선), 민족문제(민종문제), 언덕마루(언덩마루), 노력랑비(노령랑비), 민속놀이(민송노리) ···

일어나지 않는 단어들

넙적넙적, 삼각렌즈, 흰색라크, 철학노트, 알락무늬, 화학물질, 흙속물기, 가족년금, 위탁무역, 극적묘사, 남쪽나라, 광학록음 …

다음으로 세개이상의 형태부들이 결합되여 이루어진 다섯개 소리마디이상으로 된 단어들에서는 형태부들사이에서 거의 일어나지 않는다.

전국농업부문 일군, 일목료연하다, 창조적능력, 손바닥무늬, 전민족민주통일련합, 국제적련대성 …

둘째로, 받침소리 《ㄷ》가 뒤소리마디의 첫소리로 되여있는 울림소리《ㄴ, ㄹ, ㅁ》의 영향을 받아 그와 비슷한 울림소리《ㄴ》로 되는 현상이다.

받침소리《ㄷ》로 실현되는 첫소리자음은《ㄷ, ㅌ, ㅈ, ㅊ, ㅅ, ㅆ》의 6개가 있다.

이 부류의 울림소리되기현상의 한 실례로서 《첫눈》(첟눈)이 《천눈》으로 발음되는데 첫 소리마디의 받침소리《ㄷ》가 두번째 소리마디의 첫소리《ㄴ》의 영향을 받아 울림소리《ㄴ》로 바뀌는 발음 생리적원인은 《혁명》이 《형명》으로 발음될 때《ㄱ》가《ㅁ》의 영향을 받아 울림소리《ㅇ》으로 바뀌는것과 같은것으로 설명된다.

이 경우에도 첫번째 경우와 마찬가지로 단어의 형태부구성이 단순할수록 적극적으로 일어나고 보다 복잡할수록 소극적으로 일어난다.

우선 둘 또는 세개의 소리마디로 이루어진 단어, 말뿌리와 뒤붙이, 앞붙이와 말뿌리로 이루어진 단어들에서는 례외없이 일어난다.

곁눈(견눈), 못내(몬내), 첫눈(천눈), 맏누이(만누이), 맛내기(만내기), 밭머리(반머리), 빚문서(빈문서), 꽃망울(꼰망울), 끝나다(끈나다), 빛량자(빈량자), 젖류(전류)…

다음으로 두개이상의 소리마디로 구성된 형태부들이 서로 결합되여 이루어진 단어들에서는 형태부들사이에서 일어나는 경우도 있고 일어나지 않는 경우도 있는데 일어나는 경우가 더 많다.

앞의 경우에서와 마찬가지로 이때의 어음변화를 일으키지 않는 단어들은 대체로 사용빈도가 적은 단어들이나 새로 나온 단어들, 의식적으로 강조하여 발음하는 경우의 단어들, 형태부경계에 놓인 앞소리마디의 첫소리가 된소리인 단어들, 외래어가 들어있는 단어들이다.

일어나는 단어들
제낯내기(제난내기), 잘못나다(잘몬나다), 말끝마다(말끈마다), 나굿나굿하다(나근나굿하다)…

일어나지 않는 단어들
털깃모양, 해볕말림, 삿갓모양, 옷깃모양, 불빛려과, 붓꽃녹병…

다음으로 세개이상의 형태부로 이루어지고 소리마디수가 다섯이상인 단어들에서는 일어나지 않는다.

셋째로, 받침소리《ㅂ》가 뒤소리마디의 첫소리로 되여있는 울림소리《ㄴ, ㄹ, ㅁ》의 영향을 받아 그와 비슷한 울림소리《ㅁ》로 되는 현상이다.

받침소리《ㅂ》로 실현되는 첫소리자음은《ㅂ, ㅍ》의 2개가 있다.

이 경우에도 단어의 형태부구성이 단순할수록 적극적으로 일어나고 보다 복잡할수록 소극적으로 일어난다.

우선 둘 또는 세개의 소리마디로 이루어진 단어, 앞붙이와 말뿌리, 말뿌리와 뒤붙이로 이루어진 단어들에서는 례외없이 일어난다.

겹눈(겸눈), 갑문(감문), 겹놓다(겸노타), 잡념(잠념), 협력(혐녁), 합리성(함리썽)…

다음으로 두개이상의 소리마디로 구성된 형태부들이 서로 결합되여 이루어진 단어들에서는 일어나지 않는 경우가 더 많다.

일어나는 단어들
계급로선(계금로선), 불합리성(불함리썽), 련합내각(련함내각)…

일어나지 않는 단어들
고급남새, 직접매매, 소집령장, 련립내각…

다음으로 세개이상의 형태부들이 결합되고 다섯개이상의 소리마디로 이루어진 단어들에서는 형태부들사이에서 일어나지 않는다.
공업내부구조, 군종합농장, 전국련합로동자협회;…

② 거센소리되기

앞선 소리마디에서의 받침소리(《ㄱ, ㄷ, ㅂ》)와 다음 소리마디의 첫소리(《ㅎ》)가 서로 영향을 주고받아 제3의 소리 즉 거센소리(《ㅋ, ㅌ, ㅍ, ㅊ》)로 변화되는 현상을 거센소리되기라고 한다.

실례로 《축하》라는 단어에서 《축》의 받침소리 《ㄱ》가 뒤의 소리마디 《하》의 첫소리 《ㅎ》와 합쳐져 《ㅋ》로 되는 현상을 들수 있다.

거센소리되기현상은 세가지로 나누어 고찰할수 있다.

첫째로, 받침소리 《ㄱ》가 뒤소리마디의 첫소리 《ㅎ》와 서로 밀착되여 거센소리 《ㅋ》를 만드는 현상이다.

거센소리되기도 울림소리되기에서와 같이 모든 단어들에서 일률적으로 일어나는것이 아니라 단어의 형태부구성에 따라 달리 일어난다. 역시 단어의 형태부구성이 단순할수록 적극적으로 일어나고 보다 복잡할수록 소극적으로 일어난다.

우선 둘 또는 세개의 소리마디로 이루어진 단어, 앞붙이와 말뿌리, 말뿌리와 뒤붙이로 이루어진 단어들에서는 거의 모든 경우에 다 일어나지만 상징부사와 같은 단어들에서는 잘 일어나지 않는다.

각하(가카), 목화(모콰), 축하(추카), 폭행(포캥), 성격화(성껴콰), 넉하다(너카다), 력력히(령려키), 속하다(소카다)…

획획, 확확, 획획, 헉헉… ×

다음으로 두개이상의 소리마디로 구성된 형태부들이 서로 결합되여 이루어진 단어들에서는 형태부사이에서 30~40%정도에서만 일어난다.

일어나는 단어들
해석하다(해서카다), 상륙하다(상류카다), 사색하다(사새카다)…

일어나지 않는 단어들

성격현상, 민족해방, 금속화페, 리력현상, 망국호곡, 문학형상, 물속헤염, 벼락횡재, 해작해작…

다음으로 세개이상의 형태부들이 결합되고 다섯개이상의 소리마디로 이루어진 단어들에서는 형태부들사이에서 일어나지 않는다.

조국해방전쟁, 일시적후퇴, 알락할미새, 사회적혜택, 민족항쟁운동, 알락호반새, 민족허무주의…

둘째로, 받침소리 《ㄷ》가 뒤소리마디의 첫소리 《ㅎ》와 밀착되여 거센소리 《ㅌ》, 《ㅋ》 또는 《ㅊ》로 되는 현상이다.

이 류형의 거센소리되기는 발음생리적요인과 함께 발음관습과도 관계되는것만큼 다른 경우보다 나타나는 현상이 매우 다양하며 따라서 어느 한 거센소리에 한해서가 아니라 3개의 거센소리들로 바뀌여 나타나는 현상을 통일적으로 고찰하게 된다. 발음생리적요인뿐만아니라 발음관습에 의해서도 거센소리로 변화되기때문에 이 형태의 거센소리되기에서는 단어의 형태부구성에 크게 의존하지 않는다.

일어나는 단어들

첫해(처태), 맏형(마텽), 걸핥기(거탈기), 빛흐름(비트름), 잘못하다(잘모타다), 갇힘(가침), 묻힘(무침), 갇히다(가치다), 굳히다(구치다), 젖혀놓다(저쳐노타), 닫히다(다치다)…

일어나지 않는 단어들

놋화로, 젖흐름길, 불빛흐름성…

셋째로, 받침소리 《ㅂ》가 뒤소리마디의 첫소리 《ㅎ》와 밀착되여 거센소리 《ㅍ》로 되는 현상이다.

《ㅂ》가 소리마디의 끝에서 발음될 때 이것은 입술막힘소리로 된다.

입술막힘소리 《ㅂ》로부터 목안스침소리 《ㅎ》에로의 련쇄과정은 거센소리 《ㅍ》의 발음과정과 류사하다.

우선 둘 또는 세개의 소리마디로 이루어진 단어, 앞붙이와 말뿌리, 말뿌리와 뒤붙이로 이루어진 단어들에서 례외없이 일어난다.

급행(그팽), 법학(버팍), 집회(지풔), 곱하기(고파기), 립후보

(리푸보), 공업화(공어화), 습하다(스파다), 잡히다(자피다)…

다음으로 두개이상의 소리마디로 구성된 형태부들이 서로 결합되여 이루어진 단어들에서는 형태부사이에서 일어나는 경우도 있고 일어나지 않는 경우도 있다.

일어나는 단어들

고급학년(고그팡년), 거듭하다(거드파다)…

일어나지 않는 단어들

계급해방, 경공업혁명, 직접환원…

다음으로 세개의 형태부로 이루어진 단어들에서는 형태부들사이에서 거의 일어나지 않는다.

산업후생시설, 합동련합회의…

③ 소리따르기

지난 시기 울림소리되기와 소리따르기는 같은 성격의 어음변화현상 즉 소리닮기현상으로 고찰하였다. 그러나 《ㄱ, ㄷ, ㅂ》가 받침으로 놓일 때 다음 소리마디의 울림소리의 영향을 받아 자기의 소리를 내지 못하고 《ㅇ, ㄴ, ㅁ》와 같은 울림소리로 되는것과 울림소리 《ㄹ》와 《ㄴ》가 나란히 놓였을 때 어느 한 소리가 이웃한 소리를 올리따르거나 내리따라서 발음되는것은 같지 않다. 어디까지나 따르기이지 울림소리되기는 아니다. 이런 의미에서 여기서는 지난 시기 소리닮기현상의 한 형태로 본 소리따르기를 따로 갈라서 취급한다.

소리따르기는 조음적으로나 물리음향학적으로 매우 류사한 소리들인 《ㄴ》와 《ㄹ》가 말소리흐름속에서 나란히 놓일 때 이 두 소리들중의 어느 한 소리를 따라서 같은 소리로 발음되는 현상이다.

소리따르기현상도 울림소리되기나 거센소리되기와 같이 단어의 형태부구성에 의존한다.

소리따르기현상은 크게 2가지로 나누어 볼수 있다.

첫째로, 내리따르기현상이다.

이것은 받침으로 쓰인 《ㄴ》가 그다음 소리마디의 첫소리로 쓰인 《ㄹ》를 따라 《ㄹ》로 발음되는 현상과 받침으로 쓰인 《ㄹ》가 그다음 소리마디의 첫소리로 쓰인 《ㄴ》를 따라 《ㄴ》로 발음되는 현상이다.

우선 두개이상의 소리마디로 구성된 단어, 앞붙이와 말뿌리, 말뿌리와 뒤붙이로 이루어진 단어들에서는 대체로 일어난다.

곤로(곤노), 군률(군뉼), 분렬(분녈), 환률(환뉼), 진렬장(진녈장), 손로동(손노동), 연록색(연녹색), 별나라(별라라), 달나라(달라라), 길너비(길러비)…

다음으로 두개 소리마디이상으로 구성된 형태부와 형태부가 결합되여 이루어진 단어에서 일어나는 경우도 있고 일어나지 않는 경우도 있다.

일어나는 단어들

고전력학(고전녁학), 지원로력(지원노력), 서산락일(서산낙일)…

일어나지 않는 단어들

안전란간, 삼단론법, 민간료법…

다음으로 세개이상의 형태부로 구성된 단어의 형태부들사이에서는 거의 일어나지 않는다.

자연로그수, 평균리윤률, 아연류화광…

둘째로, 올리따르기현상이다.

내리따르기현상에서와 마찬가지로 두개이상의 소리마디로 구성된 단어, 앞붙이와 말뿌리, 말뿌리와 뒤붙이로 이루어진 단어들에서는 대체로 일어난다.

근로자(글로자), 천리마(철리마), 관련(괄련), 본래(볼래), 진리(질리), 혼란(홀란)…

그러나 《반롱조》, 《반립자》, 《순류통비》, 《순리익금》, 《준렬히》, 《운란초》와 같은 단어들에서는 일어나지 않는다.

다음으로 합성단어에서의 형태부와 형태부사이에서는 내리따르기에 비하여 상당한 정도로 약하게 일어난다.

2. 발음관습에 의하여 일어나는 어음변화

이 부류의 어음변화현상은 우리 인민의 오랜 기간에 걸치는 언어생활과정에 굳어진 발음관습에 의하여 발현되는 어음변화현상이다.

현행적인 어음변화에서는 어느 한 음운이 제 위치에서 실현되지 못하고 다른 음운과 교체되는 과정이 발음생리적요인과 주위어음환경조건들에 의하여 명백히 해명되나 발음관습에 의하여 일어나는 어음변화는 우리 조선어의 서사생활과 발음의 력사적인 발달과정, 발음관습과 관련되는것만큼 비교적 명백치 않다.

① 된소리되기

같은 어음구성을 가진 서로 다른 단어라고 해도 단어내의 어떤 소리가 된소리로 발음되기도 하고 순한소리로 발음되기도 한다. 이때 이 단어는 된소리로 발음되는가 순한소리로 발음되는가 하는데 따라 그 단어의 언어학적의미가 달라지기도 하고 그렇게 되지 않기도 한다.

이와 같이 발음관습에 의한 어음변화는 현행언어행위과정으로서는 설명하기 어려운것들이다.

실례로 삼을 베여 묶어놓은 단을 의미하는 단어 《삼단》은 《삼딴》으로 발음되는데 세번째의 기교단수를 나타내는 단어 《삼단》은 순한소리 《삼단》으로 발음된다. 또한 자기 아버지, 어머니가 사는 집을 의미하는 단어 《본가》는 순한소리 《본가》로 발음되지만 원래 가격을 의미하는 단어 《본가》는 《본까》로 발음된다. 형태부구성으로 놓고볼 때에도 《서기국》은 《서기국》으로 발음되는데 《고기국》은 《고기꾹》으로 발음되며 《우환거리》는 《우환꺼리》로 발음되는데 《해안거리》는 《해안거리》로 발음된다.

이와 같이 된소리되기현상은 현행적인 어음변화현상이 아니라 력사어음론적인 변화발전과정과 발음관습에 기초하고 있다.

② 소리빠지기와 소리끼우기

　소리빠지기와 소리끼우기는 같은 음운이나 음소가 나란히 놓였을 때 그것이 련쇄되여 마치 그것이 하나의 음운처럼 발음되거나 본래 없던 음운이 발음의 강조로 새로 생겨나는 현상이다.
　먼저 소리빠지기에 대하여 보자.
　실례로 《나아서》와 같은 단어를 발음할 때 첫번째 소리마디와 두번째 소리마디사이에서 《ㅏ》가 련쇄되여 발음되는데 소리마디구분을 강조하지 않고 련속적으로 발음하면 《ㅏ+ㅏ=ㅏ》형식으로 되여 하나의 긴 《ㅏ》가 된다. 결국 이때의 청취결과는 《나아서》가 아니라 《나서》로 된다. 이런 현상을 소리빠지기라고 한다. 그런데 소리빠지기현상에서는 허용해야 할것과 그렇지 말아야 할것이 있다.
　실례로 《빻아서》를 《빠아서》로 발음하지 않고 《빠서》로 발음하면 그 무엇을 가루낸다는 의미가 잘 안겨오지 않는다. 또한 《나아서》를 짧게 《나서》라고 발음하면 무엇무엇 앞에 《나서》라는 뜻에서의 《나서》라든가 무엇무엇을 수행한 후의 《나서》라는 뜻의 《나서》와 혼돈할수 있다.
　물론 모음 《ㅣ》와 겹모음 《ㅕ》가 나란히 발음될 때 모음 《ㅣ》와 겹모음 《ㅕ》의 앞요소 《ㅣ》가 서로 밀착되여 마치도 《ㅕ》의 앞요소와 같이 발음되는 경우의 소리빠지기현상으로서 《흐리였다》가 《흐렸다》로, 《살피였다》가 《살폈다》로, 《밝히였다》가 《밝혔다》로 발음되는것은 오늘날 형태적으로 완전히 굳어져 규범적인것으로 쓰인다.
　이렇게 놓고볼 때 소리빠지기현상도 우리 인민들의 력사적인 언어생활과정에 이루어지고 굳어진 어음변화현상이다.
　다음으로 소리끼우기에 대하여 보자.
　소리끼우기는 일부 단어들에 대한 발음관습에 기초한것으로서 어느 한 소리마디를 강조하여 발음하는 과정에 없던 소리가 첨가되여 들어가는 현상이다.
　된소리되기에서 사이소리가 뒤소리마디의 첫소리를 된소리로 만든 력사적원인이였다면 소리끼우기에서는 사이소리가 앞소리마디의 끝소리에 작용하여 없던 소리가 새로 생겨나게 한 력사적원인이였다고 설명할수 있다.

내내(낸내), 코날(콘날), 이몸(임몸), 조쌀(좁쌀), 해쌀(핸쌀), 새노랗다(샌노랗다)…

그러나 소리끼우기현상은 지금에 와서 점차 소멸되여가고있다.

3. 그밖의 특수한 어음변화현상들

① 이어내기

이어내기란 말소리흐름속에서 받침있는 소리마디와 모음으로 시작되는 소리마디가 나란히 놓였을 때 앞소리마디의 받침소리가 뒤소리마디에 옮겨가 모음과 결합되여 뒤소리마디의 첫소리로 발음되는 현상이다.

각오(가고), 단어(다너), 묻어(무더), 물오리(무로리), 담아내다(다마내다), 밥알(바발), 무엇인가(무어신가), 젖은(저즌), 밖에(바께), 부엌에(부어케), 밭에(바테), 잎에(이페), 꽃을(꼬츨), 있으니(이스니)…

그러나 모음 《ㅣ》가 뒤소리마디로 되여있고 앞소리마디의 받침이 《ㄷ, ㅌ》로 되여있는 경우에는 《ㅣ》의 영향에 의하여 《ㅈ, ㅊ》로 변한다.

맏이(마지), 붙이다(부치다), 붙여지다(부처지다), 굳이(구지)…

이어내기현상도 단어의 형태부들사이에 끊기가 올 때 잘 일어나지 않는다.

피압박인민들, 남녘인민들, 전국위원회, 책임일군, 기술혁신운동…

② 둘받침글자와 받침 《ㅎ》의 발음
— 《ㄳ》의 발음
· 《ㄳ》다음에 모음이 오는 경우
넋을(넉슬), 넋이(넉시)
삯을(삭슬), 삯이(삭시)

- 《ᆪ》다음에 자음이 오는 경우
  넋두리(넉뚜리), 넋살탕(넉쌀탕)
  삯군(삭꾼), 삯바느질(삭빠느질)
— 《ᆬ》의 발음
- 《ᆬ》다음에 모음이 오는 경우
  앉아서(안자서), 얹으니(언즈니)
  앉음새(안즘새), 얹음새(언즘새)
- 《ᆬ》다음에 자음이 오는 경우
  앉히다(안치다), 얹히다(언치다)
— 《ᆭ》의 발음
- 《ᆭ》다음에 모음이 오는 경우
  많이(마니), 않으려고(아느려고)
  않았다(아낫다), 많으니(마느니)
- 《ᆭ》다음에 자음이 오는 경우
  않도록(안토록), 많다(만타)
  많소(만쏘), 않소(안쏘)
— 《ᆰ》의 발음
- 《ᆰ》다음에 모음이 오는 경우
  닭알(달갈), 흙이(흘기)
  맑아서(말가서), 흙을(흘글)
- 《ᆰ》다음에 자음이 오는 경우
  밝히다(발키다), 밝다(박따)
  붉히다(불키다), 붉다(북따)
— 《ᆱ》의 발음
- 《ᆱ》다음에 모음이 오는 경우
  삶을(살믈), 닮아서(달마서)
  젊은이(절므니), 젊어지다(절머지다)
- 《ᆱ》다음에 자음이 오는 경우
  삶다(삼따), 곪기다(곰기다)
  굶주림(굼주림), 젊다(점따)
— 《ᆲ》의 발음

- 《래》다음에 모음이 오는 경우
  짧은(짤븐), 얇은(얄븐)
  짧아서(짤바서), 얇아서(얄바서)
- 《래》다음에 자음이 오는 경우
  여덟째(여덜째), 짧다(짭다)
  밟히다(발피다)
— 《ㄽ》의 발음
- 《ㄽ》다음에 모음이 오는 경우
  곬이(골시), 돐이(돌시)
  곬을(골슬), 돐을(돌슬)
- 《ㄽ》다음에 자음이 오는 경우
  곬타기(골타기), 곬살(골살)
  돐맞이(돌마지), 돐생일(돌생일)
— 《ㄾ》의 발음
- 《ㄾ》다음에 모음이 오는 경우
  핥아서(할타서), 훑어서(훌터서)
  핥으니(할트니), 훑으니(훌트니)
- 《ㄾ》다음에 자음이 오는 경우
  핥다(할따), 훑다(훌따)
  핥소(할쏘), 훑소(훌쏘)
— 《ㄿ》의 발음
- 《ㄿ》다음에 모음이 오는 경우
  읊으니(을프니), 읊어서(을퍼서)
- 《ㄿ》다음에 자음이 오는 경우
  읊다(읍따), 읊소(읍쏘)
— 《ㅀ》의 발음
- 《ㅀ》다음에 모음이 오는 경우
  싫어(시러), 옳은가(오른가)
  앓아서(아라서), 곯아서(고라서)
- 《ㅀ》다음에 자음이 오는 경우
  싫다(실타), 곯다(골타)

싫지(실치), 옳지(올치)
— 《ㅄ》의 발음
· 《ㅄ》다음에 모음이 오는 경우
값이(갑시), 값어치(가버치)
가엾어(가엽시), 가엾은(가엽슨)
없애다(업새다)
· 《ㅄ》다음에 자음이 오는 경우
없다(업따), 값지다(갑찌다)
가엾다(가엽따), 가엾소(가엽쏘)
— 《ㅎ》의 발음
· 《ㅎ》다음에 모음이 오는 경우
놓아라(노아라), 넣어서(너어서)
좋은(조은), 좋아서(조아서)
빻아서(빠아서), 쌓아서(싸아서)
· 《ㅎ》다음에 자음이 오는 경우
어떻게(어떠케), 어떻다구(어떠타구)
커다랗게(커다라케), 커다랗다(커다라타)
그렇지(그러치), 넣지(너치)
어떻소(어떠쏘), 좋소(조쏘)

제4절. 단어의 소리마루

단어의 소리마루는 민족어에 고유한 단어발음에서의 운률적요소이다.
단어발음의 운률적요소를 이루는것은 높이, 세기, 길이이다.
이 세 요소중에서 어느 요소를 기본으로 하여 소리마루를 이루는가 하는것은 언어마다 다르다.
대체로 조선어를 비롯한 아시아의 많은 언어들은 높이마루를 기본으로 하고있고 유럽의 언어들은 세기마루를 기본으로 하고있다.
단어를 발음함에 있어서 사람들은 단어안에 들어있는 매개 소리마디들을 균일한 높이와 세기, 길이로 발음하지 않는다. 만일 인위적으로 단어안의 소리마디들을 다같이 균일한 높이와 세기, 길이로 발음한다면 그러한 발음은 듣기에 단조롭고 단어의 의미도 제대로 파악할수 없게 한다.

단어는 의미를 가진 언어학적인 단위인것만큼 그자체가 정보적인 가치를 가진다.

그러므로 단어의 소리마루에 대한 연구는 단어단위의 음성언어로써 정보적가치를 가지는 자료의 축적과 그 처리기술뿐만아니라 억양구조를 해석하기 위해서도 절실히 필요하다.

조선어는 높이마루를 기본으로 하고 세기마루와 길이마루를 보조적으로 취한다.

그러면 조선어단어에서의 소리마루를 어떻게 고찰하여야 하는가?

단어는 뜻을 가진 언어학적인 단위인것만큼 단어의 언어학적특성에 기초하여 고찰하여야 한다.

단어의 언어학적특성이라고 할 때 그것은 그 단어의 의미, 어음구조, 형태구조를 말한다.

어떤 단어가 어떤 품사에 속한 무엇을 나타내는 단어인가 그리고 어떤 형태로 이루어졌는가, 형태부와 형태부의 결합관계가 어떻게 이루어졌는가, 형태부와 토와의 결합이 어떻게 이루어졌는가 등 여러가지 조건에 따라 그것을 입말로서 표현하는 형태가 다양하다.

단어의 언어학적특성에 따르는 소리마루의 구조적특성을 고찰하기 위해서는 서로 다른 품사소속관계에 있는 단어들에서 형태구조와 어음구성이 동일한 조건을 취하여야 한다. 즉 막힘소리나 된소리가 들어가있는 단어와 열린소리나 순한소리가 들어가있는 단어의 소리마루를 비교고찰할것이 아니라 소리같은말은 아니라도 최소한 비교되는 두 단어들의 형태구조와 어음구성이 류사한 조건속에서 고찰되여야 한다. 그것은 발음생리적요인에 의하여 막힘소리나 된소리가 들어있는 소리마디는 열린소리나 순한소리가 들어있는 소리마디보다 상대적으로 높은 소리로 발음되기때문이다. 이것은 단어의 언어학적의미와는 거리가 멀다.

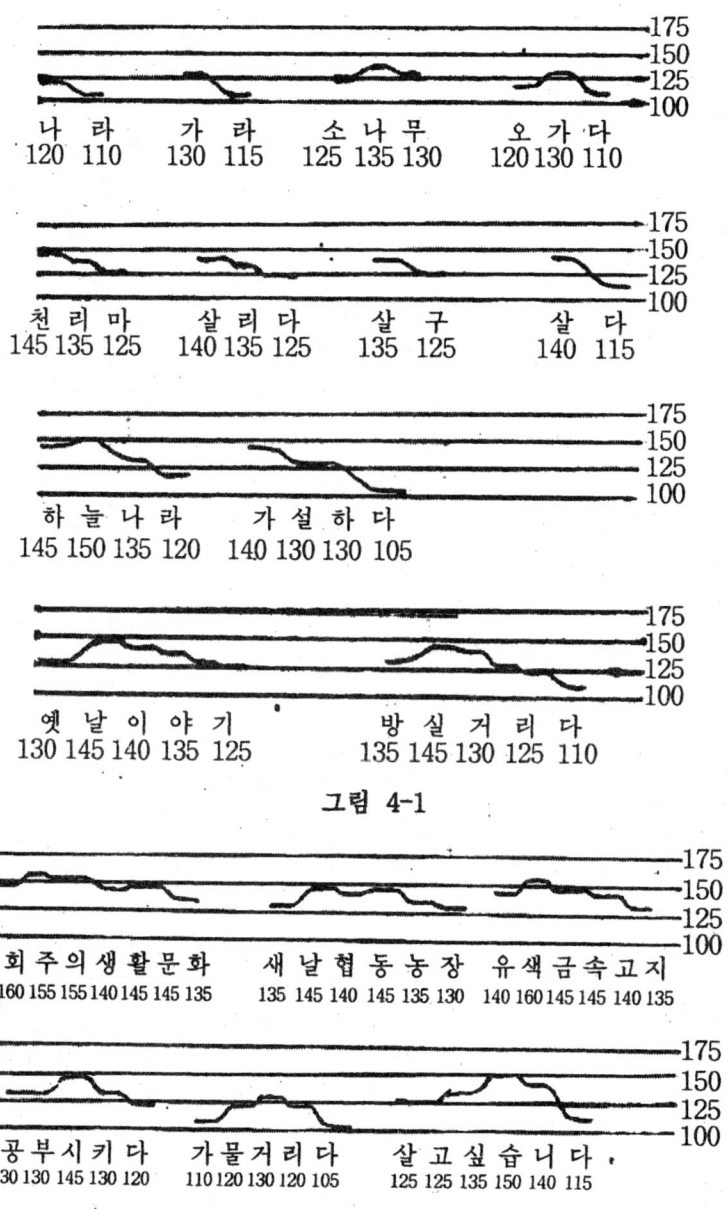

그림 4-1

그림 4-2

① 동사로 된 단어와 명사로 된 단어에서의 소리마루의 차이를 보자.

명사로 된 단어와 동사로 된 단어들에서의 높이마루측정결과를 그림 4-1에 보여주었다.

그림에서 보는바와 같이 명사로 된 단어들에서의 높낮이선은 동사로 된 단어들에서의 높낮이선보다 상대적으로 준위가 높을뿐아니라 소리마디들사이의 높낮이차이가 그리 심하지 않다. 이것은 명사로 된 단어들의 명명적인 기능과 동사로 된 단어들의 서술적기능에서의 차이로 하여 나타나는 현상이라고 볼수 있다. 한편 명사에 있어서는 5개이상의 소리마디로 구성된 경우에는 대체로 두번째 소리마디에 높이마루가 생기는것이 보편적이며 동사인 경우에는 뒤로부터 세번째 소리마디에 높이마루가 생기는것이 보편적이다. (그림 4-2)

다음으로 거센소리나 된소리가 들어간 소리마디는 발음생리적요인에 의하여 다른 소리마디들보다 상당히 높게 발음된다. 이것은 단어의 언어적의미와 관련된 높이마루와는 련관이 없지만 단어발음의 자연성을 보장하는데서 무시할수 없는것이다. (그림 4-3)

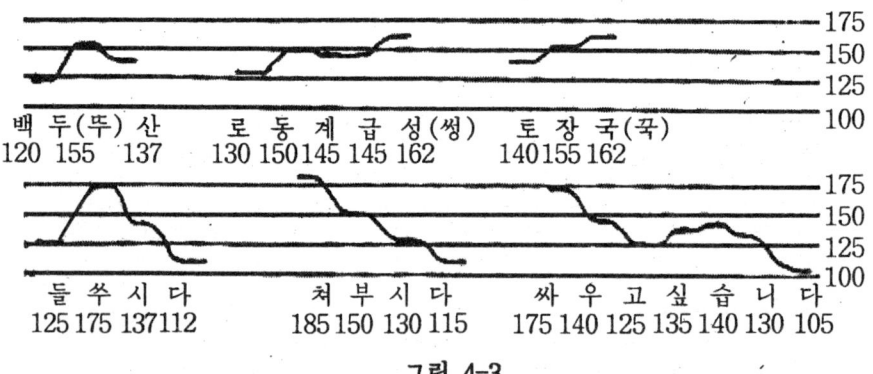

그림 4-3

② 형용사구적단어는 동사구적단어와 비슷하나 상징적인 현상이나 성질을 나타내는 단어들인 경우에 독특한 형태를 가진다. (그림 4-4)

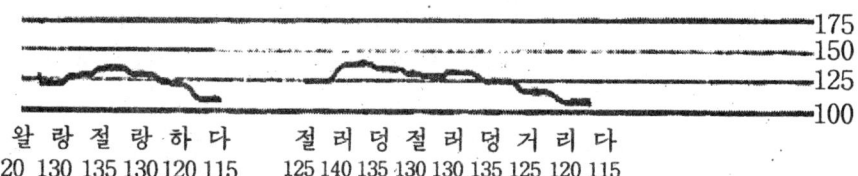

왈 랑 절 랑 하 다 절 러 덩 절 러 덩 거 리 다
120 130 135 130 120 115 125 140 135 130 130 135 125 120 115

그림 4-4

③ 부사인 경우

— 일반부사에서 두 소리마디로 구성된 단어에서는 뒤소리마디가 높게 발음되는것이 일반적이다.(그림 4-5)

세개 소리마디이상의 단어들에서는 대체로 두번째 소리마디에 높이마루가 온다.

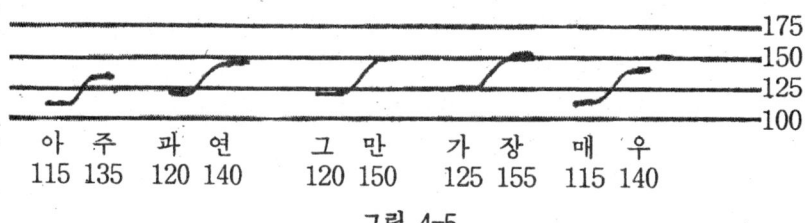

아 주   파 연   그 만   가 장   매 우
115 135 120 140 120 150 125 155 115 140

그림 4-5

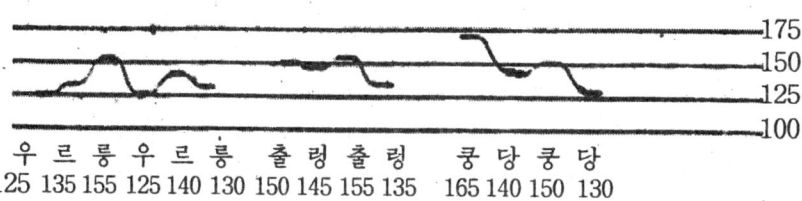

우 르 룽 우 르 룽   출 렁 출 렁   쿵 당 쿵 당
125 135 155 125 140 130 150 145 155 135 165 140 150 130

그림 4-6

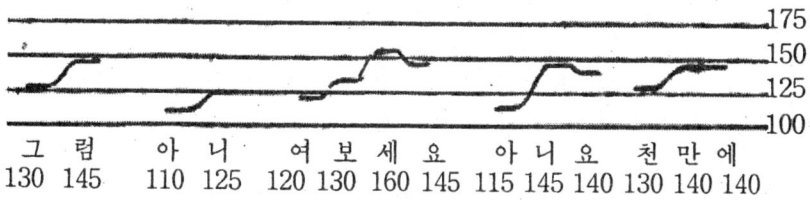

그 럼   아 니   여 보 세 요   아 니 요   천 만 에
130 145 110 125 120 130 160 145 115 145 140 130 140 140

그림 4-7

― 상징부사인 경우에는 높낮이선에서 굴곡이 있다.(그림 4-6)
― 부사인 경우에도 된소리나 거센소리가 있는 소리마디가 높이 발음된다.
④ 감동사인 경우에는 명사나 부사와 다른 형태의 높낮이선을 가진다.(그림 4-7)

이상에서 본바와 같이 조선어에서 단어의 소리마루는 단어의 의미와 형태구조적 및 어음구성상특성과 밀접히 련관되여 있다.

그러므로 단어의 소리마루에 대한 고찰에서는 매 단어의 구체적인 품사정보와 소리마디구성상태, 어음구성상태를 고려하여 분류체계화하여야 한다. 또한 높낮이선만으로는 단어발음의 언어학적감흥이 잘 보장되지 못하는 조건에서 높이마루에 맞는 세기마루를 고찰하여야 하며 형용사, 부사, 감동사 같은데서는 소리마디의 길이가 큰 작용을 하므로 여기에 응당한 관심을 돌려야 한다.

제5절. 억 양

억양은 모든 어음론적인 단위들을 련결시켜 하나의 통일된 발음단위로 묶어주는 문장발음에 일치하는 발음요소이다. 억양은 문장을 발음할 때 거기에 운률적인 성격을 부여함으로써 문장의 내용을 더 잘 파악할수 있게 하는 어음론적인 현상이다.

억양은 높낮이선, 를동, 끊기, 속도, 소리빛갈, 문장의 소리마루와 같은 운률적인 요소들로 구성된다.

억양의 모든 요소들은 말하는 내용과 목적, 말하는 사람의 립장과 태도, 이야기되는 주위환경과 감정정서에 따라 여러가지 형태를 띤다.

언어마다 문장의 문법구조가 다르고 단어의 형태구조가 다른만큼 억양구조에서 일정한 차이를 가진다.

조선어는 다른 언어들에 비하여 어순이 상대적으로 자유롭다. 조선어에서 문장의 구성성분들사이에는 문법적측면에서 종속관계가 상대적으로 약하다.

또한 조선어는 토를 위주로 하여 문장론적걸림관계가 이루어진다.

조선어는 다른 언어들과 비교해볼 때 다음과 같은 특징이 있다.

첫째로, 조선어는 띄여쓰기와 토에 의하여 문장안에서 단어나 문장성분들의 구분이 진행된다.

둘째로, 조선어에서는 문장을 구성하는 문장성분들이 놓이는 어순이 상대적으로 자유롭다.

이것은 문장안에서 문장성분들이 문법적관계를 맺는데서 배렬순서가 바뀌여도 문장전체로서의 의미가 달라지지 않는 경우들이 있다는것을 말한다.

셋째로, 조선어에서는 문장안에서 단어들사이의 문법적관계가 기본적으로 토에 의하여 맺어진다.

조선어는 유럽언어들과는 달리 토에 의하여 문장성분들사이의 문법적관계가 비교적 명백히 맺어진다.

넷째로, 문장에서 술어부분을 제외한 나머지문장성분들은 대체로 그의 오른쪽에 있는 어느 한 문장성분과만 문법적관계를 맺으며 술어는 대체로 문장의 마지막에 놓인다.

억양구조를 정확히 알기 위하여서는 조선어문장들의 문법구조적특성을 정확히 해명한데 기초하여 조선어문장류형을 갈라내야 한다. 그다음 어느 한 문장류형에서 그것을 어떻게 발음하는가에 따라 그 문장의 의미가 어떻게 달라지는가를 고찰하여야 한다.

억양구조라고 할 때 그것은 동일한 문법구조를 가지며 또한 동일한 어휘구성을 가진 문장을 어떻게 발음하는가 즉 높낮이, 세기, 길이를 어떻게 보장하는가 하는데 따라 그 문장의 언어학적의미가 어떻게 달라지는가를 규정짓는 운률적요소이다.

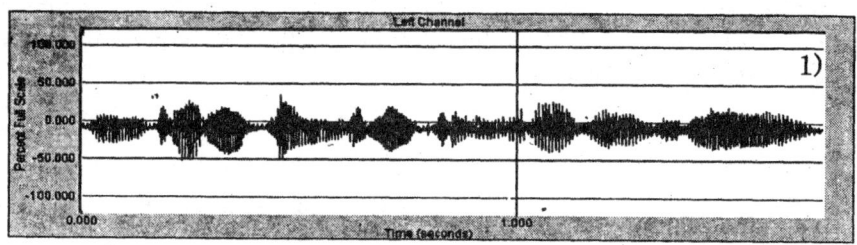

영   철 이   공 부 를   잘   하 고 있   어 요
120 140 155 125 135 155 110 105 100 105 145 115

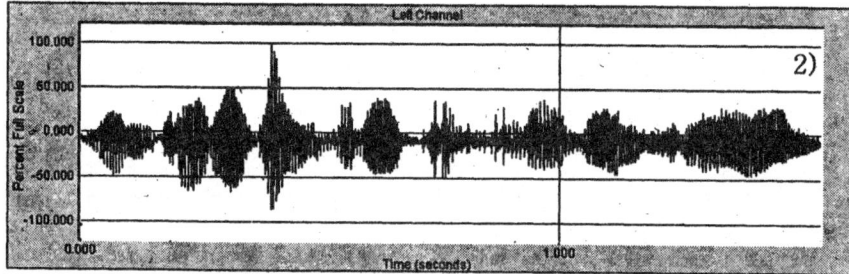

영   철 이   공 부 를   잘   하 고 있   어 요
120 140 170 135 145 175 110 115 180 180 160 210

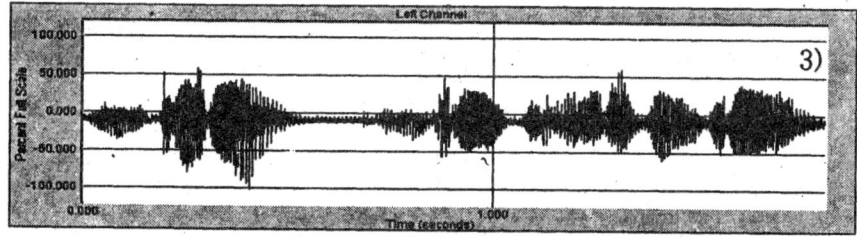

영   철   이   공 부 를   잘   하 고 있   어 요
115 145 155   130 140 160 110 120 145 145 165 155

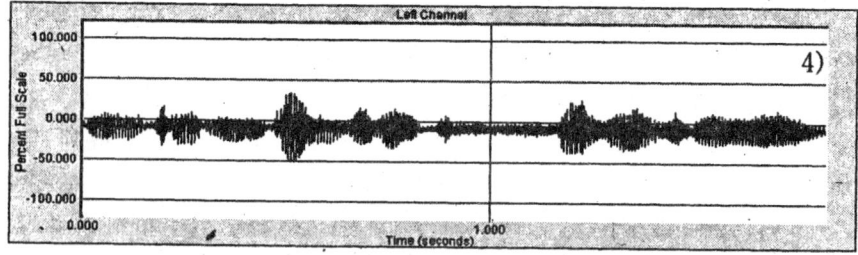

영   철   이   공   부 를   잘   하 고 있   어   요
115 110 115 110 100 120 100 110 100 100 105 110

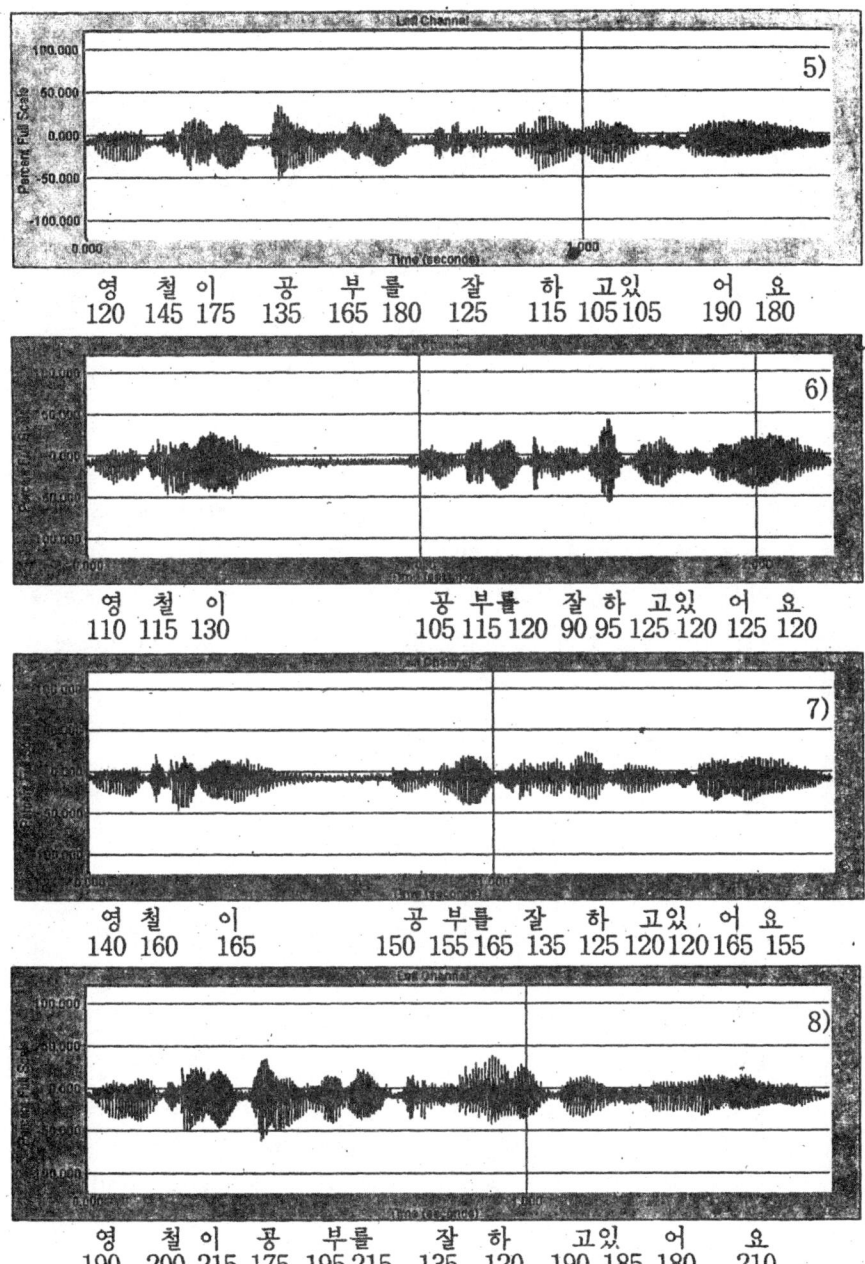

- 93 -

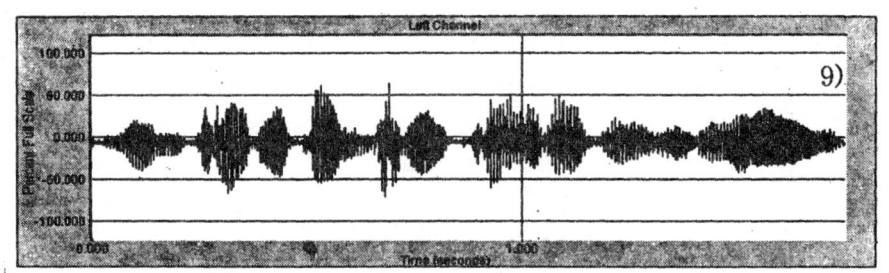

영	철 이	공	부 를	잘 하	고있	어	요
150	180 185 175	185 185	125 120	115 115	170	220	

그림 5-1. 발음된 문장 《영철이 공부를 잘하고있어요.》의 파형

    동일한 문법구조속에서 동일한 어휘구성을 가진 문장은 그자체만으로써는 의미를 충분히 표현할수 없다. 그리하여 여기에 여러가지 문장부호를 리용한다. 그러나 문장부호를 쓴다고 해도 그 문장의 의미를 구체적으로 나타낼수 없다. 이런 표현상의 부족점을 억양이라는 운률적요소가 덧붙음으로써 문장의 의미를 세심하게 나타낸다.

    이제 단적인 실례로서 가장 단순한 형태의 문장 《영철이 공부를 잘하고있어요.》가 억양에 따라 그 의미가 어떻게 달라지는가를 보자.

    이 문장에 대한 파형태와 높낮이선을 시간축상에서 분석한것을 그림 5-1과 그림 5-2에 보여주었다.

    그림 5-1에서 1)은 알림문형태로 발음한것으로서 구체적의미는 영철이가 현재 학교에서 공부를 잘하고있다는 사실을 상대방에게 알려주는것이다. 이 경우의 높낮이선은 그림 5-2의 ㄱ)와 같다.

    그림 5-1에서 2)는 물음문형태로 발음한것으로서 구체적의미는 영철이가 현재 학교에서 공부를 어떻게 하고있는가 하는 사실을 상대방에게 물어보는것이다. 이 경우의 높낮이선은 그림 5-2의 ㄴ)와 같다.

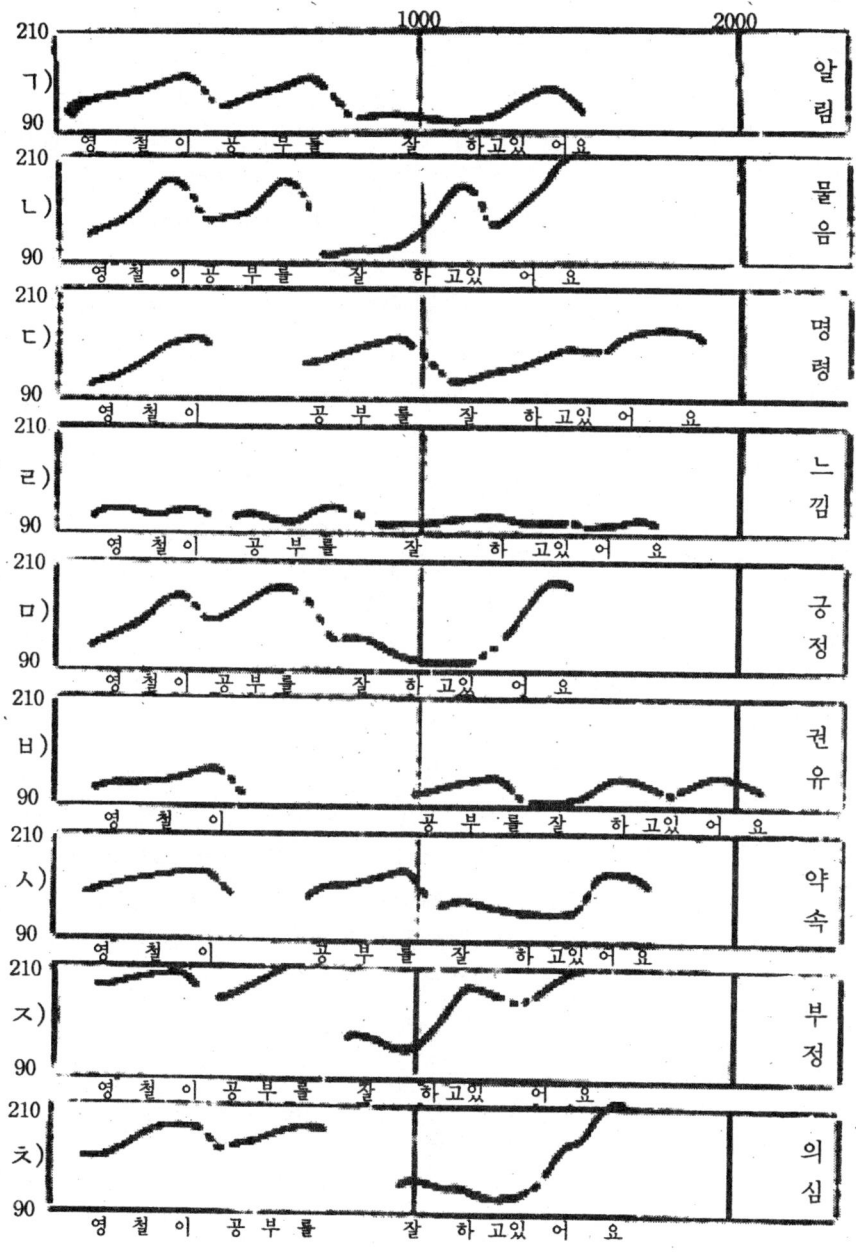

그림 5-2. 발음된 문장《영철이 공부를 잘하고있어요.》의 높낮이선

그림 5-1에서 3)은 명령문형태로 발음한것으로서 구체적의미는 공부를 잘하지 않고있는 영철이에게 강압적으로 공부를 잘하라고 말하는것이다. 이 경우의 높낮이선은 그림 5-2의 ㄷ)와 같다.

그림 5-1에서 4)는 느낌문형태로 발음한것으로서 구체적의미는 공부를 열심히 잘하고있는 영철이의 기특한 행위에 대한 관측자의 느낌을 나타내는것이다. 이 경우의 높낮이선은 그림 5-2의 ㄹ)와 같다.

그림 5-1에서 5)는 긍정문형태로 발음된것으로서 구체적의미는 영철이가 여전히 공부를 잘하고있는가고 물어보는 상대방에게 그렇다고 긍정하여 말하는것이다. 이 경우 높낮이선은 그림 5-2의 ㅁ)와 같다.

그림 5-1에서 6)은 권유문형태로 발음된것으로서 구체적의미는 아는것이 힘이라는 자각을 가지고 공부를 잘하여야 한다고 권고하는 식의 말이다. 이 경우 높낮이선은 그림 5-2의 ㅂ)와 같다.

그림 5-1에서 7)은 약속문형태로 발음한것으로서 구체적의미는 말하는 사람이 영철이에게 자기가 무슨 일을 하는 동안 공부를 잘할것을 서로 약속하는 말이다. 이 경우 높낮이선은 그림 5-2의 ㅅ)와 같다.

그림 5-1에서 8)은 부정문형태로 발음한것으로서 구체적의미는 실지로는 공부를 잘하지 않고있는 영철이에 대하여 잘못 리해하고 공부를 잘한다고 말을 하는 상대방에 대하여 그렇지 않다는 투로 반박하는 말이다. 이 경우 높낮이선은 그림 5-2의 ㅈ)와 같다.

그림 5-1에서 9)는 의문문형태로 발음한것으로서 영철이가 공부를 잘한다는데 대하여 도저히 믿지 못하겠다는 투로 한 말이다. 이 경우 높낮이선은 그림 5-2의 ㅊ)와 같다.

이와 같이 동일한 문법구조와 어휘구성을 가진 문장이라고 해도 그것이 어떤 운률적성격을 띠고 발음되는가에 따라 그 문장의 구체적의미는 여러가지로 달리된다.

제3장. 음성정보의 전처리

제1절. 음성의 특징정수결정

1. 시간파형의 특징정수결정

1) 음성신호의 수자화

음성신호 즉 음성파형은 마이크에 의하여 전기적신호로 변하며 이 전기적신호로 변환된 음성신호를 상사신호라고 한다.

많은 경우에 이 상사신호를 수자신호로 변환하여 리용한다.

그것은 수자기술을 리용하면 상사적으로 할수 없는 신호처리를 쉽게 할수 있고 신뢰성이 높고 또한 간결해지기때문이다.

집적회로와 콤퓨터의 급속한 발전, 수자통신기술의 발전은 음성신호의 분석처리에서 수자기술을 적용하는데 큰 도움으로 되였다.

상사신호의 수자화는 표본화와 량자화과정을 거쳐 이루어진다.

① **음성신호의 표본화**

음성신호를 표본화한다는것은 시간적으로 련속적인 음성파형을 일정한 시간간격으로 토막내여 매 시점값의 계렬로 표현한다는것이다.

표본화할 때 그림 1-1과 같이 상사신호파형 $\chi_{(t)}$는 시간적으로 리산적인 $t_i = iT$ (여기서 i는 옹근수)에서 값계렬 $\chi_i = \chi_{(i, T)}$로 변환된다.

여기서 T를 표본화주기라고 하고 그의 역수 $S = \dfrac{1}{T}$ [Hz]를 표본화떨기수라고 한다.

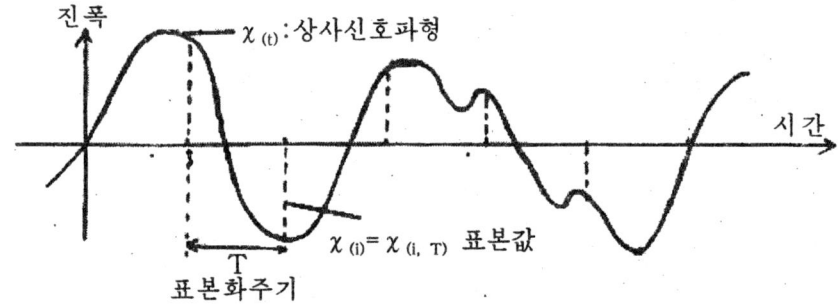

그림 1-1. 음성파형의 표본화

T를 지나치게 크게 잡으면 원래의 파형을 재생시키기 어렵고 반대로 지나치게 작게 잡으면 필요외의 표본값들을 취하게 되므로 비경제적이다. 이런 의미에서 표본화하려는 상사신호파형의 주파수대역과 표본화주기사이에는 일정한 관계가 있게 된다.

상사신호파형 $\chi_{(t)}$가 O~W[Hz]사이의 주파수대역을 가진다고 할 때 $\chi_{(t)}$를 T=1/2w마다에 표본화하면 표본값계렬로부터 원래의 파형을 완전히 재현할수 있다. 이때 다음과 같은 식이 성립한다.

$$x_{(t)} = \sum_{i=-\infty}^{\infty} x\left(\frac{i}{2w}\right) \frac{\sin\left(t - \frac{i}{2w}\right)}{2\pi w\left(t - \frac{i}{2w}\right)} \quad (1-1)$$

여기서 $x\left(\frac{i}{2w}\right)$는 $\chi_{(t)}$의 i번째 시점 $t_i = \frac{i}{2w}$ 에서의 표본값이다. 1/T=1/2W[Hz]를 나위키스트속도라고 한다. 실례로 보통 전화에서의 통화대역은 W≈4 k Hz로 되기때문에 T=1/2×4000[S]로 표본화하면 된다.

음성신호수자처리를 하는 경우 표본화주파수대역을 보통 7~12 k Hz로 설정한다. 주파수대역 W가 명확치 않은 신호의 경우에는 표본화하기 전에 저역려파기를 리용하여 대역제한을 한다. 만일 1/T < 2W로 되면 겹침이지러짐이 생겨서 신호의 높은 멸기수성분이 이지러진다.

표본화된 신호는 시간적으로 분리되여있지만 진폭방향으로는 련속적이다. 이러한 신호를 리산화신호라고 하고 이와 같은 신호처리방법을 리산화신호처리라고 한다.

② 음성신호의 량자화

음성신호를 량자화한다는것은 표본화된 어느 한 점에서의 파형의 상사적인 값을 일정한 준위계로서 표현하는것을 말한다.

량자화에 의하여 일정한 준위계에서 표현된 값을 수자로 표현하는데 흔히 2진수로 표현하는 2진수자화를 리용한다.

이러한 과정을 거쳐 련속적인 상사신호는 불련속적인 수의 계렬로 변환된다. 이것을 간단히 A/D변환 즉 상사/수자변환이라고 한다.

량자화에서는 량자화준위마다에서 진폭을 일정하게 보는 선형량자화와 실지 파형의 진폭변화의 모양에 따라 량자화준위마다에서 진폭을 비선형적으로 보는 비선형량자화가 있다.

선형량자화에서 파형의 진폭을 량자화하기 위하여서는 진폭을 유한개로 나누고 그중에서 한개의 준위구간안에 들어있는 파형은 모두 진폭값이 같다고 본다. 그림 1-2에 8준위(3bit)량자화장치의 입출구특성을 실례로 주었다. 그림에서 △는 량자화결음을 표시한다.

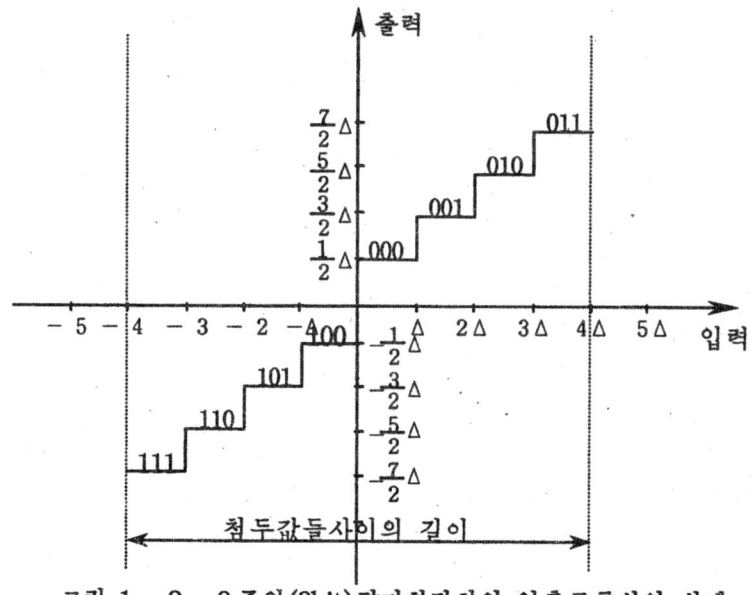

그림 1-2. 8준위(3bit)량자화장치의 입출구특성의 실례

이 실례에서 부호는 직접 진폭값의 크기를 표시한다. 량자화의 특성과 관련되는 정수는 량자화걸음 $\triangle$ 이다. 준위수는 8준위 (3bit)의 부호화를 전제로 할 때 2진부호화를 가장 효과적으로 쓰기 위하여 보통 2^B개로 한다. 신호값의 범위를 $|x_i| \leq x_{최대}$ 라고 하면 $2x_{최대} = \triangle 2^B$로 되여야 한다.

량자화후의 표본값 $\hat{x}_i$ 와 원래의 상사신호값 x_i 사이의 오차 $e_i = \hat{x}_i - x_i$를 량자화오차 또는 량자화이지러짐이라고 한다.

그림 1-2의 경우에 량자화오차는 다음과 같다.

$$-\frac{\triangle}{2} \leq e_i \leq \frac{\triangle}{2} \qquad (1-2)$$

량자화오차에 대하여 다음과 같이 말할수 있다.

량자화오차는 입구신호와 상관이 없으며 백색잡음으로 볼수 있다. 량자화오차의 분포는 매 량자화구간에서 고르롭고 구간은 다 같으므로 다음의 식이 성립한다.

$$P_e(e_i) = \begin{cases} 1/\triangle (-\triangle/2 \leq e_i \leq \triangle/2) \\ 0 \quad (\text{그밖의 } e_i \text{에서}) \end{cases} \qquad (1-3)$$

신호 대 량자화오차의 비(S/N)를 다음과 같이 정의한다.

$$S/N = \frac{\delta_x^2}{\delta_e^2} = \frac{E[x_i^2]}{E(e_i^2)} = \frac{\sum_i x_i^2}{\sum_i e_i^2} \qquad (1-4)$$

앞에서 한 가정과 식 $2x_{최대} = \triangle 2^B$이 성립할 때

$$\delta_e^2 = \frac{\triangle^2}{12} = \frac{1}{12}\left(\frac{2x_{최대}}{2^B}\right)^2 = \frac{x_{최대}^2}{3 \times 2^{2B}} \qquad (1-5)$$

으로 되며 따라서

$$S/N = \frac{3 \times 2^{2B}}{\left(\frac{x_{최대}}{\delta_x}\right)^2} \qquad (1-6)$$

로 된다. 이것을 dB단위로 표시하면

$$S/N[dB] = 10\log_{10}\left(\frac{\delta_x^2}{\delta_e^2}\right) = 6B + 4.77 - 20\log_{10}\frac{x_{최대}}{\delta_x}$$

(1-7)

로 된다. 량자화의 범위를 $x_{최대} = 4\delta_x$ 로 하면

$$S/N[dB] = 6B - 7.2 \qquad (1-8)$$

로 된다.

비선형량자화는 음성신호의 진폭변위가 큰 경우에 선형량자화에 비하여 량자화오차를 작게 할수 있으므로 음성신호처리에 유효하게 쓰인다.

비선형량자화에서 쓰는 부호화방식에는 log-PCM이 대표적이다.

이 방식은 량자화폭을 파형의 진폭에 따라 지수함수적으로 변화시켜 량자화를 진행하는 방식인데 간단히 PCM이라고 부르기도 한다.

2) 선형예측분석법(LPC-Linear prediction coding)

음성신호를 표본화하였을 때 이 표본들사이에는 강한 상관관계가 있다.

그것은 음성의 표본값들이 불련속적인 어떤 임의의 순간값들의 련쇄가 아니라 음성파형에서 시간의 흐름을 축으로 순차적으로 주어진것들이기때문이다.

선형예측부호화란 쉽게 말하여 이미 측정된 몇개의 표본값에 의하여 다음의 표본값을 구하는 방법이다.

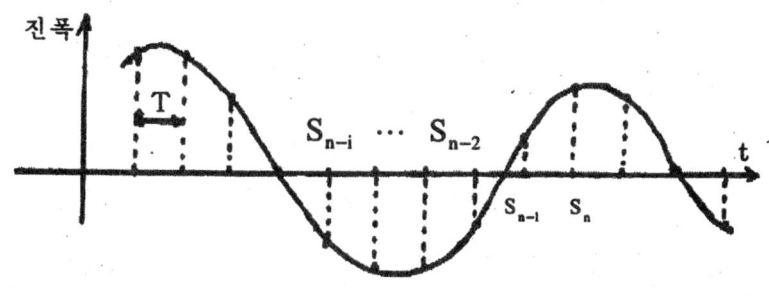

그림 1-3. 표본화자료

음성파형은 여러개의 표본값에 관계된다. 현 시점의 음성신호 $\bar{S}_{(nT)}$를 예측하려면 그전의 표본값들에 대한 선형합성 즉

$$\bar{S}_n = -(a_1 S_{n-1} + a_2 S_{n-2} \cdots a_i S_{n-i}) \qquad (1-9)$$

에 의하여 추정하게 된다.

식 (1-9)에서 a_i는 그전의 음성표본값 S_{n-i}의 결수이다.

이와 같은 선형합성에 의하여 S_n을 예측하는 방법을 선형예측방법이라고 한다. 이 방법에 의해 실제의 음성신호값을 보다 정확히 추정하게 되며 그 편차

$$e_n = S_n - \bar{S}_n \qquad (1-10)$$

을 감소시킬수 있다. 그러므로 선형예측법에서는 음성신호를 직접 기록 및 전송하는 대신에 식 (1-9)에 있는 결수 a_i와 식 (1-10)에서 구한 편차신호를 기억하거나 전달하므로 신호의 정보량을 줄인다.

정보압축이란 많은 량의 정보자료를 기억하거나 전달하기 불편하고 효과성도 적기때문에 그 정보량들에서 일반적인것과 특징적인것들만을 추출한다는것을 말한다. 이때 주의해야 할 점은 이 압축된 정보에 의해 다시 모든 정보량을 재생시킬수 있도록 정보압축을 진행하여야 효과적인 정보압축으로 된다는것이다.

선형예측법은 신호예측값 $\bar{S}_n$이 실제의 음성신호값 S_n에 비하여 오차가 없이 구해지면 편차신호값 e_n은 그리 중요한 의미를 가지지 않으며 음성신호의 정보는 대부분이 결수 a_i쪽에 포함된다는 것을 보여준다. 그렇기때문에 음성의 합성은 a_i에 의해 거의 정확하게 얻어진다.

이와 같이 선형예측부호화법을 리용하여 음성신호를 특징파라메터들에 의하여 재생하는 방식을 음성합성의 견지에서 분석합성방식이라고 한다.

선형예측분석에서 결수 a_i를 구하는것이 가장 중요한 자리를 차지한다. a_i를 정확히 구하게 되면 재생파형의 질도 높아지게 된다.

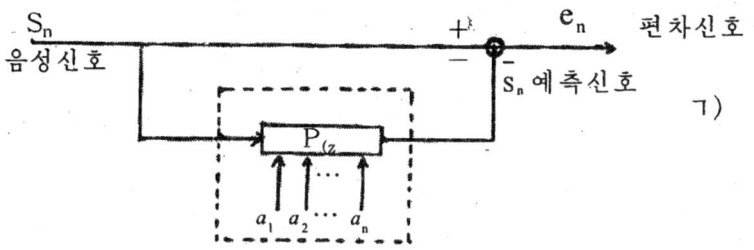

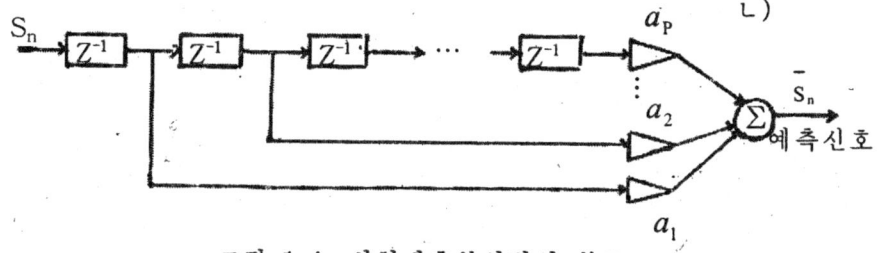

그림 1-4. 선형예측분석법의 블로크도

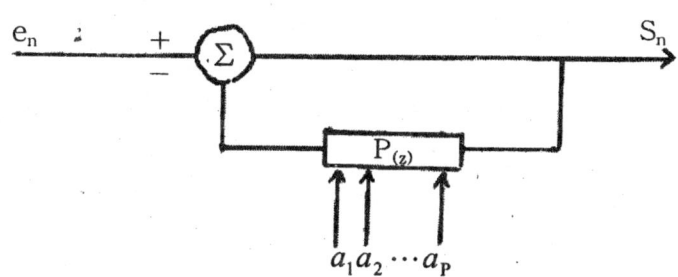

그림 1-5. 선형예측곁수에 의한 음성신호의 재생

식 (1-9)와 (1-10)에 의해 편차신호 e_n은 다음과 같이 표시 된다.

$$e_n = S_n + \sum_{k=1}^{P} a_k S_{n-k} \qquad (1-11)$$

그림 1-4의 ㄱ)는 음성신호 S_n과 편차신호 e_n사이의 관계를 보여준것이며 ㄴ)는 ㄱ)에서 점선으로 표시된 부분(성도의 전달특성)을 보여준것이다.

최소2분법을 리용하여 e_n의 두제곱오차의 총합이 a_i에 대하여 최소로 되게 하면 다음과 같은 행렬식이 얻어진다.

$$\begin{pmatrix} R_0 & R_1 & R_2 & \cdots & R_{P-1} \\ R_1 & R_0 & R_1 & \cdots & R_{P-2} \\ \vdots & \vdots & \vdots & & \vdots \\ R_{P-1} & R_{P-2} & R_{P-3} & \cdots & R_0 \end{pmatrix} \begin{pmatrix} a_1 \\ a_2 \\ \vdots \\ a_P \end{pmatrix} = - \begin{pmatrix} R_1 \\ R_2 \\ \vdots \\ R_P \end{pmatrix}$$

(1-12)

이 식은 자기상관함수를 구할 때와 같이 $-\infty$로부터 $+\infty$까지의 자료를 리용하지 않고 실제에 있어서는 어떤 짧은 구간의 자기상관함수를 리용하게 된다.

례를 들어 자료수를 N이라고 하면 짧은 구간의 자기상관함수 R_i는 다음과 같이 표시된다.

$$R_i = \frac{1}{N+1-i} \sum_{n=i}^{N} S_n S_{n-i} \qquad (1-13)$$

이것은 i개만큼 떨어진 표본값사이의 루적합인데 i만큼 떨어진 자료사이에 평균적으로 어느 정도 대응관계가 있는가를 표시한다. 즉 $R_i = 1$이면 완전히 꼭 같고(직류적으로 완전히 변하지 않는다든가 시누스적으로 완전히 주기적임) $R_i = 0$이면 완전히 무상관(파형이 우연이라든가 아니면 임풀스적인 독립파형), $R_i = -1$이면 완전히 반대위상의 주기성이라는것을 의미한다.

3) 편자기상관분석법(PARCOR)

선형예측에 기초한 음성의 분석합성은 리론적으로는 리해하기 쉬우나 실용적인 측면에서 볼 때 분석처리에서 부족점이 있으므로 그 개량형으로서 편자기상관에 의한 분석과 합성수법이 개발되였다.

일반적인 의미의 상관과는 달리 편자기상관이라는것은 이름 그대로 i-1개의 표본에 의해 예측가능한 음성파형의 중간부분을 음성신호 S_n과 S_{n-i}로부터 빼버린 나머지부분의 상관을 념두에 둔다.

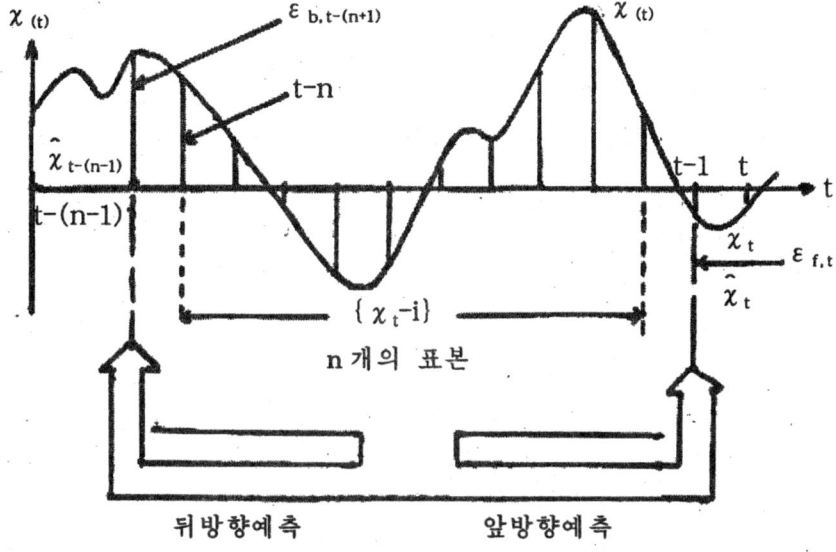

그림 1-6. 편자기상관분석방법의 실례

그림 1-6에서 보여준것처럼 x_t, $x_{t-(nf)}$ 및 그사이에 있는 n개의 표본값을 생각할 때 그 표본값이 자기회귀(AR)과정에 따르는(선형 예측가능)것으로 가정하면

$$\varepsilon_{f,t} = x_t - \hat{x}_t = x_t + \sum_{i=1}^{n} \alpha_i x_{t-i} = \sum_{i=0}^{n} \alpha_i x_{t-i} \quad (1-14)$$

여기서 $\varepsilon_{f,t}$: 앞방향예측잔차
　　　α_I : 앞방향선형예측결수
　　　$\alpha_0 = 1$

$$\varepsilon_{b,t-(n+1)} = x_{t-(n+1)} - \hat{x}_{t-(n+1)}$$
$$= x_{t-(n+1)} + \sum_{j=1}^{n} \beta_j x_{t-j} = \sum_{j=1}^{n+1} \beta_j x_{t-j} \quad (1-15)$$

여기서 $\varepsilon_{b,t-(n+1)}$: 뒤방향예측잔차
　　　β_I : 뒤방향선형예측결수

$\beta_{n+1}=1$

χ_t가 정상적이면 $\beta_i = \alpha_{n+1-j}$, $j=\overline{1, n+1}$이다.

편자기상관은 χ_t와 $\chi_{t-(n+1)}$사이의 직접적인 상관대신에 예측가능한 부분을 빼버린 예측잔차사이의 상관으로서 다음과 같이 정의된다.

$$k_{n+1} = \frac{\overline{\varepsilon_{f,t} \cdot \varepsilon_{b,t-(n+1)}}}{\left(\overline{\varepsilon_{f,t}}\right)^{1/2}\left(\overline{\varepsilon_{b,t-(n+1)}}\right)^{1/2}}$$

$$= \frac{\overline{\left(\sum_{i=0}^{n}\alpha_i x_{t-i}\right)\left(\sum_{j=1}^{n+1}\beta_j x_{t-j}\right)}}{\left\{\overline{\left(\sum_{i=0}^{n}\alpha_i x_{t-i}\right)^2}\right\}^{1/2}\left\{\overline{\left(\sum_{i=1}^{n+1}\beta_j x_{t-j}\right)^2}\right\}^{1/2}} \quad (1-16)$$

여기서 α_i, β_j는 $\overline{\varepsilon_{f,t}^2}$ 및 $\overline{\varepsilon_{b,t-(n+1)}^2}$을 각각 최소로 되게 하는 조건에서 앞방향 및 뒤방향선형예측결수들이다.

편자기상관결수는 다음의 점화식으로부터 얻어진다.

$$\begin{cases} A_{n+1}(z) = A_n(z) - k_{n+1} \cdot B_n(z) \\ B_{n+1}(z) = Z^{-1}[B_n(z) - k_{n+1}A_n(z)] \end{cases} \quad (1-17)$$

여기서

$$\begin{cases} A_n(z) = \sum_{i=0}^{n}\alpha_i \cdot Z^{-i} \\ B_n(z) = Z^{-(n+1)} \cdot A_n(Z^{-1}) \end{cases} \quad (1-18)$$

초기조건 $A_0(z)=1$, $B_0(z)=Z^{-1}$이라는것을 고려하면 편자기상관결수 k_n의 정의와 식 (1-17)로부터 그림 1-7과 같은 다단격자회로와 상관기에 의하여 편자기상관(PARCOR)결수 k_i와 $i=\overline{1,P}$를 순차적으로 구할수 있다.

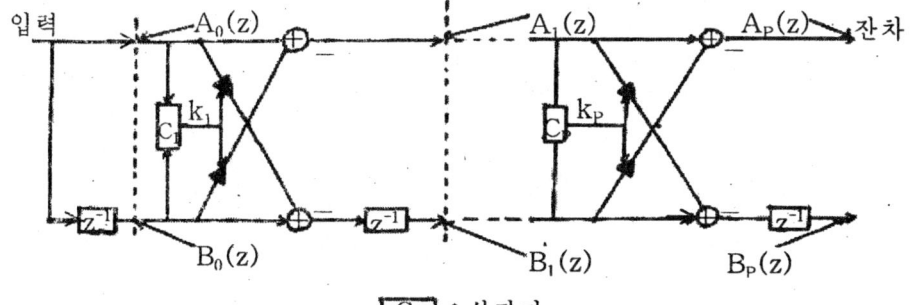

　　　　　　　　[C_i] : 상관기
　　　　　그림 1-7. 격자형편자기상관계산회로

　편자기상관분석과정은 파형적으로 보면 표본값사이에 존재하는 상관을 선형예측에 의해 축차적으로 제거해나가는 처리라고 볼수 있고 스펙트르적으로 보면 포르만트구조(전극형에 의한 공진특성)를 가지는 스펙트르를 순차적으로 평탄화하여 나가는 역려파처리라고 볼수 있다.

　분석결과 파형적으로 보면 유성음에서는 목청진동에 대응한 임풀스음원이, 무성음에서는 조음점부근의 공기의 란류원에 대응하는 우연잡음원이 잔차로 남게 되고 스펙트르적으로 보면 유성음에서는 위상이 일치한 같은 모양의 스펙트르가, 무성음에서는 우연위상이 같은 평탄스펙트르가 잔차로 남게 된다.

4) 선스펙트르쌍(LSP)분석법

　편자기상관분석방식은 정보량의 아래한계가 2,400bit/s이다. 그이상 더 아래로 내려가면 합성음성의 명료도가 급격히 떨어진다.

　선스펙트르쌍분석방식은 편자기상관분석방식보다 적은 정보량으로서 질이 좋은 합성음을 얻자는 목적에서 개발되였다.

　편자기상관결수는 자체상관결수와 마찬가지로 시간령역에서의 정수이지만 선스펙트르쌍결수는 주파수령역에서의 정수이므로 표본화를 거칠게 하고 그사이를 직선보간하여도 편자기상관결수의 경우보다 이지러짐이 적어진다.

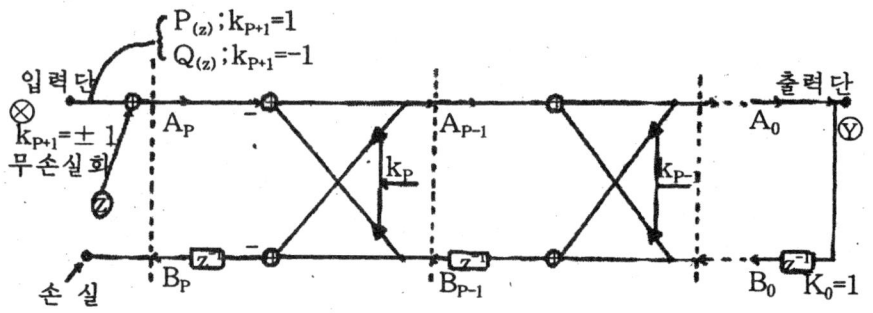

그림 1-8. PARCOR 음성합성계의 구성과 그의 선스펙트르화

선스펙트르쌍분석도 편자기상관분석과 마찬가지로 전극모형을 기초로 한다.

그림 1-8의 편자기상관음성려파기구성도에서 반사파의 마지막 단(입력단)에 $k_{P\pm1}=\pm1$의 경로를 부과하고 입력단자를 ⊗, 출력단자를 Ⓨ, 반사파의 출력단자를 Ⓩ로 놓는다.

이때 ⊗로부터 Ⓨ까지의 전달함수 $H_P(z)$는

$$H_P(z) = \frac{1}{A_P(z)} \qquad (1-19)$$

여기서 $A_P(z) = \sum_{i=0}^{P} \alpha_i z^{-i}$ 이다. Ⓨ로부터 Ⓩ 까지의 전달함수는

$$B_P(z) = Z^{-(P+1)}A_P(z^{-1}) \qquad (1-20)$$

이다. 여기서 P는 선형예측차수를 표시한다. 따라서 ⊗로부터 Ⓩ까지의 전달함수를 $R_P(z)$라고 하면

$$R_P(z) = \frac{B_P(z)}{A_P(z)} = \frac{Z^{-(P+1)}A_P(z^{-1})}{A_P(z)} \qquad (1-21)$$

로 된다. 여기서 ⊗~Ⓨ사이에 $k_{P+1}=\pm1$로서 Ⓩ로부터 ⊗로 되돌아가는 경로를 부과한다.

k_{P+1}을 1과 -1로 한다는것은 편자기상관결수에 의하여 정해지는 근사성도모형의 성분에서 경계조건(실제는 목청의 진동에 따라 열고 닫는것을 반복한다.)을 완전방사(완전열린단자와 완전닫긴단자)라는것에 대응시킨다는것을 말한다. 이렇게 함으로써 이 려파

기는 무손실로 되며 공진 Q는 무한대로 되여 공진주파수는 선스펙트르화된다.

$k_{P+1}=1$일 때 $R_B(z)$를 $P(z)$라고 하면
$$P(z)=A_P(z)-B_P(z) \qquad (1-22)$$
$k_{P+1}=-1$일 때 $R_P(z)$를 $Q(z)$라고 하면
$$Q(z)=A_P(z)+B_P(z) \qquad (1-23)$$
한편 $B_P(z)=Z^{-(P+1)} \cdot A_P(Z^{-1})$을 웃식에 대입하면 P가 우수인 경우에
$$\begin{aligned}P(z)&=A_P(z)-Z^{-(P+1)}A_P(Z^{-1})\\&=1+(\alpha_1-\alpha_P)Z^{-1}+\cdots+(\alpha_{P+1}-\alpha_2)Z^{-(P+1)}+\\&\quad+(\alpha_P-\alpha_1)Z^{-P}-Z^{-(P+1)} \qquad (1-24)\end{aligned}$$
마찬가지로
$$\begin{aligned}Q(z)&=A_P(z)+Z^{-(P+1)} \cdot A_P(Z^{-1})\\&=1+(\alpha_1+\alpha_P)Z^{-1}+\cdots+(\alpha_{P-1}+\alpha_2) \cdot Z^{-(P+1)}+\\&\quad+(\alpha_P+\alpha_1)Z^{-P}+Z^{-(P+1)} \qquad (2-25)\end{aligned}$$

식 $(1-24)$와 $(1-25)$로부터 웃식의 $P+1$차 실결수방정식은 $P/2$차와 $P/2+1$차를 중심으로 결수가 비대칭 또는 대칭이라는것과 $Z=1$ 또는 $Z=-1$이라는 뿌리를 가진다는것을 알수 있다. 식$(1-24)$, $(1-25)$를 정돈하면 다음과 같이 쓸수 있다.

$$\begin{cases} P_{(z)} = (1-z^{-1})\sum_{i=0}^{P} A_i Z^{-i} \\ Q_{(z)} = (1+z^{-1})\sum_{i=0}^{P} B_i Z^{-i} \end{cases} \qquad (1-26)$$

여기서 A_i, B_i는 α_i의 1차결합식으로 표시되는 결수들이다. A_i, B_i들은 다음의 순환식에 의하여 구한다.

$$\begin{cases} A_0=1, \quad A_i=(\alpha_i-\alpha_{P+1-i})+A_{i-1} \\ B_0=1, \quad B_i=(\alpha_i+\alpha_{P+1-i})-B_{i-1} \end{cases} \qquad (1-27)$$

$$\alpha_0=1, \qquad i=\overline{1 \cdot P}$$

$P_{(Z)}$, $Q_{(Z)}$를 우와 같이 표시하면

$$\frac{P_{(z)}}{1-Z^{-1}}, \quad \frac{Q_{(z)}}{1+Z^{-1}}$$

는 대칭다항식으로 된다.

2. 시간주파수특징정수분석

1) 케프스트람(cepstrum)분석법

케프스트람분석법은 시간주파수령역에서의 푸리예변환, 역푸리예변환, 고속푸리예변환, 단시간스펙트르분석을 전제로 하고있다.

스펙트르포락을 구하는 방법으로서 선형예측분석법을 앞에서 보았다.

고속푸리예변환의 수법을 리용하여 스펙트르포락을 구하는 방법으로서 케프스트람법이 있다. 이 방법은 음성신호의 걸음주파수를 구하는 방법으로서 음성합성방법으로도 리용되고있다.

케프스트람법은 음성신호를 고속푸리예변환하여 구한 음력스펙트르의 로그를 다시 고속푸리예역변환처리한것으로 정의한다.

고속푸리예변환에 의하여 얻어진 음성의 음력스펙트르는 걸음주파수의 영향을 받아가는 물결형태로 된다. 한편 스펙트르포락은 이 가는 물결모양의 음력스펙트르를 어떤 신호파형으로 보고 고속푸리예역변환을 진행하면 그 저주파성분으로서 스펙트르의 대량적인 형태 즉 스펙트르포락의 형태가 얻어진다. 그리하여 이 저주파성분만을 다시한번 고속푸리예변환하면 그 스펙트르포락특성만이 구해지는것으로 된다.

이와 같이 음성신호의 음력스펙트르에 로그를 취하고 푸리예역변환처리를 실시하여 얻어낸 파형을 케프스트람이라고 한다.

케프스트람 $C_{(\tau)}$는 파형의 단시간스펙트르 $|x_{(\omega)}|$의 대수역푸리예변환이며 스펙트르포락과 미세구조를 근사적으로 분리하여 뽑아낼수 있는 특징이 있다.

선형분리등가회로모형에 기초하여 고찰하면 유성음 $\chi_{(t)}$는 거의 주기적인 음원 $g_{(t)}$에 의하여 구동된 성도조음등가려파기의 응답특성이라고 볼수 있으며 $\chi_{(t)}$는 $g_{(t)}$와 성도의 임플스응답 $h_{(t)}$와의 겹침으로서 다음과 같이 표시된다.

$$\left. \begin{array}{l} x_{(t)} = \int_0^t g_{(\tau)} h_{(t-\tau)} dt \\ X_{(\omega)} = G_{(\omega)} H_{(\omega)} \end{array} \right\} \quad (1-28)$$

여기서 $X_{(\omega)}$, $G_{(\omega)}$, $H_{(\omega)}$는 각각 $\chi_{(t)}$, $g_{(t)}$, $h_{(t)}$의 역푸리예변환이다.

$g_{(t)}$가 주기함수인 경우에는 $|X_{(\omega)}|$는 이 주기의 역수와 같은 주파수의 선스펙트르로 되므로 파형의 일부를 잘라내여 그의 표본값계렬을 푸리예변환하여 구한 $|X_{(\omega)}|$에는 주파수축상에서 같은 간격의 뾰족값이 존재한다. 그의 매개 값 $\log|X_{(\omega)}|$를 구하면 다음과 같이 된다.

$$\log|X_{(\omega)}| = \log|G_{(\omega)}| + \log|H_{(\omega)}| \quad (1-29)$$

다음 이것을 주파수 ω를 변수로 하여 푸리예역변환한다.

이것이 케프스트람이며 푸리예변환을 기호 F로 표시하면 케프스트람은 다음과 같이 표시할수 있다.

$$C_{(\tau)} = F^{-1}\log|X_{(\omega)}| = F^{-1}\log|G_{(\omega)}| + F^{-1}\log|H_{(\omega)}| \quad (1-30)$$

이것을 리산화푸리예변환으로 구하는 경우에는 파형을 표본화하는 경우와 마찬가지로 겹침이 생기므로 변화의 표본수 N을 충분히 크게 하여야 한다. 케프스트람을 리산푸리예변환으로 표시하면 다음과 같다.

$$C_n = \frac{1}{N}\sum_{K=0}^{N-1}\log|X_{(K)}|e^{j\frac{2\pi}{N}Kn} \quad (0 \leq n \leq N-1) \quad (1-31)$$

케프스트람이란 말은 스펙트르를 역변환한다는 의미이다. 그의 횡축은 떨기수의 역수라는 의미에서 케프렌씨꼬라고 하며 그의 단위는 떨기수령역에서의 역변환이므로 시간으로 된다.

식 (1-29)에서 오른쪽의 첫째 항은 스펙트르의 미세구조 즉 비교적 세밀한 주기의 무늬이고 둘째 항은 스펙트르포라 즉 떨기수에 의한 변화가 완만한 무늬이다. 따라서 량자의 역푸리예변환에는 큰 차이가 있으며 첫째 항은 높은 케프렌씨꼬부분의 뾰족값이고 둘째 항은 0부터 2~4ms정도의 낮은 케프렌씨꼬부분의 완만한 스펙트르포라값이다. 여기서 높은 케프렌씨꼬부분의 뾰족값에 의하여 음원 $g'(t)$의 기본주기 또는 기본떨기수(피치)를 구할수 있고 낮은 케프렌씨꼬부분의 스펙트르포라에 의하여 포르만트 또는 무성음의 스펙트르포라을 구할수 있다.

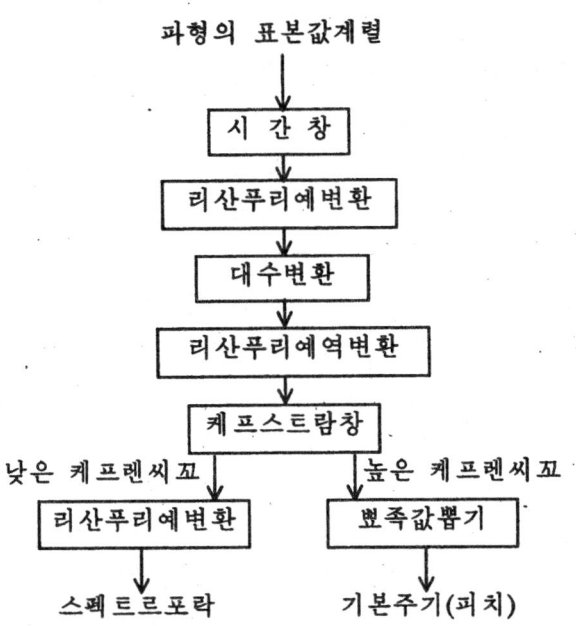

그림 1-9. 케프스트람에 의한 분석순서

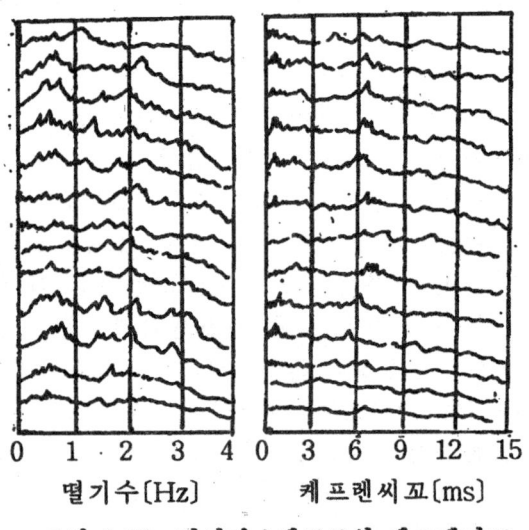

그림 1-10. 단시간스펙트르와 케프렌씨끄

얻어진 스펙트르포락의 평활정도는 낮은 케프렌씨꼬부분의 얼마만 한 성분을 리용하는가에 따라서 변한다. 높은 케프렌씨꼬부분을 분리하여 기음의 떨기수를 얻기 위한 조작을 역려파라는 뜻에서 리프터라고 할 때도 있다.

케프스트람법에 의한 기본주기와 스펙트르포락을 뽑아내는 방법의 순서를 그림 1-9에 보여주었다. 그리고 뽑아낸 결과물의 실례를 그림 1-10에 보여주었다. 그림에서 보여준 케프스트람은 우에서 정의한 C_n의 두제곱이다.

2) 준동형분석과 선형예측케프스트람분석법

케프스트람과 같이 겹침관계에 있는것을 합의 형태로 변환하고 그것을 분리하는 처리를 일반화하여 준동형분석법 또는 준동형려파라고 한다.

준동형분석은 일반적으로 비선형체계를 선형신호의 중첩려파기로 분리하는 특별한 변환을 하여 더하기결합으로 바꾸어 놓고 려파하여 분리하는 신호처리이다.

케프스트람의 특수한 형태로서 선형예측분석법으로 추정된 전극형음성생성체계의 함수

$$H(z) = \frac{1}{1 + \sum_{i=1}^{P} a_i z^{-i}} \qquad (1-32)$$

를 음성신호의 스펙트르밀도로 보고 $X_{(\omega)} = H_{(z)}(Z = e^{j\omega T})$로 놓았을 때의 케프스트람을 고찰한다.

이를 위하여 그림 1-9의 리산푸리에변환, 대수변환, 역리산푸리에변환을 각각 량쪽 Z변환, 복소대수, 역량쪽 Z변환으로 바꾸어놓음으로써 케프스트람의 개념을 복소케프스트람으로 확장한다. 계렬 $x_{(n)}$의 복소케프스트람을 $\hat{C}_n$으로 표시하고 그의 량쪽 Z변환을 $X_{(Z)}$ 및 $\hat{C}_{(z)}$로 표시하면

$$\hat{C}_{(z)} = \log[X_{(z)}]. \qquad (1-33)$$

으로 되며 이 식의 량변을 Z^{-1}로 미분하고 $X_{(z)}$를 곱하면 다음과 같이 된다.

$$X_{(z)} \hat{C}'_{(z)} = X'_{(z)} \qquad (1-34)$$

이 식을 리용하면 다음과 같은 $\hat{C}_n$ 에 대한 재귀식을 얻을수 있다.

$$\begin{cases} \hat{C}_1 = -a_1 \\ \hat{C}_n = -a_n - \sum_{m=1}^{n-1}\left(1-\frac{m}{n}\right)a_m \hat{C}_{n-m} & (1 \le n \le p) \\ \hat{C}_n = -\sum_{m=1}^{p}\left(1-\frac{m}{n}\right)a_m \hat{C}_{n-m} & (p < n) \end{cases} \qquad (1-35)$$

이 케프스트람을 선형예측모형에 의한 케프스트람이란 의미에서 선형예측케프스트람이라고 한다. 즉 선형예측케프스트람분석은 선형예측결수에 의한 음성의 스펙트르포락(성도의 전달함수)을 구하는것을 말한다.

선형예측케프스트람결수는 선형예측로그스펙트르의 푸리예결수라는 물리적의미를 가지며 사람의 청각적특성에 잘 맞는 파라메터이므로 음성인식에서 많이 쓰인다.

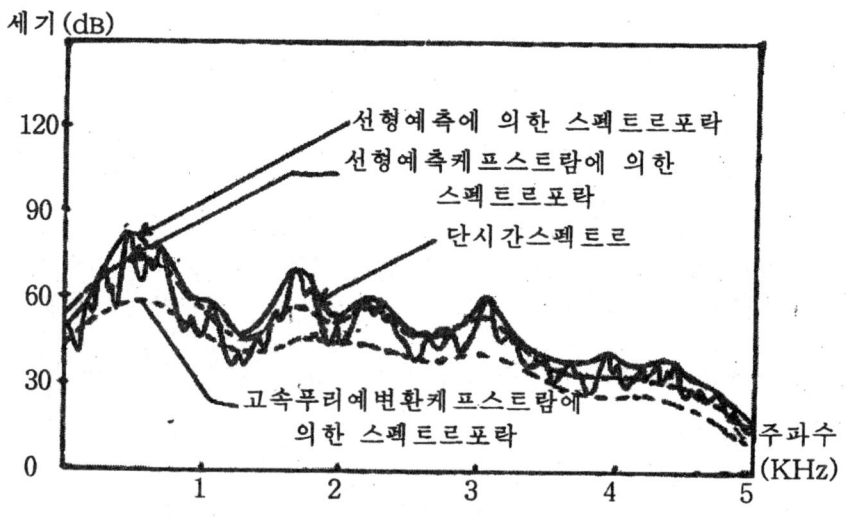

그림 1-11. 선형예측케프스트람과 고속푸리예변환
케프스트람에 의한 스펙트르포락의 비교

그림 1-11에 파형으로부터 직접 계산된 케프스트람(이것을 선형예측케프스트람과 구별하여 고속무리예변환케프스트람이라고 부른다.)에 의한 스펙트르포락과 선형예측케프스트람에 의한 스펙트르포락을 비교하여 보여주었다. 또한 그림에는 단시간스펙트르와 선형예측분석에 의한 스펙트르포락을 참고삼아 보여주었다.

선형예측케프스트람에 의한 스펙트르의 포락은 고속무리예변환케프스트람에 의한 스펙트르의 포락보다도 뽀족값을 더 중요시한 형태로 되여있다.

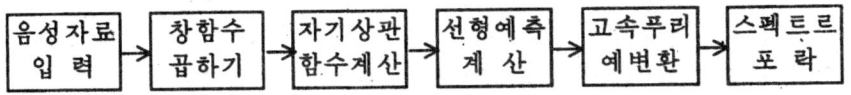

그림 1 - 12. 선형예측케프스트람분석알고리듬

3) 선형예측멜(ME L)케프스트람분석법

사람의 청각적느낌의 특성은 음의 세기에 대하여 로그척도에 알맞으며 음의 높이에 대하여서는 멜척도에 알맞는다.

음의 높이에 대한 멜특성은 근사적으로 다음과 같다.

$$f' = 1,000 \, Lg(B_1 + f/1,000) Lg2 \quad (1-36)$$

여기서 B는 변환결수이다.

식 (1-36)은 B의 선택값에 따라 여러가지 주파수변환을 하게 하며 멜척도는 B=2일 때와 같다.

사람의 청각특성을 반영한 멜척도를 리용하여 전력스펙트르의 주파수축을 변환하여 분석하는것을 멜케프스트람이라고 한다.

전력스펙트르의 주파수축을 변환하는데는 두가지가 있다.

첫째로, 선형예측대수스펙트르를 계산할 때 주파수축을 변환

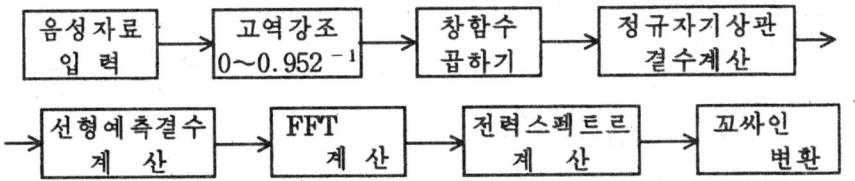

그림 1 - 13. 선형예측멜케프스트람분석알고리듬

한다. 주파수축을 변환한 LPC케프스트람을 다시 꼬싸인변환한다.

둘째로, 선형예측케프스트람으로부터 주파수축을 신축한 LPC 케프스트람을 수자적인 주파수변환에 의해 순차적으로 구한다.

첫째 방법에 의한 선형예측멜케프스트람분석알고리듬은 그림 1-13과 같다.

4) 2차원케프스트람분석법

2차원케프스트람은 음성신호를 푸리에변환하여 계산한 대수스 펙트르의 시계렬을 주파수와 시간에 관하여 다시 2차원역푸리에변 환을 하는것을 말한다. 따라서 2차원케프스트람에는 음성신호의 스 펙트르구조와 시간변화구조가 다 표시된다.

2차원케프스트람결수 C_{qp}는 다음과 같이 구한다.

$$C_{qp} = \frac{1}{NM}\sum_{m=0}^{M-1}\sum_{k=0}^{N-1} S_{km} W_1^{kq} W_2^{mp}$$

$$S_k = 10 \lg |X_k|^2$$

여기서 S_{km}; m번째 틀에서 전력스펙트르

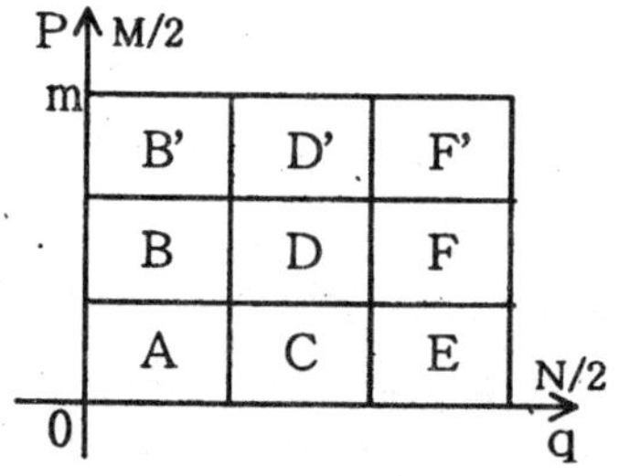

$W_1 = \exp(j2\pi/M)$, $q = 0$, $1\cdots$, $N-1$, $p=0$, $1\cdots$, $M-1$

$W_2 = \exp(j2\pi/N)$

그림에서 q는 일반평면주파 수축이고 P는 시간주파수축 이다. 그림은 2차원케프스트람결 수의 물리적의미를 직관적으로 보여준다.

그림 1 - 14. 2차원케프스트람분석 정수들의 호상관계

그림에서 매개 구역들과 그 구역들의 의미는 다음과 같다.

A : 대수전력스펙트르의 평균값
B : 대수전력스펙트르의 평균변화(일반변화)
B' : 대수전력스펙트르의 미세변화(미세변화)
C : 평균스펙트르의 포락

D : 스펙트르포락변화(일반변화)
D' : 스펙트르포락변화(미세변화)
E : 스펙트르미세구조
F : 스펙트르의 일반구조변화
F' : 스펙트르의 미세구조변화

제2절. 음성정보의 처리단위

 음성합성이나 음성인식에서 어떤 준위의 음성단위들을 선택하여 리용하는가 하는 문제는 합성음의 질이나 인식의 정확성, 기억용량, 합성 및 인식수법이나 수단 등과 관련되는 매우 중요한 문제이다.
 음소나 음운은 말소리의 물리적특성을 특징짓는 최소어음구성단위이며 음성을 이루어주는 가장 기초적인 정보적자료로서 그의 개수와 어음실현과정에 있게 되는 변화특성이 한정되여있어 음성정보처리분야에서 궁극적인 목적달성을 위하여서는 가장 중요한 음성단위로 인정되고있다.
 임의의 음성을 합성하는 경우에 접속하는 음성단위나 임의의 음성을 인식하는 경우에 토막화되는 음성단위로는 음소, 음운, 반소리마디, 소리마디, 음운련쇄, 소리토막 등이 쓰인다.
 음성단위의 길이가 짧으면 그만큼 기억시켜 두어야 할 단위수는 적어지게 되고 기억용량도 작아져 다루기 편리한 점이 있지만 각이한 어음실현과정에서의 위치-결합적조건에 의한 변화를 세밀히 고찰하여 반영해주어야 하므로 합성에서의 접속규칙이나 인식에서의 토막화규칙이 복잡해진다. 이로부터 합성이나 인식의 질을 높이기 위한 보다 세부적인 작업이 필요하다.
 한편 보다 긴 음성단위를 쓰는 경우에는 개별적인 음성단위내에 보다 작은 음성단위들을 포함하고있는것으로 하여 이 개별적인 단위의 합성음질이나 인식률은 높아지지만 합성단위가 많아지고 따라서 많은 합성단위들사이의 어음론적관계를 고려해야 할 점도 많아지며 단어(소리토막)의 경우에는 시간이 감에 따라 새로운 단어의 갱신이 필요하므로 어디까지나 원만한것으로 되지 못한다.

이로부터 음성합성이나 음성인식에서는 이 두가지의 음성단위를 합리적으로 배합하여 리용하는 수법들이 많이 제기되고있다.

최근의 연구들에서는 콤퓨터의 능력향상과 기억량의 대폭적인 증가, 기억밀도의 고집적화를 리용하여 통계적수법에 의하여 작성된 어음환경구분화된 다량의 음성코퍼스로부터 음성단위를 자동적으로 생성하는 수법과 음성단위의 길이를 일정하게 한정하지 않고 미리 축적하여 놓은 음성정보와 외부로부터 들어오는 임의의 음성정보를 최적화수법에 따라 비교분석하여 추출하는 방법 등 효과적인 수법들이 제기되고있다.

매개 민족어는 다 자기에게 고유한 어음구조와 발음토대를 가지고있다.

그런것만큼 음성정보처리를 위한 음성단위의 설정은 매개 민족어의 어음구조와 발음상특성에 맞게 가장 효과적인것으로 되도록 진행되여야 한다.

앞에서도 언급하였지만 발음에서 가장 기초를 이루는 자모음들의 소리마디구성은 민족어마다 다르다.

발음의 기초를 이루는 소리마디구성이 다른것으로 하여 매개 언어마다 어음론적인 현상들과 어음구성이 달리된다.

조선어의 어음구성단위를 이루는데서 가장 기초적인 단위는 음소와 음운이다.

1. 음소단위

언어학에서는 음소를 하나의 독자적인 어음구성단위로 설정하지 않는다.

그런데 음성언어에 대한 음향공학적인 연구가 심화되면서 음성의 물리음향학적특징파라메터들을 고려하여 음소라는 개념을 도입하게 되였다. 현실적으로 음성정보처리분야가 넓어지고 음성합성이나 음성인식을 위한 연구과정에 언어학적측면에서의 최소어음구성단위로서의 음운을 보다 세분하고 그의 물리적특성을 고찰하여야 할 필요성이 제기된다. 이로부터 음운은 음소로 더욱 세분화된다.

조선어에서 음운들은 하나 또는 두개의 음소로 이루어진다.

조선어에서 홑모음들은 하나의 음소로 이루어졌으며 겹모음들은 두개의 음소로 이루어졌다.

한편 자음들도 홑자음과 두개 음소로 된 자음이 있다고 할수 있는데 터침소리나 스침소리는 홑자음으로 볼수 있고 터스침소리나 울림소리들은 두개 음소로 된 자음으로 볼수 있다.

실례로 조선어의 홑모음 《ㅏ》는 하나의 음소로 이루어진 음운이며 겹모음 《ㅑ》는 반모음 《ㅣ》와 홑모음 《ㅏ》의 두개의 음소로 이루어진 음운이라고 말할수 있다.

한편 자음의 경우에 《ㄱ》는 허뒤터침소리로서 하나의 터침동작에 의하여 이루어진 홑자음이며 《ㅋ》는 《ㄱ》발음에서와 같은 허뒤터침운동에 뒤이어 《ㅎ》발음과 같은 허뒤스침운동을 동반하여 이루어지는 소리로서 두개 음소로 된 자음이다.

두개 음소로 된 자음은 현대조선어의 자음들중에서 터스침소리나 울림소리들과 같이 물리음향학적견지에서 볼 때 성격이 다른 두개의 소리요소가 겹치여 하나의 자음을 이루었을 때 그 자음자체를 말한다.

이와 같이 음운은 하나의 음소로 이루어진것도 있고 두개의 음소로 이루어진것도 있다.

이렇게 놓고볼 때 음소는 단일한 조음방식에 의하여 발생하는 소리로서 그에 고유한 파형태와 스펙트르구조를 가진 음성정보처리의 견지에서 본 가장 기초적인 최소어음단위라고 할수 있다.

음소는 음향학적인 견지에서 본 음성의 가장 기초적인 단위이다. 어음론적인 견지에서는 음운을 물질적으로 이루어주는 어음구성요소이다.

음소는 음성파라메터들과의 대응이 보다 밀접하므로 음성합성이나 인식에 리용하기 적합한 단위이다. 또한 음소는 단위의 개수가 적고 그의 특징이 비교적 명백하다는데로부터 많은 언어들에서 음성정보처리를 위한 음성단위로 쓰고있다.

음소단위에 의한 련속음성의 합성은 각 음소들이 결합될 때 위치-결합적조건으로부터 나타나는 변화특성들을 특징파라메터로 하고 이것을 원활하게 결합해나가는 방법으로 실현된다.

음소단위의 음성합성단위를 리용하는 경우에는 단위들사이의 접속이 필연적으로 제기된다. 그런데 자음부로부터 모음부에로의 이음부분이 규칙적으로 접속되기때문에 음성파라메터의 급격한 변화를 잘 고려하지 않고서는 질좋은 합성음을 얻기 곤난하다.

음소단위의 음성인식방법은 인식대상단어와 발성자의 제한을 극복할수 있으므로 널리 리용할수 있는 우점을 가지고있다. 그러나 현 상태에서는 음소의 위치결합적조건에 의한 변화와 발성자들의 개인차에 의한 변화에 대한 파악이 부족하고 그에 대한 효과적인 처리수법이 제안되지 못하고있는것으로 하여 실천에서 널리 쓰이지 못하고있다.

조선어의 경우에 음소는 다음과 같이 볼수 있다.

홀모음 10개(ㅏ, ㅓ, ㅗ, ㅜ, ㅡ, ㅐ, ㅔ, ㅚ, ㅟ, ㅣ), 겹모음에서의 앞요소 2개(ㅣ, ㅜ), 홀자음 9개(ㄱ, ㄲ, ㄷ, ㄸ, ㅂ, ㅃ, ㅅ, ㅆ, ㅎ), 무성자음에서의 앞요소 3개(ㅂ, ㄷ, ㄱ), 뒤요소 3개(ㅎ, ㅅ, ㅆ), 유성자음에서 터침과 튀김 3개(ㅁ, ㄴ, ㄹ), 입안 및 코안울림 3개(ㄴ, ㅁ, ㄹ)로 하여 총 33개로 볼수 있다.

여기에 받침소리 7개(ㄱ, ㄷ, ㅂ, ㅁ, ㄹ, ㅇ, ㄴ)까지 음소로 보면 40개로 된다.

2. 음운단위

언어마다 말소리들의 어음론적특성이 다르고 그 쓰임의 양상이 다른것만큼 조음적으로나 물리음향학적으로 매우 류사한 소리일지라도 그에 대한 음운론적인 평가는 언어마다에서 달리될수 있다.

중국어에서는 모음성조가 음운론적인 기능을 수행하지만 조선어에는 그런것이 없다.

한편 영어에서 유성자음으로 취급되고있는 《g》는 조선어에서 《ㄱ》와 류사하지만 어떤 발음조건에서 보고 평가하는가에 따라서 음운론적인 구별적표식의 규정이 달라진다.
　조선어에서나 영어에서 《ㅋ, ㅌ, ㅍ, ㅊ, ㅅ, ㅎ》, 《k, t, p, ch, s, h》들은 상대적으로 길게 발음되고 진폭이 큰 소리들이다. 그러나 《ㄱ, ㄷ, ㅂ》나 《g, d, b》는 상대적으로 짧게 발음되고 진폭이 작은 소리들이다.
　조선어에서 《ㄱ, ㄷ, ㅂ》는 모음과 모음사이 또는 울림소리와 울림소리사이에서 유성화되며 이때의 이 소리들의 특징은 영어에서의 유성자음 《g, d, b》와 매우 류사하다.
　만일 《g, d, b》와 같은 터침소리들이 다른 자음들과 결합되여 소리마디를 형성하는 경우 이 소리들에서 유성음을 제거한다면 사람들은 청각적으로 이 소리들을 충분히 감각할수 없게 된다. 이것은 조선어에서 모음과 결합되여 발성된 《그, 드, 브》에서 모음 《ㅡ》를 제거하고 《ㄱ, ㄷ, ㅂ》를 청취하였을 때 이 소리들을 청각적으로 충분히 감각하지 못하는것과 같다.
　조선어에서는 소리마디구성이 매우 규칙적이고 소리마디들사이의 계선이 명백한데로부터 독립적인 소리마디발음상태에서 이 자음들의 특성을 고찰하였다면 영어에서는 단어발음상태에서 이 자음들의 특성을 고찰한데서부터 오는 차이라고 보아야 할것이다.
　조선어에서 《ㄱ, ㄷ, ㅂ》는 모음과 결합되여 모음의 도움으로 실현되지만 영어에서 《g, d, b》는 자체에 유성음을 동반시켜 실현된다.
　이와 같이 언어마다 말소리들의 결합규칙이 다르고 고찰하는 각도가 다른 조건에서 개별적인 말소리들에 대한 음운론적인 평가도 달리된다.
　음운은 단어나 형태부의 물질적(음성적)외피를 이루어주고 구별시켜주는 최소어음구성단위이다.
　음운은 뜻을 가진 언어적단위인 단어나 형태부를 음성으로 표현하여주고 구별시켜주는만큼 뜻을 구별시켜주는 기능을 떠난 음운이란 생각할수 없다.
　음운의 구별적표식은 단어나 형태부의 첫머리 즉 강한위치에서 발음되였을 때의 발음생리적 및 물리음향학적인 특징량들로 된다.

음운은 언어행위과정에 말소리흐름속에서 실현되면서 그것이 실현되는 어음단위에서 어떤 위치에 놓이는가와 어떤 음운들과 결합되는가에 따라 일정한 영향을 받는다.

실례로 《ㄱ》가 강한위치에서 실현될 때 이 자음은 뒤에 어떤 모음과 결합되는가에 따라 그에 따르는 일정한 정도의 발음생리적 및 물리음향학적특징에서의 차이를 가진다. 그러나 이렇게 서로 다른 모음들과 결합되면서 일정한 차이를 나타내지만 이러한 차이를 초월하여 《ㄱ》의 조음적 및 물리음향학적특징을 통일 지을수 있는 구별적표식은 무성순한혀뒤터침소리라는것이다.

1) 모음

지난 시기 조선어모음의 어음구조적특성에 대하여서는 국내외적으로 상당한 정도로 심화되어 고찰되였다. 선행리론들과 현대적인 음향측정설비들에 의하여 조선어홀모음과 겹모음을 실험분석하여 그의 어음구조적특성을 서술하면 다음과 같이 개괄할수 있다.

① 조선어홀모음의 조음적특성

조선어홀모음의 조음적특성이라고 할 때 그것은 능동적발음기관들 즉 혀, 입술, 턱의 조음운동상특성을 말한다.

능동적발음기관들의 조음운동특성을 밝히는것은 그 결과로서 이루어지는 모음들의 어음구조적특성을 밝히는데서 중요한 의의를 가진다.

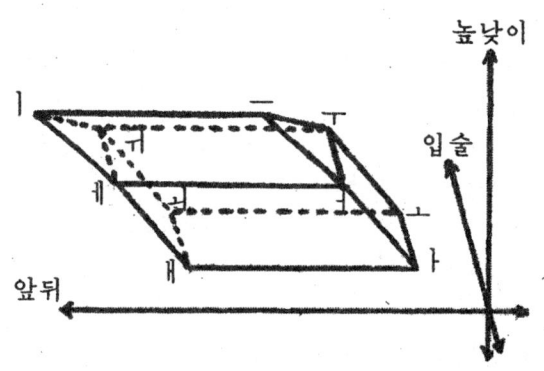

그림 2-1. 조선어홀모음의 조음적특성

그림 2-1에 렌트겐촬영자료에 기초하여 얻은 조선어홀모음발음에서의 발음기관들의 조음적특성을 보여주는 립체도형을 제시하였다.

그림에 의하여 조선어홀모음의 조음적특성을 설명하면 다음과 같다.

첫째로, 혀의 앞뒤관계에 의하여 개별적모음들의 조음적특성이 차이난다.

그림에 의하면 개별적홀모음들을 발음할 때 혀를 제일 앞으로 내밀고 발음하는 모음은 《ㅣ》이며 그뒤로 《ㅟ, ㅔ, ㅚ, ㅐ, ㅡ, ㅜ, ㅓ, ㅗ, ㅏ》의 순서로 놓인다.

둘째로, 혀의 높낮이관계에 의하여 개별적모음들의 조음적특성이 차이난다.

그림에 의하면 개별적홀모음들을 발음할 때 혀를 제일 낮추고 발음하는 모음은 《ㅏ》이며 그뒤로 《ㅐ, ㅗ, ㅚ, ㅓ, ㅔ, ㅜ, ㅟ, ㅡ, ㅣ》의 순서로 점차 우로 올려서 발음한다.

셋째로, 입술의 벌림관계에 의하여 개별적모음들의 조음적특성이 차이난다.

그림에 의하면 개별적홀모음들을 발음할 때 입술을 제일 크게 벌리고 발음하는 모음은 《ㅏ》이며 그뒤로 《ㅐ, ㅔ, ㅓ, ㅣ, ㅡ, ㅗ, ㅚ, ㅜ, ㅟ》의 순서로 입술을 작게 벌리면서 오무려서 발음한다.

② 조선어홀모음의 물리음향학적특성

말소리는 발음기관들의 조음운동결과에 의하여 이루어지는것만큼 발음기관의 조음운동과 말소리의 물리음향학적인 특징량들사이에는 불가분리적인 련관이 있다.

목청음의 발생으로부터 시작하여 발음통로에서의 공명과정은 시작단계, 지속단계, 끝맺는 단계의 련쇄로서 이루어진다. 이 세 단계가 한덩어리로 뭉치여 완성된 하나의 말소리를 형성한다.

앞에서 보여준 조선어홀모음의 조음적특성은 발음의 지속단계에서의 발음기관들의 조음적특성을 고찰한것이다.

개별적모음들의 물리적특성량들에서의 차이를 쉽게 그리고 명백히 알기 위하여서는 결합적변화관계속에서가 아니라 일정한 조건

즉·정상적인 조건에서의 개별적모음들의 조음적 및 물리음향학적특 성을 고찰하여야 한다.

먼저 조선어홑모음들의 지속단계에서의 스펙트르구조적특성을 보자.

조선어홑모음들에 대하여 지속단계에서의 그의 스펙트르구조적 특성을 보기 위하여 일정한 정도의 어음론지식을 소유한 남자 50명 (20~60살)을 대상으로 하여 발음한 음에 대한 스펙트르를 분석하 고 평균화한 포르만트중심주파수값을 표 1-1에 보여주었다.

	F_1(Hz)	F_2(Hz)	F_3(Hz)	F_4(Hz)
ㅏ	735	1,215	2,605	3,687
ㅗ	522	852	2,656	3,517
ㅓ	458	889	2,505	3,406
ㅜ	326	681	2,475	3,322
ㅡ	362	1,092	2,388	3,511
ㅐ	538	1,995	2,735	3,713
ㅚ	464	1,895	2,571	3,542
ㅔ	387	2,050	2,759	3,702
ㅟ	251	2,078	2,856	3,567
ㅣ	249	2,213	3,072	3,907

표 1-1. 조선어홑모의 포르만트중심주파수평균값

표 1-1을 놓고 조선어홑모음들의 스펙트르구조적특성을 서술 하면 다음과 같이 할수 있다.

첫째로, 앞모음과 뒤모음사이에 F_2값에서의 차이가 심한것이다.

앞모음에서 F_2는 평균 2,046Hz정도이나 뒤모음에서의 F_2는 평 균 944Hz정도로서 약 1,100Hz나 차이가 난다.

이것은 앞모음을 발음할 때 뒤모음을 발음할 때보다 혀를 앞으 로 내밀고 발음함으로써 입안울림통의 용적을 작게 한데 기본원인 이 있다.

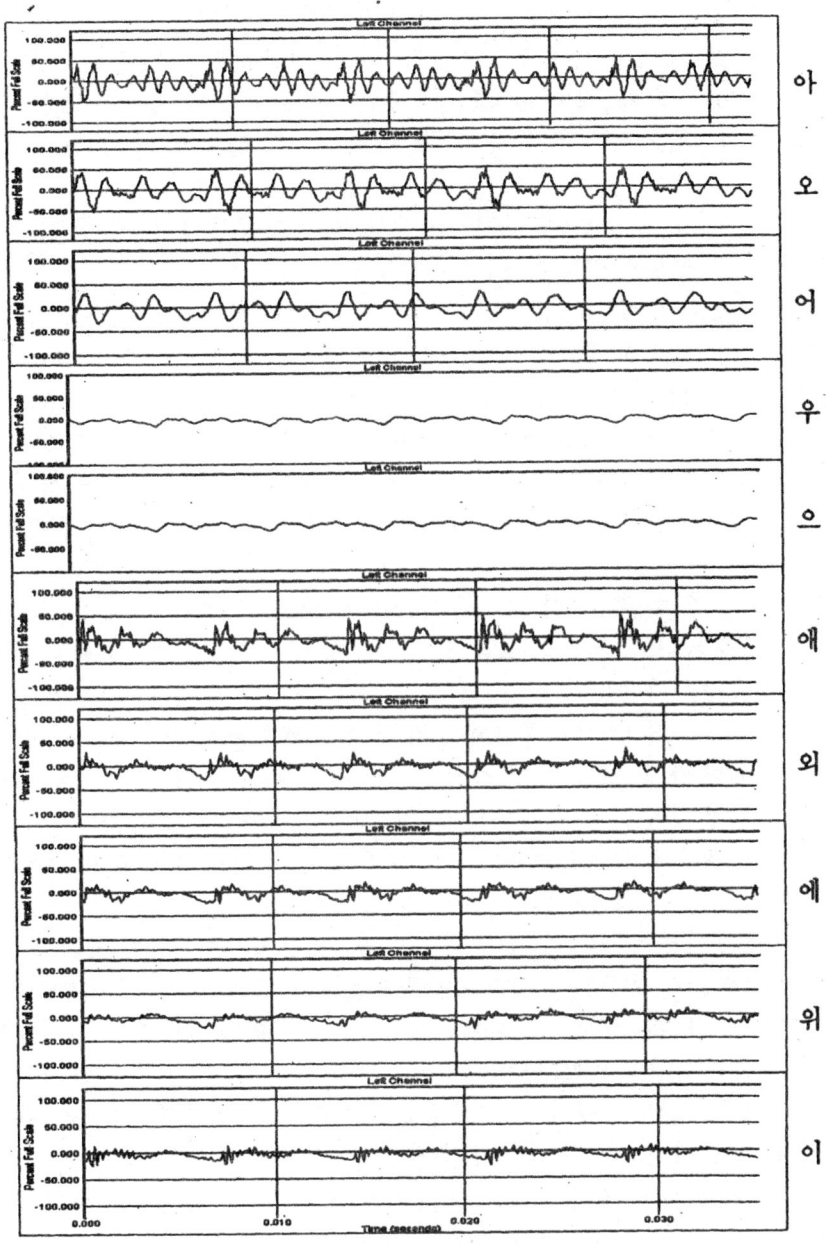

그림 2-2. 모음파형(정상구간)

둘째로, 낮은모음의 F_1이 높은모음의 F_1보다 큰것이다.

이것은 낮은모음을 발음할 때 혀를 낮추는것으로 하여 목구멍안울림통의 용적이 작아지는데 기본원인이 있고 또한 입안이 크게 벌어져 총체적인 울림통의 발산구멍이 커지기때문이다.

셋째로, 오무린모음들의 경우에 벌린모음들에 비하여 전반적으로 포르만트중심주파수가 낮은것이다.

이것은 입술을 오무림으로써 이 부분에서 공기진동에 대한 쏠림저항을 조성하기때문이다. 표 1-1에서 보는바와 같이 같은 뒤모음이면서 낮은모음인 《ㅏ》와 《ㅗ》의 경우에 《ㅗ》의 포르만트들은 《ㅏ》의것보다 상대적으로 작으며 같은 앞모음이면서 높은모음인 《ㅐ》와 《ㅚ》의 경우에도 《ㅚ》의 포르만트가 《ㅐ》의것보다 상대적으로 작다. 이것은 《ㅜ》와 《ㅡ》사이, 《ㅟ》와 《ㅣ》사이의 경우에도 마찬가지이다.

다음으로 조선어홀모음의 파형태에 대하여 보기로 하자.

파형태와 스펙트르그라프사이에는 푸리예변환과 역푸리예변환 사이의 관계가 있다.

앞에서 본 조선어홀모음들의 스펙트르구조적특성은 지속단계의 어느 한순간에 대한 순간스펙트르구조에 대한것이다. 그런데 말소리는 시공간속에서 존재하면서 일정하게 변화되는것만큼 어느 한순간의 물리적특성만으로서 전체 말소리의 물리적특성을 특징지을수 없다.

개별적말소리의 어음론적특성을 원만히 해명하기 위하여서는 개별적말소리를 구성하고있는 구성음들의 주파수와 세기를 시간의 흐름속에서 고찰하여야 한다. 즉 주파수, 세기, 시간의 3차원적인 관점에서 고찰하여야 한다.

이를 위하여 리산화된 신호값으로부터 푸리예곁수를 구하는 방식을 리용하여 단시간스펙트르를 리산화푸리예변환에 의하여 구하고 이에 의하여 얻어진 자료표준값들을 배수로 하여 연산속도를 증가시키는 고속푸리예방법이 리용되고있다.

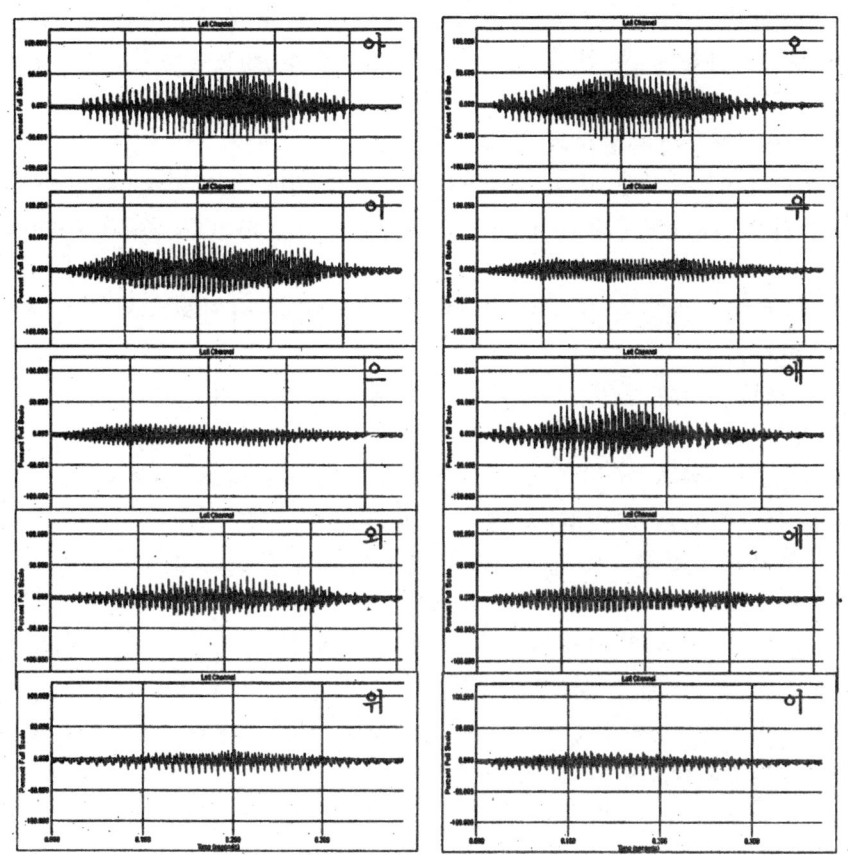

그림 2-3. 모음파형(전체구간)

고속푸리에변환에 의하여 얻어진 시간의 흐름속에서 구성음들의 주파수와 세기의 변화는 직접적으로 파형태에 반영된다.

그림 2-2와 그림 2-3에 조선어홀모음들의 지속단계에서의 파형태와 전체로서의 파형태를 보여주었다.

그림 2-2와 그림 2-3, 표 1-1을 통하여 우리는 다음과 같은 특징들을 서술할수 있다.

첫째로, 앞모음들에 비하여 뒤모음들의 파형태가 비교적 단순하다는것이다.

이것은 뒤모음들에서의 F_1과 F_2의 값이 앞모음들의 F_1과 F_2의 값보다 작다는데 원인이 있다. 특히 F_2에서 뒤모음들은 앞모음들보다 약 1,000Hz나 작다. F_2가 큰것으로 하여 앞모음들에서는 전반적으로 잔물결파형태가 이루어진다.

뒤모음들에서는 F_1과 F_2의 값이 큰 《ㅏ》나 《ㅗ》에서 파형의 굴곡이 심하며 앞모음들에서는 F_2의 값이 큰 《ㅣ》나 《ㅟ》에서 파형의 잔물결형태가 심하게 나타난다.

둘째로, 높은모음들에 비하여 낮은모음들에서의 파의 진폭이 큰것이다.

그림 2-2와 그림 2-3에서 보다싶이 낮은모음들인 《ㅏ, ㅗ, ㅐ, ㅚ》의 진폭은 다른 높은모음들에 비하여 상대적으로 크다. 이것은 입안통로가 커서 여기서의 끈기저항이 작아 소리가 밖으로 발산하는데 상대적으로 저항을 적게 받기때문이라고 설명할수 있다.

셋째로, 벌린모음들에 비하여 오무린모음들에서 파의 진폭이 서서히 커지다가 서서히 감소하는것이다.

그림 2-3에서 보다싶이 오무린모음들인 《ㅗ, ㅜ, ㅚ, ㅟ》들의 파형은 다른 벌린모음들의 파형보다 서서히 커지다가 서서히 감소한다. 이것은 소리발성의 초기와 마감에 입술부분에서의 끈기저항을 크게 받기때문이라고 볼수 있다.

이상에서 지적한 파형태에서의 특징들은 개별적모음들의 물리음향학적특성을 특징짓는 중요한 정보량으로 된다.

③ 조선어겹모음의 조음적 및 물리음향학적특성

지금까지 조선어겹모음의 어음구조적특성을 론하면서 대체로 《ㅑ, ㅕ, ㅛ, ㅠ, ㅒ, ㅖ》는 반모음 《ㅣ》를 앞요소로 하고 홀모음 《ㅏ, ㅓ, ㅗ, ㅜ, ㅐ, ㅔ》를 뒤요소로 하여 이루어진 겹모음이라고 하고 《ㅘ, ㅝ, ㅙ, ㅞ》는 반모음 《ㅜ》를 앞요소로 하고 《ㅏ, ㅓ, ㅐ, ㅔ》를 뒤요소로 하여 이루어진 겹모음이라고 하였으며 《ㅢ》는 홀모음 《ㅡ》를 앞요소로 하고 홀모음 《ㅣ》를 뒤요소로 하여 이루어진 겹모음이라고 하였다. 그러나 최근에 와서 현대적인 음향측정설비들과 콤퓨터에 의한 실험분석과 청취실험결과는 종전의 견해와는 좀 다른 결론을 내리게 한다.

구체적으로 말한다면 반모음《ㅣ》를 앞요소로 하는 겹모음들이나《ㅢ》와 같은 겹모음들은 종전의 견해를 그대로 따른대도 별로 큰 문제가 없으나 반모음《ㅜ》를 앞요소로 한다고 하는《ㅘ, ㅝ, ㅙ, ㅞ》들에서는 좀 달리 보고 구체적인 정량값들을 가지고 평가해야 할 필요성이 제기된다.

스펙트르분석결과나 청취실험결과를 놓고보아도《ㅘ》와《ㅙ》의 앞요소는 홀모음《ㅗ》에 가까운 반모음《ㅗ̆》로 보는것이 타당하며《ㅝ》와《ㅞ》의 앞요소는 홀모음《ㅜ》에 가까운 반모음《ㅜ̆》로 보는것이 타당하다. 더우기 여기서 참고할 점은 파반수의 많은 사람들이《ㅙ》의 발음에서 반모음《ㅗ̆》로가 아니라 모음《ㅚ》에 가까운 짧은《ㅚ̆》로 발음하며《ㅞ》를 발음하는데서는 앞요소를 반모음《ㅜ̆》로가 아니라 홀모음《ㅟ》에 가까운 짧은《ㅟ̆》로 발음하고있다는 사실이다. 현실적인 실험분석결과는 이러한 현 실태를 보여주고있으며 이러한 발음으로서도 언어생활에서 어음구별상 불편을 느끼지 않고있다.

발음생리적운동의 편리성견지에서 놓고볼 때 겹모음의 앞요소와 뒤요소의 조음적차이가 크면 그만큼 발음하기 불편하리라는것은 자명한 리치이다. 이렇게 놓고볼 때 적지 않은 사람들이 이 겹모음들의 발음을 청각적느낌의 구별을 적당히 보장하면서도 발음하기 쉬운 방향에서 진행한다는것을 알수 있다.

《ㅙ》를 고립적으로 발음하는 경우에 사람들은 앞요소를 짧은《ㅗ̆》로 하고 뒤요소를《ㅐ》로 하여 발음하는 현상들이 적지 않게 있지만 비률상 따져보면 앞요소를《ㅚ》에 가까운《ㅚ̆》로 발음하는 사람들이 훨씬 많다. 더우기 단어나 문장발음에서는 더 많은 사람들이 그렇게 하고있다.

《ㅞ》의 경우에도 마찬가지이다.

이런 실정에서 자연발성음에 대한 처리를 위해서는 이렇게 현실적으로 나타나는 발음현상들을 구체적으로 고찰하여 음성의 언어적의미를 명백히 하여야 한다.

《ㅘ, ㅝ, ㅙ, ㅞ》발음에 대한 스펙트르분석결과를 보면 그림 2-4와 같다.

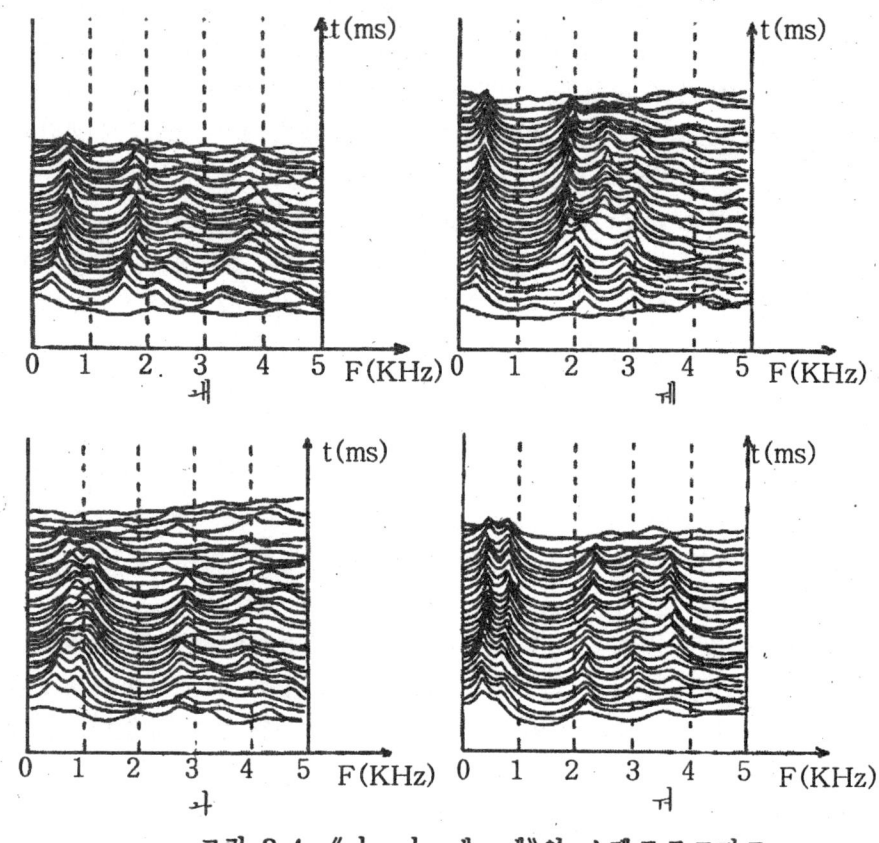

그림 2-4. 《ㅘ, ㅝ, ㅙ, ㅞ》의 스펙트르그라프

2) 자음

여기서는 현대적인 음향측정설비들과 콤퓨터에 의한 모의실험에 기초하여 조선어자음들의 어음론적특성에 대하여 새롭게 보아지는 문제점들에 중점을 두고 조선어자음의 어음구조적특성을 서술하려고 한다.

조선어자음들중에서 변이가 가장 심하게 나타나는 소리는 《ㅎ》이다.

《ㅎ》는 다른 자음들과는 달리 발음위치와 발음방식이 독특하다고 보아야 할것이다. 이 소리는 발음통로의 일정한 부위에서 발생하는 소리인것이 아니라 어떤 모음과 결합되여 발음되는가에 따라 발음위치가 가장 심하게 변하는 소리이다.

물론 다른 자음들도 어떤 모음들과 결합되여 발음되는가에 따라 일정한 변화를 가져오지만 발음위치는 일정한 곳에 극히 제한되여있다.

그러나 《ㅎ》소리는 어떤 모음과 결합되여 발음되는가에 따라 혀뒤 또는 혀가운데, 혀앞, 입술, 목청 등에서의 스침을 일으키는 소리이다. 여기서 목청에서의 스침은 스침부위가 목청이라는 매우 협소한 부분에서 일어나는것으로서 상대적으로 매우 약하다.

조음적견지에서 볼 때 《ㅎ》는 《ㅏ》나 《ㅗ》와 같은 뒤모음들과 결합되여 발음될 때에는 기본적으로 혀뒤목구멍안쪽에서 이루어지지만 《ㅟ》나 《ㅣ》와 같은 앞모음들과 결합될 때에는 기본적으로 혀앞과 굳은입천장, 이몸, 입술 등에서 이루어진다.

한편 같은 스침소리이지만 《ㅅ》소리는 어떤 모음과 결합되는가에 별로 관계없이 기본적으로 혀앞부분과 굳은입천장사이에서 이루어진다.

《ㅎ》소리는 《ㅟ》나 《ㅣ》와 같은 앞모음들과 결합되여 발음될 때 《ㅅ》소리가 《ㅟ》나 《ㅣ》와 같은 모음들과 결합되여 발음될 때와 매우 류사해진다. 그러므로 우리들은 일상적인 입말생활에서 《쉬》와 《휘》, 《시》와 《히》, 《샤》와 《햐》, 《쇼》와 《효》, 《슈》와 《휴》의 음성적차이를 가려듣기 어렵다.

이러한 현상은 음성인식을 비롯한 음성정보처리에서 난문제로 제기된다.

지금까지 어음론분야에서는 조선어자음들의 조음적 및 물리음향학적특성을 주로 모음 《ㅡ》와 결합된 조건속에서 고찰하였다.

개개 자음들이 서로 다른 모음들과 결합될 때 나타나는 결합적조건까지 고려하여 그것들의 조음적 및 물리음향학적인 특성을 고찰할수도 있겠지만 이런 현상을 따로 설정하여 구체적으로 고찰하는것은 후일로 미루고 여기서는 리해의 편리상 력사적으로 고찰해온 관습대로 모음《ㅡ》와의 결합속에서만 고찰한다.

이런 관점에서 조선어자음들의 어음구조적특성을 보면 다음과 같다.

① 한개의 음소로 된 자음의 조음적특성

지금까지 어음론분야에서 연구고찰된 조선어자음들의 조음적특성을 종합하여 보면 표 2-2와 같다.

표 2-2

조음방식 조음위치 소리성격	터 침			스 침	
	입술	혀앞	혀뒤	혀앞	목안
순한소리	ㅂ	ㄷ	ㄱ	ㅅ	ㅎ
된 소 리	ㅃ	ㄸ	ㄲ	ㅆ	.

② 한개의 음소로 된 자음의 물리음향학적특성

여기서는 개별적말소리들이 말소리흐름속에서 실현될 때 위치-결합적조건에 의하여 이러저러하게 나타나는 어음론적인 변화형태들에 대하여 고찰하는것을 목적으로 하는것이 아니라 동일한 발음조건에서 즉 어느 한 모음과 결합되여 강한위치에서 발음될 때 개별적말소리들의 어음론적인 차이를 물리음향학적인 측면에서 고찰하는데 목적이 있는것만큼 개별적자음들이 모음《ㅡ》와 결합되여 고립적으로 발음되였을 때 그의 어음구조적특성을 고찰하려고 한다.

한편 자음들의 성격을 최대한으로 살리기 위하여 모음《ㅡ》를 형식적으로 즉 속삭임발음형식으로 발음하고 이 상태에서 발성된 각 자음들의 특성을 고찰하였다.

먼저 하나의 음소로 된 자음들에 대하여 보자.

여기서 자음《ㄱ, ㄲ, ㄷ, ㄸ, ㅂ, ㅃ, ㅅ, ㅆ, ㅎ》의 길이와 파형태를 보면 표 2-3과 그림 2-5와 같다. 그림 2-5에 제시된 자료들은 10여명의 남자들을 대상으로 하여 실험분석하고 그중에서

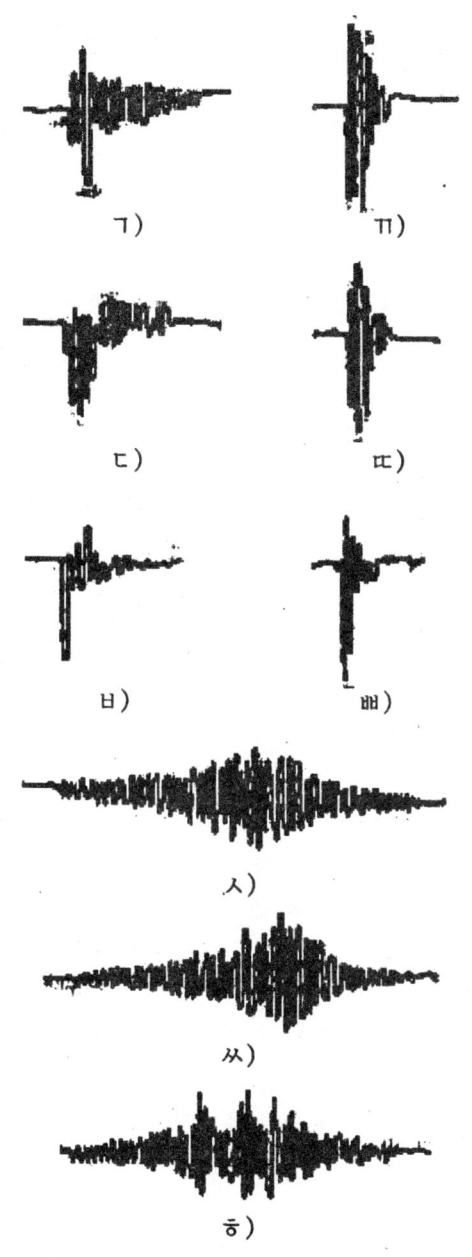

그림 2-5. 조선어자음들의 파형태와 길이

가장 일반적으로 나타나는것을 취한것이다.

그림 2-5에 기초하여 각 자음들의 길이를 보면 표 2-3과 같다.

표에서 보는바와 같이 된소리들은 순한소리들에 비하여 길이가 절반정도로 짧으며 스침소리들은 터침소리들에 비하여 약 6~7배 길다.

그림 2-5에서 터침소리 파형들은 실지파형을 3배로 중폭시킨것이다

그림 2-5에 기초하여 각 자음들의 파형태를 보면

첫째로, 터침소리들의 경우에는 시작에서 순간적인 임풀스형태를 띠며 스침소리들의 경우에는 서서히 중폭하다가 감폭되는 소음적인 형태를 띤다.

가장 전형적인 임풀스형태는 된소리중의 입술터침소리 《ㅃ》이며 전형적인 백색소음의 형태를 띠는것은 혀앞스침소리 《ㅅ》와 《ㅆ》이다.

표 2-3

자음	ㅃ	ㄸ	ㄲ	ㅂ	ㄷ	ㄱ	ㅅ	ㅆ	ㅎ
길이 (ms)	35	40	45	65	85	100	230	220	230

터침소리들은 발음통로의 일정한 부분에서 능동적발음기관들에 의하여 발음통로를 막아 날숨의 흐름을 막았다가 날숨의 힘을 리용하여 터침으로써 터침부위에서의 순간적인 떨기를 조성하는 식으로 발성된다. 이런 리유로 하여 발성된 소리들은 매우 짧고 파형태가 임풀스적인 형태를 띠며 매개 소리를 내는 부위와 그 부위의 긴장성정도에 따라 길이와 진폭에서 일정한 차이를 가진다.

터침운동에 의한 임풀스형태의 파의 조성은 그 순간으로써 끝나는것이 아니라 일정한 여진을 남긴다.

스침소리들의 경우에는 발음통로의 일정한 부분에서 능동적발음기관에 의하여 발음통로를 좁혀 날숨에 의한 마찰을 조성하여 내는 소리로서 마찰이 서서히 증가하다가 서서히 감소된다. 따라서 시간적으로 길게 발음된다.

둘째로, 조음적측면에서 본 발음위치와 발음부위의 질(굳고 무른 정도)에 따라 파형태에서 일정한 차이를 가진다.

발음위치가 입안쪽으로 들어갈수록 그리고 발음부위가 무른 곳일수록 파의 길이가 길어지며 또한 백색잡음적인 성격이 약한 파형태를 띤다.

《ㄱ》는《ㄷ》에 비하여 상대적으로 파의 길이가 길고《ㅎ》는《ㅅ》에 비하여 일정한 정도의 흐름성을 가진 파형태를 띤다.

개개 말소리들의 물리음향학적인 특성은 발성된 말소리에 대한 스펙트르분석결과를 통하여 더욱 구체적으로 알수 있다.

그림 2-6~그림 2-10에 터침소리와 스침소리들의 평균화한 스펙트르그라프를 보여주었다.

그림에서 보는바와 같이 된소리들은 순한소리들에 비하여 단지 세기가 클뿐 구성성분음들의 분포정형은 상당한 정도로 같다. 같은 터침소리이지만 터침부위의 질에 따라 일정한 차이를 나타내는데 혀뒤부분과 무른입천장사이에서 이루어지는 《ㄱ》, 《ㄲ》는 상대적으로 혀앞부분과 굳은입천장사이에서 이루어지는 《ㄷ》, 《ㄸ》에 비하여 주파수가 작은 구성음들의 세기가 크게 나타나는것이 특징적이다. 또한 같은 스침소리이지만 혀앞과 굳은입천장사이에서 이루어지는 《ㅅ》, 《ㅆ》는 혀뒤와 목구멍안쪽에서 이루어지는 스침소리 《ㅎ》보다 주파수가 큰 구성음들의 세기가 크게 나타나는것이 특징적이다. 같은 스침소리라고 하지만 《ㅎ》는 스침이 이루어지는 부분이 상대적으로 무른 곳이므로 그림 2-10에서 보는바와 같이 500Hz부분의 작은 주파수를 가진 구성음들의 떨기가 우세하게 나타난다. 이것은 《ㅎ》파형에서 눈에 뜨일 정도의 일정한 주기성을 나타내게 한다.

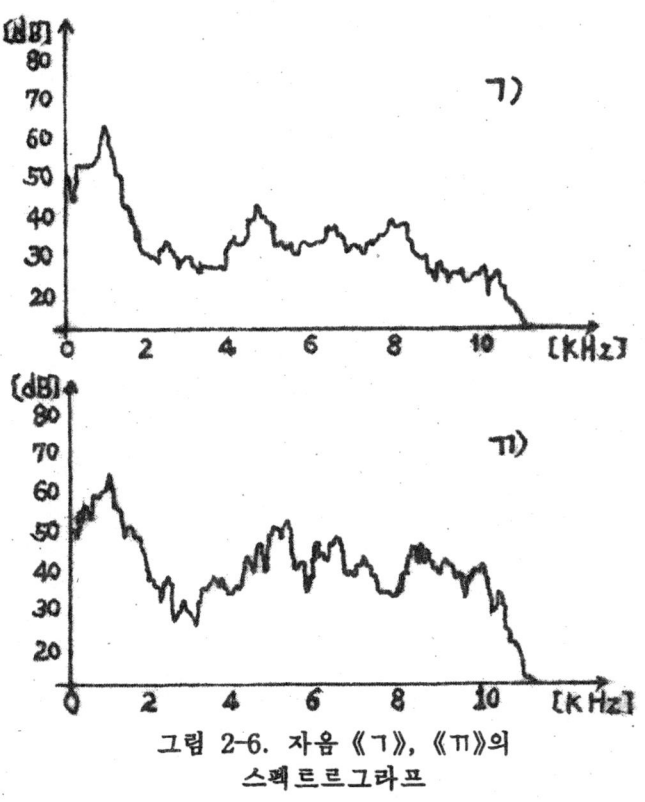

그림 2-6. 자음 《ㄱ》, 《ㄲ》의
스펙트르그라프

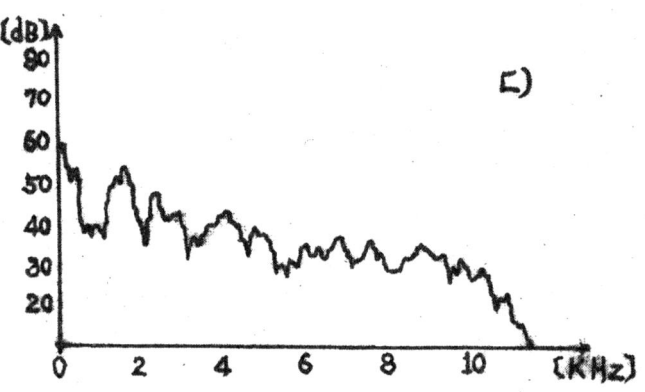

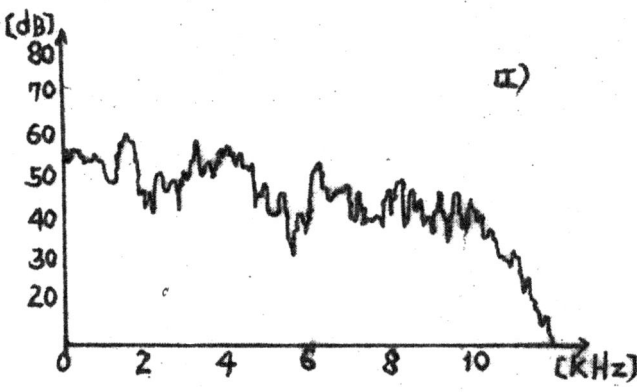

그림 2-7. 자음 《ㄷ》, 《ㄸ》의
스펙트르그라프

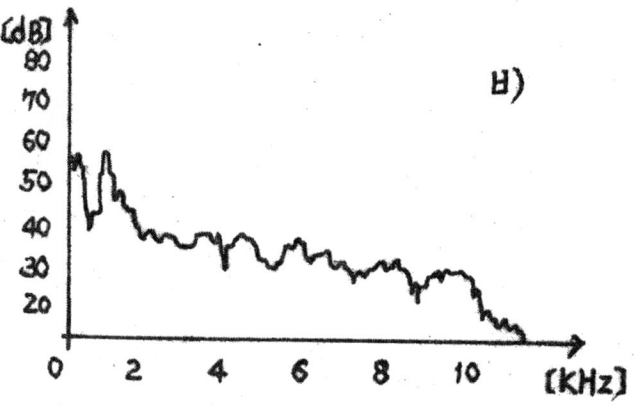

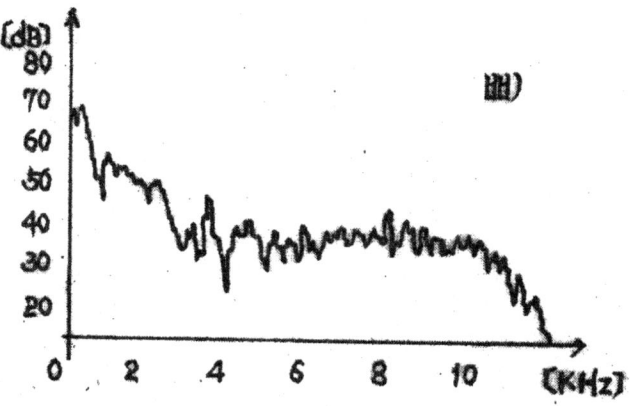

그림 2-8. 자음 《ㅂ》, 《ㅃ》의
스펙트르그라프

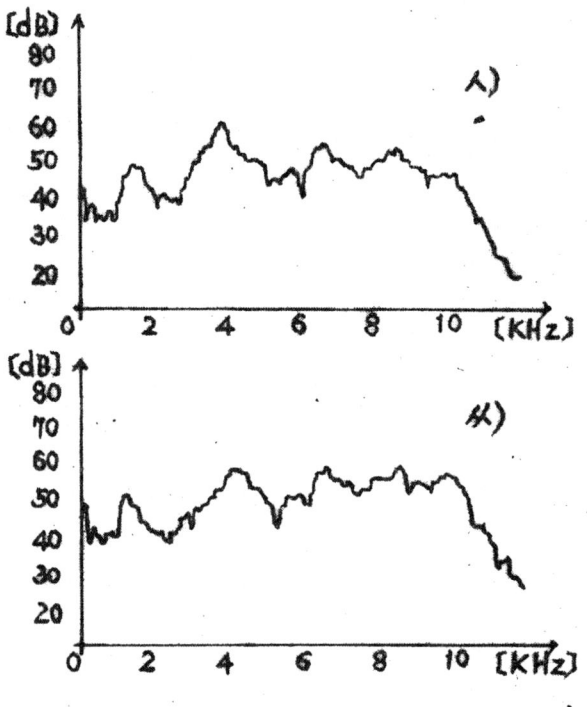

그림 2-9. 자음 《ㅅ》, 《ㅆ》의
스펙트르그라프

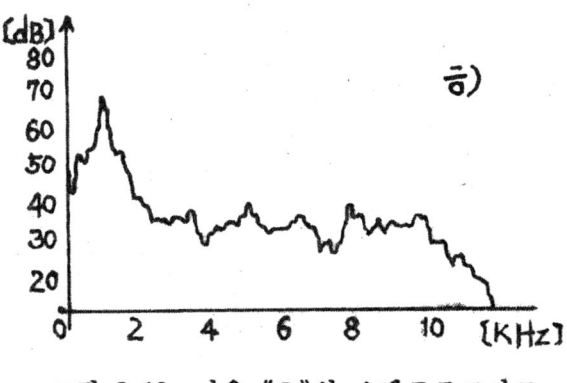

그림 2-10. 자음 《ㅎ》의 스펙트르그라프

③ 두개 음소로 된 조선어자음의 조음적특성

어음론적측면에서 두개 음소로 된 조선어자음들의 조음적특성을 종합적으로 보면 표 2-4와 같다.

소리성격	터스침소리						울림소리			
음 소	앞요소			뒤요소			앞요소			뒤요소
조음방식	터 침			스 침			터 침		튀김	울 림
조음위치	입술	혀앞	혀뒤	입술	혀앞	혀뒤	입술	혀앞	혀앞	입안 및 코 안
두개 음소의 자 음	ㅂ(ㅍ)	ㄷ(ㅌ) ㄷ(ㅈ) ㅈ(ㅉ) ㅈ(ㅊ)	ㄱ(ㅋ)	ㅎ(ㅍ)	ㅎ(ㅌ) ㅎ(ㅊ) ㅅ(ㅈ) ㅆ(ㅉ)	ㅎ(ㅋ)	ㅁ'	ㄴ'	ㄹ'	목청음

표 2-4. 두개 음소로 된 조선어자음의 조음적특성

표에서 터스침소리들의 앞요소로 되는 소리들의 표기를 《ㅂ(ㅍ)》와 같은 형식으로 한것은 《ㅍ》의 앞요소가 《ㅂ》에 가까운 터침소리라는것을 보여준것이며 뒤요소로 되는 소리들의 표기를 《ㅎ(ㅍ)》와 같은 형식으로 한것은 《ㅍ》의 뒤요소가 《ㅎ》에 가까운 스침소리라는것을 보여준것이다. 다시말하여 《ㅍ》의 앞요소는 입술터침소리 《ㅂ》에 가까운 음소이며 뒤요소는 혀뒤스침소리 《ㅎ》에 가까운 음소라는것이다.

표에 기초하여 두 음소로 된 조선어자음의 어음구성상특성을 보면 다음과 같다.

ㅈ=ㄷ+ㅅ　ㅌ=ㄷ+ㅎ　ㅁ=ㅁ'+목청음울림소리
ㅊ=ㅈ+ㅎ　ㅍ=ㅂ+ㅎ　ㄴ=ㄴ'+목청음울림소리
ㅋ=ㄱ+ㅎ　ㅉ=ㄷ+ㅆ　ㄹ=ㄹ'+목청음울림소리

여기서 고려하여야 할것은 실례로 《ㅌ》인 경우에 《ㄷ》와 《ㅎ》의 겹침으로 이루어졌다고 하여 《ㅌ》의 앞요소가 완전한 홀자음 《ㄷ》와 꼭 같은것이 아니며 뒤요소가 홀자음 《ㅎ》와 완전히 꼭 같은것이 아니라는것이다. 단지 《ㅌ》의 앞요소가 《ㄷ》와 비슷한 소리라는것을 의미한다.
《ㅊ》의 경우에는 외견상 구성요소가 3개인듯한감을 준다. 그러나 실지에 있어서는 《ㅈ》의 경우와 비슷하고 여기에 목안스침소리가 겹치여 결국에는 총적인 스침이 《ㅈ》에서보다 더 세게 작용하기 때문에 《ㅈ》와 차이나는 소리이다.
④ 두개 음소로 된 조선어자음의 물리음향학적특성
두개 음소로 된 자음의 물리음향학적특성을 고찰함에 있어서도 하나의 음소로 된 자음의 경우와 마찬가지로 모음 《ㅡ》와 결합되여 독립적인 소리마디로 발음하였을 때 그의 어음구조적특성을 고찰하게 된다.
역시 자음의 성격을 최대로 살리기 위하여 속삭임발음형태로 발음하고 이 상태에서 발성된 각 자음들의 특성을 고찰하려고 한다.
먼저 두 음소로 된 자음 《ㅈ, ㅉ, ㅊ, ㅋ, ㅌ, ㅍ, ㄴ, ㄹ, ㅁ》의 파형태와 길이를 보면 그림 2-11과 같다. 그림에 제시된 자료들 역시 10여명의 남자들을 대상으로 반복실험분석하고 그중에서 가장 일반적인것을 취하였다.
그림 2-11에 기초하여 각 자음들의 길이를 보면 표 2-5와 같다.

두개 음소로 된 자음	ㅈ	ㅉ	ㅊ	ㅋ	ㅌ	ㅍ	ㄴ	ㄹ	ㅁ
길이(ms)	90	48	100	85	75	60	30	45	40

표 2-5. 자음들의 길이

표에서 보는바와 같이 목청소리를 동반하지 않은 상태에서 순수 소음적성격의 자음을 고찰함에 있어서 터스침소리들은 울림소리들보다 약 2배나 길게 발음된다. 또한 된소리 《ㅉ》는 순한소리 《ㅈ》에 비하여 절반정도 짧게 발음된다.
그림 2-11에서 울림소리에 포함되여있는 터침이나 튀김소리파형들은 실지에 있어서는 진폭이 매우 작으므로 3배로 증폭시킨것이다.

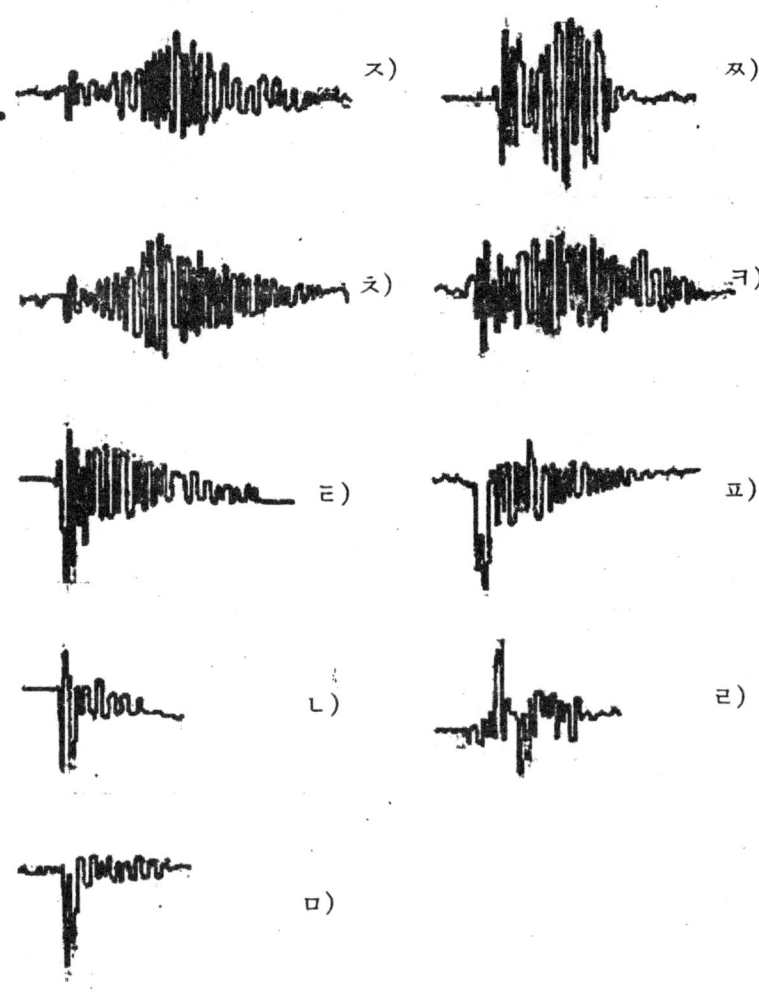

그림 2-11. 두개 음소로 된 조선어자음들의
파형태와 길이

그림 2-11에 기초하여 각 자음들의 파형태를 분석해보면 다음과 같다.

첫째로, 목청울림을 제거한 조건에서 울림소리들은 터침이나 튀김소리로서 임풀스형태의 파모양을 가지며 터스침소리들은 초기에 터침에 의한 순간적인 임풀스형태의 파모양과 그에 뒤이은 스침에 의한 소음적인 성격의 파형태가 잇달린다. 가장 전형적인 임풀스형태를 띠는 소리는 울림소리중의 혀앞터침소리로서 《ㄴ》의 경우이며 소음적인 성격이 강한 파형태를 띠는 소리는 혀앞터스침소리 《ㅊ》이다.

둘째로, 조음적측면에서의 발음위치와 발음방식, 발음부위의 질(굳고 무른 정도)에 따라 파형태들에서 일정한 차이를 나타낸다.

우선 스침을 얼마나 많이 포함시키는가 하는 발음방식에 따라 파의 길이가 달라진다.

그림 2-11에서 보는바와 같이 스침을 많이 포함하는 《ㅈ》와 《ㅊ》에서 파의 지속시간이 길다.

다음으로 발음위치와 그 부위의 특성에 따라 파길이에서 일정한 차이를 가진다.

입안쪽에서 발생하는 소리일수록 그리고 발음부위가 무른 곳일수록 파의 지속시간이 길게 나타난다. 혀뒤터스침소리 《ㅋ》는 혀앞터스침소리 《ㅌ》나 입술터스침소리 《ㅍ》에 비하여 상대적으로 길다.

울림소리들의 파형태에서 특징적인것은 《ㄴ》와 《ㄹ》의 모양이 상대적으로 거꾸로 뒤집어 놓은듯 한감을 주는것이다. 이것은 조음방식에서도 서로 상반된다는것을 말해준다. 즉 《ㄴ》발음에서의 혀의 터침운동과 《ㄹ》발음에서의 혀의 튀김운동은 일종의 반대과정을 거친다고 할수 있다.

다음으로 스펙트르구조적특성을 보자.

그림 2-12~그림 2-16에서 두개 음소로 된 조선어자음들의 스펙트르구조를 보여주었다. 그림을 통해 우리는 다음과 같은 해석을 할수 있다.

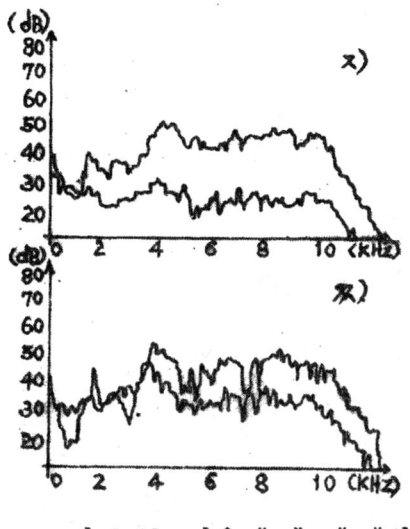

그림 2-12. 자음 《ㅈ》, 《ㅉ》의 스펙트르그라프

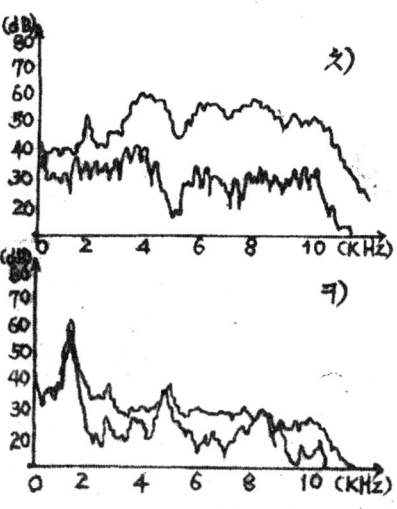

그림 2-13. 자음 《ㅊ》, 《ㅋ》의 스펙트르그라프

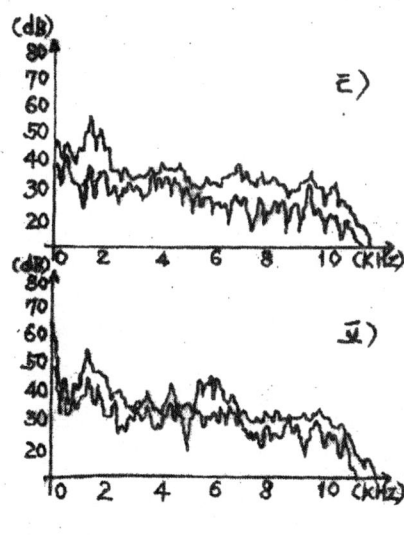

그림 2-14. 자음 《ㅌ》, 《ㅍ》의 스펙트르그라프

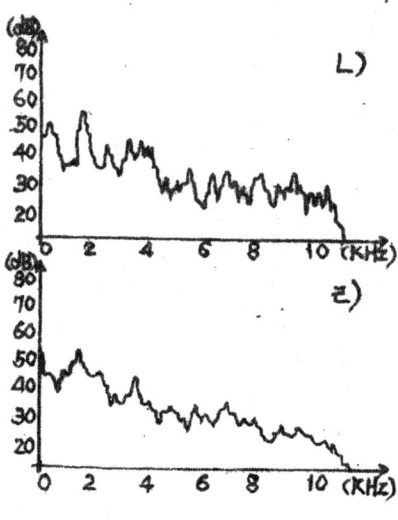

그림 2-15. 자음 《ㄴ》, 《ㄹ》의 스펙트르그라프

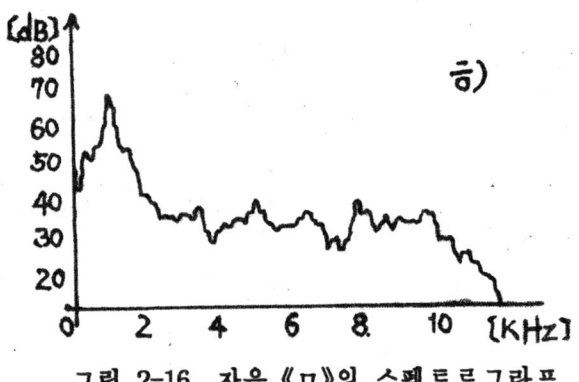

그림 2-16. 자음 《ㅁ》의 스펙트르그라프

첫째로, 《ㅈ》, 《ㅊ》, 《ㅉ》의 뒤요소가 《ㅅ》와 《ㅆ》에 가깝다.

2차적인 그라프선의 모양은 스침소리 《ㅅ》, 《ㅆ》와 매우 류사하다. 이것은 곧 《ㅈ》, 《ㅊ》의 스침부분은 《ㅅ》에 가까운 스침소리이고 《ㅉ》의 스침부분은 《ㅆ》에 가까운 스침소리라는것을 말해준다.

둘째로, 《ㅋ》, 《ㅌ》, 《ㅍ》의 뒤요소의 스펙트르는 스침소리 《ㅎ》에 가깝다.

《ㅋ》, 《ㅌ》, 《ㅍ》의 스펙트르그라프에서 2차적인 그라프선의 모양은 스침소리 《ㅎ》의 스펙트르그라프선의 모양과 매우 류사하다. 이것은 곧 《ㅋ》, 《ㅌ》, 《ㅍ》의 뒤요소가 《ㅎ》에 가까운 스침소리라는것을 보여준다.

셋째로, 《ㅋ》의 앞요소는 혀뒤터침소리 《ㄱ》와 류사하고 《ㅈ》와 《ㅌ》의 앞요소는 혀앞터침소리 《ㄷ》와 류사하다는것이다.

《ㅋ》의 스펙트르그라프에서 1차적인 그라프선의 모양은 혀뒤터침소리 《ㄱ》의 스펙트르그라프와 류사하며 《ㅈ》나 《ㅌ》의 스펙트르그라프에서 1차적인 그라프선의 모양은 혀앞터침소리 《ㄷ》의 스펙트르그라프와 류사하다. 이것은 곧 《ㅋ》의 앞요소는 《ㄱ》에 가까운 소리이며 《ㅈ》와 《ㅌ》의 앞요소는 《ㄷ》에 가까운 소리라는것을 보여준다.

넷째로, 《ㅍ》의 앞요소는 입술터침소리 《ㅂ》와 류사하고 《ㅈ》, 《ㅉ》의 앞요소는 혀앞터침소리 《ㄷ》와 비슷하며 《ㅊ》의 앞요소는

《ㄷ》와 《ㅅ》가 겹쳐진 소리와 같다.

다섯째로, 《ㄴ》, 《ㄹ》의 스펙트르는 《ㄷ》에 가깝고 《ㅁ》의 스펙트르는 《ㅂ》에 가깝다.

이것은 세기에서는 일정한 차이가 있다고 하더라도 발음방식이 류사하고 이로부터 소리구성도 류사하다는것을 보여준다.

조선어에서의 음운은 물리음향공학적측면에서 볼 때 자체내에 음소를 포함하고있는 음성단위이며 언어학적인 측면에서 볼 때 단어나 형태부를 음성으로서 표현하여주고 구별시켜주는 최소어음구성단위이다.

음소는 자기에게 고유한 단일한 형태의 음향특징파라메터를 가지지만 음운은 자체내에 음소를 포함하고있는것으로 하여 하나 또는 두개의 음향특징파라메터를 가진다. 음소는 순수 음향공학적인 측면에서 고찰되는 음성단위라면 음운은 언어학적측면에서 고찰되는 음성단위이다.

조선어에서 음운은 언어행위과정에 말소리흐름속에서 언제나 하나의 덩어리로써 실현된다. 이로부터 음운은 최소어음구성단위로 되는것이다.

조선어에서 홀모음은 하나의 음소로 이루어졌으며 때로는 그자체로서도 하나의 소리마디를 이룬다.

가장 기초적인 발음단위로서 소리마디의 소리구성을 보면 첫소리, 가운데소리, 끝소리의 세 소리가 결합되여 이루어진다. 즉 《자음+모음+자음》형식으로 이루어진다. 이렇게 놓고볼 때 모음만으로 이루어진 소리마디는 첫소리와 끝소리가 결여되였다고 볼수 있으며 《모음+자음》, 《자음+모음》형식의 소리마디는 첫소리 또는 끝소리가 결여되였다고 볼수 있다.

《자음+모음+자음》소리마디를 모델로 하여 소리마디내의 음소를 토대로 한 음성정보처리를 한다고 할 때 모음만으로 이루어진 소리마디나 《모음+자음》, 《자음+모음》형식으로 이루어진 소리마디는 형식적으로 첫소리, 가운데소리, 끝소리의 세 부분으로 분리하게 된다. 이런 리유로 하여 음성정보처리분야에서는 많은 경우에 음운단위라기보다도 음소단위라는 개념을 많이 쓴다.

음소들의 소리마디결합에서 결합적특성을 고려하여 조선어소리마디를 합성해 낼 때 음소단위수는 자모결합 18×21=378개, 모음 21개, 모자결합 10×7=70개의 합 469개로 된다.

3. 소리마디단위

매개 민족어들사이의 어음구조적차이를 론함에 있어서 소리마디의 형태구조적특성과 어음구조적특성을 고찰하는것은 가장 중요한 문제이다.

그것은 매개 민족어마다에서의 발음상차이가 가장 기초적인 발음단위인 소리마디의 구조적특성과 관련되기때문이다.

언어로서의 글자와 소리는 매우 밀접히 련관되여있다. 특히 소리글자인 경우에는 더욱 그러하다. 해당 언어의 글자구성이 어떻게 이루어지고 그것이 음성으로 어떻게 표현되는가 하는것은 매우 중요한 문제의 하나이다.

음성정보처리는 오늘 최신과학기술의 하나로서 현대적인 기술수법과 수단들을 리용하고있다.

우리들은 음성정보처리에서 리용되고있는 선진방법들과 수단들을 적극 받아들이는것과 함께 조선어음성정보를 가장 효과적으로 처리할수 있는 방법과 수단들을 적극 모색하여야 한다.

음성정보처리의 대상은 일상언어생활에서 발현되는 자연음성이므로 자연음성이 이루어지는 기초적인 발음단위에 깊은 관심을 돌려야 한다.

《…우리 나라 말은 발음이 매우 풍부합니다. 그렇기때문에 우리 말과 글로써는 동서양의 어떤 나라 말의 발음이든지 거의 마음대로 나타낼수 있습니다.》

《우리 말은 표현이 풍부하여 복잡한 사상과 섬세한 감정을 다 나타낼수 있으며 사람들을 격동시킬수 있고 울릴수도 있으며 웃길수도 있다.》

우리 말 발음의 우수성과 우리 말과 글로써 이루어지는 언어적표현력의 풍부성에 대하여 명철하게 가르쳐주시였다.

우리 말과 글은 세계의 어느 나라 말과 글에 비하여 구조적으로 우수하고 쓰임이 합리적이고 편리하게 되여있다.

언어는 사람들의 자주적이며 창조적인 활동에 의하여 장구한 력사적과정을 통하여 이루어진것이다. 언어마다 언어생활에 쓰이는 글자와 소리의 수가 차이나며 또 글자결합의 다양성, 말소리결합의 다양성에서 차이를 가진다.

언어생활에 쓰이는 글자와 말소리의 수가 많으면 그만큼 표기와 발음이 풍부해지고 이에 토대한 언어적인 표현능력이 높아지리라는것은 명백한 리치이다. 그러나 글자와 말소리의 쓰임의 견지에서 볼 때 글자수와 말소리수가 절대적으로 많다고 하여 표기와 발음이 풍부해지고 이에 기초한 언어적표현능력이 높아진다고 말할수 없다.

표기와 발음을 풍부히 하고 언어적표현능력을 높이기 위해서는 글자와 말소리의 질량적인 구성이 좋고 또한 그것들의 결합규칙이 합리적이고 편리하게 되여야 한다.

이런 견지에서 볼 때 해당 언어들의 소리구성상특징을 잘 아는것은 그 언어들의 어음론적인 제반 현상들을 파악하는데서 가장 기초적인 문제라고 말할수 있다.

음성언어를 공학적으로 처리하고 응용하기 위하여서는 무엇보다먼저 해당 언어들의 어음구조적특성과 현상들이 어떻게 이루어지는가에 대하여 구체적으로 알아야 한다. 그래야 그에 따르는 가장 적합한 방법론을 세우고 실용적인 응용체계와 기술을 확립할수 있다.

조선어의 자모글자는 소리글자로서 매 글자에 그에 고유한 소리(음운)가 1:1로 대응되여있다. 이 자모글자들은 일정한 규칙에 따라 결합되여 소리마디글자를 구성하고 언어생활에 쓰이며 또한 말소리들도 일정한 규칙에 따라 결합되여 소리마디를 구성하고 언어생활에 쓰인다.

여기에 조선어의 다른 언어들과 다른 표기와 발음의 근본적인 차이가 있다.

조선어에서 소리마디글자들은 모음글자를 중심으로 하여 앞에는 하나의 자음글자가 결합되고 뒤에는 하나 또는 두개의 자음글자가 결합되어 이루어진다.

ㄱ+ㅏ+ㄹ=갈, ㄴ+ㅓ+(ㄱ+ㅅ)=넋, ㅇ+ㅏ=아

한편 소리마디는 모음을 중심으로 앞뒤에 하나씩의 자음이 결합되는 식으로 이루어진다. 특히 모음은 그자체로서도 소리마디를 이룬다.

ㄱ+ㅏ+ㄹ=갈, ㄴ+ㅓ+(ㄱ+ㅅ)=넉, ㅏ=ㅏ

조선어에서는 이와 같이 일정한 질서에 따라 소리마디글자와 소리마디가 이루어지고 그것이 하나의 덩어리로 뭉치여 이웃하게 되는 다른 소리마디글자 또는 소리마디와 경계를 이루고 구별된다.

이로부터 언어실천에서 나타나는 음운변이와 변종, 어음변화와 같은 어음론적인 현상들을 과학적으로 명백히 해명할수 있게 되여있다.

조선어에는 21개의 모음글자와 19개의 자음글자가 있다. 이 글자들을 규칙적으로 결합하여 만들수 있는 소리마디글자수는 11,172개이다.

여기서 우리의 언어생활에 실지 쓰이고있는 소리마디글자는 4,200여개이다. 그러니 6,900여개의 소리마디글자의 여유를 가지고 있는셈이다.

이와 같이 조선어는 글자들의 결합규칙이 단순하면서도 합리적으로 되여있기때문에 40개의 적은 자모글자를 가지고 무려 11,172개나 되는 소리마디글자를 손쉽게 조합해낼수 있다. 그러면서도 결합특성이 원리적으로 되여있어 배우기 쉽고 쓰기 편리하다.

한편 조선어에서 소리마디구성에 참가하는 말소리들이 규칙적으로 결합되여 발음될수 있는 소리마디는 3,192개이다.

여기에서 실지 우리의 언어생활에 쓰이고있는 소리마디수는 약 2,000개이다. 그러니 소리마디에서도 약 1,200개의 여유를 가지고 있는셈이다.

조선어에서 소리마디글자수와 소리마디수가 차이나는것은 소리마디글자구성에서는 모음뒤에 오는 하나 또는 둘받침글자가 27개 쓰이는데 소리마디구성에서는 이 받침글자들이 다 자기에게 고유한 받침소리를 내지 못하고 7개의 극한된 소리로 발음되기때문이다. 어음론적견지에서 볼 때 받침소리로는 발음생리적요인의 제약을 받아 7개의 소리로 극한된다. 조선어에서의 받침소리로는 《ㄱ, ㄷ, ㅂ, ㄴ, ㅁ, ㄹ, ㅇ》의 7개가 있다.

조선어고유의 소리마디글자구성과 소리마디구성에 대한 고찰은 다른 언어들에서의 글자구성과 소리구성상 특성들과 비교고찰될 때 더 큰 의의가 있으며 이를 통하여 조선어음성정보처리의 합리적인 방도를 모색할수 있다.

우리는 언어적인 표현효과를 높이는데서 가장 기초적인 역할을 하는 글자구성과 소리마디구성상 특성을 깊이 알고 이를 기초로 하여 이루어지는 조선어의 고유한 어음구조와 어음론적현상에 맞는 음성정보처리체계를 구성하여야 한다.

조선어에서의 소리마디는 최소발음단위로서 자음과 모음의 유기적인 결합으로 이루어진다. 그러므로 소리마디단위내에는 자음부와 모음부사이에 음향학적인 특징파라메터들의 급격한 변화가 포함되여있다.

소리마디단위는 음소, 음운간 결합특성을 실제적인 음성자료로써 단위내에 포함하고있다.

소리마디단위는 음소, 음운간 결합특성을 실제적인 음성자료로써 단위내에 포함시킨것으로써 음성합성이나 음성인식에서 품질향상을 도모한것이라고 할수 있다.

조선어에서 첫소리, 가운데소리, 끝소리로 된 소리마디는 《자음+모음+자음》형식의 소리마디이다.

조선어에서 모음은 그자체만으로서도 소리마디를 이룰수 있으나 자음은 모음과의 결합속에서만 소리마디구성에 참가한다.

조선어의 소리마디구성은 다음과 같은 4가지 류형으로 갈라 볼 수 있다.

모음만으로 된 소리마디(V), 《자음+모음》형식으로 된 소리마디(CV), 《모음+자음》형식으로 된 소리마디(VC), 《자음+모음+자음》형식으로 된 소리마디(CVZ).

　소리마디글자와 소리마디의 대응관계가 좋은 조선어의 경우에 소리마디단위의 음성단위는 단위수가 그리 많지 않아 이 단위에 기초한 음성정보처리의 실례가 많다.

　4가지 류형으로 된 소리마디수가 총 3,192개이고 우리들의 언어실천에 실지로 리용되고있는 소리마디수가 2,000개정도이며 자모글자들이 결합되여 이루어지는 소리마디글자가 11,172개이고 이중에서 현실적으로 우리 생활에 리용되고있는 소리마디글자가 약 4,200개라는것을 고려해볼 때 소리마디단위에 의한 음성정보처리에서 다음과 같은 문제가 제기된다.

　현재 쓰이고있는 약 4,200자의 소리마디글자를 음성으로 나타내는데 약 2,000개의 소리마디가 쓰이므로 한개의 소리마디가 약 2.1개의 소리마디글자를 담당하게 된다.

　이것은 음성인식에서 소리같은말의 처리와 음성합성에서의 어음변화현상의 처리에 난관을 조성한다. 이를 위해서는 문장준위에서의 문맥관계해석을 진행하여야 한다.

　한편 소리마디는 최소발음단위이기는 하지만 언어행위과정에 말소리흐름속에서 소리마디들 호상간 서로 영향을 받으며 또한 발음의 운률적성격의 영향을 받기도 한다.

　2,000여개의 소리마디들이 어떤 소리마디들과 련접하여 발성되며 이 과정에 소리마디들 호상간에 어떤 련접특성이 있는가 그리고 말소리흐름의 운률적성격에 따르는 변화형태들을 고려한다고 할 때 음소단위(350~500개)에 비하여 분석처리되여야 할 량은 방대해진다.

　이렇게 소리마디단위에서의 처리량의 증가를 피하기 위하여 소리마디를 2등분하여 음성단위로 쓰는 반소리마디단위가 리용되고있다.

　반소리마디단위는 보통 첫소리와 가운데소리의 경계에서 앞단과 뒤단을 갈라 음성단위로 한다.

　소리마디를 2등분한것으로 하여 형식적으로는 단위수가 2배로 늘어나는것으로 되였으나 본질적으로는 단위수가 현저히 줄어든다. 그것은 앞단의 반소리마디는 《자음+모음》으로 제한하고 뒤단의 반소리마디는 《모음+자음》으로 제한할수 있기때문이다. 결국 음성단위수는

자음(19)×모음(21)=399
모음(21)×자음(7)=147
총 546

으로 감소된다. 즉 소리마디단위보다 약 3.3배나 적은 수로 된다.

4. 음운련쇄단위

1) VCV형

조선어의 경우에 소리마디들은 모음을 중심으로 모음의 앞뒤에 자음이 결합되는 형식으로 이루어지므로 말소리흐름과정에 소음적자음과 모음(유성음)이 엇바뀌여 나타나는 특징이 있다.

이 특징을 리용하여 음향파라메터의 변화가 급격한 이행부분을 단위내에 포함시키고 음향파라메터들의 변화가 비교적 안정된 모음(유성음)부분과 다음번 모음(유성음)부분사이를 음성단위로 정하고 음성합성을 위한 접속을 실현하거나 음성인식을 위한 토막화를 실현하는 방식이 제안되였다.

이 방식에 의한 음성단위는 《모음+모음》련쇄(VV), 《모음+자음+모음》련쇄(VCV), 《모음+자음+모음+받침소리》련쇄(VCVZ)로 되여있으므로 간단히 VCV방식이라고 한다.

여기서 받침소리는 어음론적견지에서는 자음의 변종으로서 하나의 어음단위이지만 순수 음향학적인 견지에서 볼 때 모음발음을 중단시키는 과정으로서 모음부에 포함시킨다.

음성합성에서 VCV련쇄를 접속할 때에는 결합부분의 량단의 파라메터를 적당한 길이로 보간하여 모음정상부를 생성하는것과 함께 모음음운의 길이조종을 진행하고있다. 그리고 모음정상부의 진폭값에 따라서 VCV련쇄의 진폭을 조종한다. 피치주파수의 조종은 모음정상부의 중심점의 피치를 설정하고 그것을 직선보간하는 방법

으로 진행한다.
 VCV련쇄의 단위수는 소리마디수와 모음종류별의 조합으로써 VV형, 말머리용 CV단위를 포함하여 소리마디단위수의 5~6배정도로 되며 축적기억의 용량은 10배정도 증가한다.

 2) CVC형

 VCV형의 음성단위에서는 음성파라메터가 안정된 모음부와 모음부사이를 선택하여 작성한것으로서 음성합성의 견지에서 보면 전력이 매우 큰 부분에서의 접속을 전제로 하므로 음성단위사이의 파라메터들의 차이가 있는 경우에는 보간부분에서 청각적으로 이상하게 감각되게 하는 큰 변화가 발생할수 있는 결함이 있다.
 이로부터 전력이 비교적 작은 자음부와 자음부사이를 음성단위로 선정하는 CVC형의 음운련쇄단위가 제안되였다.
 CVC형은 VCV형과는 달리 음질에 큰 영향을 미치는 모음부를 보존하는 단위이므로 보다 자연스러운 합성음질을 목적한것이다.
 단위수에 있어서는 VCV형에 비하여 매개 자음들의 특성을 고려하고 그것들의 결합특성을 고려해야 하므로 많아진다. 그러므로 출현빈도가 큰것은 그대로 CVC형으로 하고 나머지는 CV, VC, VV형 등으로 작성하는 방식을 취한다.

5. 통계적수법에 의한 음성단위

 앞에서 본 음성단위들은 음소나 소리마디사이의 조음결합특성을 고려하여 실제의 발음현상과 같이 조음결합을 실현하며 이 음성단위를 기초로 하여 련속음성을 어떻게 인식하겠는가를 념두에 두고 설정되였다. 다시말하여 음소나 소리마디자료들에서 그것들의 음향파라메터들을 보간규칙에 따라 어떻게 접속하며 련속음성을 어떻게 토막화하여 처리하는가 하는 방법에 관한 문제들이였다. 그런데 이 음성단위들로서는 음성단위들의 표현규칙이 불충분하기도 하거니와 단위들사이의 조음결합에 대하여 자연음성과 같이 원활하게 고려되여있지 않으므로 어떤 경우에도 원활한 합성음을 얻어내거나 자연음성에 대한 인식을 충분히 할수 없다.

통계적수법에 의한 음성단위의 작성방법은 자연음성자체의 성질과 음운환경에 기초하여 자연음성에 가장 적합한 음성단위를 자동적으로 생성하는 수법이며 그러면서도 자체내에 조음결합특성과 시간, 피치, 전력 등의 음성단위특유의 성질을 내포하고있는 특성이 있다.

이 방법에 의하여 음성단위를 작성하는 순서는 다음과 같다.

ⓐ 음운기호가 붙은 음성자료로부터 동일한 음운토막의 무리를 초기모임으로 한다.

ⓑ 각 모임은 음운환경에 따라 배타적인 두개의 모임으로 한다.

ⓒ 이 모임분할처리를 완료조건이 만족될 때까지 반복하여 수행한다.

ⓓ 최종적으로 얻어지는 모임의 중심행렬과 음운환경정보를 음성단위로 축적한다.

모임분할의 실례를 그림 2-17에 보여주었다.

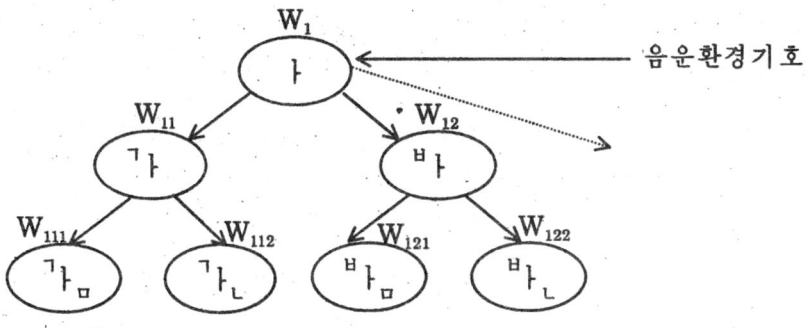

그림 2 - 17. 문맥지향모임(COC)의 분할례

그림에서 W_1은 음운《ㅏ》의 초기모임이며 W_{11}은 《ㄱ》가 선행하는 《ㅏ》, W_{12}는 《ㅂ》가 선행하는 《ㅏ》이다. 그리고 W_{111}은 《ㄱ》가 선행하고 《ㅁ》이 받침으로 된 《ㅏ》이며 W_{112}는 《ㄱ》가 선행하고 《ㄴ》가 받침으로 따라서는 《ㅏ》이다. 이 방법을 문맥지향모임(COC)법이라고 한다. COC법에서는 음성단위의 개수가 일정한것이 아니라 자료량과 모임완료조건에 의하여 결정된다.

실험적으로 작성한데 의하면 발성된 단어나 문장 약 600개의 음성자료로부터 모임의 최소표본수가 5개이라는 조건으로 작성하는 경우에 약 1,000개의 음성단위가 생성된다고 보고있다.

음성단위작성에서는 입력되는 음운계렬로부터 출력되여있는 음운환경정보를 검색하여 가장 적합한 음성단위를 선택하여 음성파라메터의 시계렬을 얻는다.

탐색에서는 음운환경과의 적합성을 계산하고 적당한 함수를 리용하여 선택하는 수법이 제안되고있다.

6. 복합음성단위

복합음성단위에 대한 개념은 음성단위의 개수와 종류, 추출환경을 고정시키지 않고 입력되는 음운계렬에 따라 가장 적합한 음운련쇄를 선택하여 음성단위를 얻으려는것으로서 음성단위선택의 자유도가 높고 음성자료기지의 효과적인 리용이 담보되여있는 우점이 있다.

복합음성단위의 선택례를 그림 2-18에 보여주었다.

이 방법에서는 음성자료기지의 규모와 가장 적합한 음성단위선택방법 등이 과제로 제기된다.

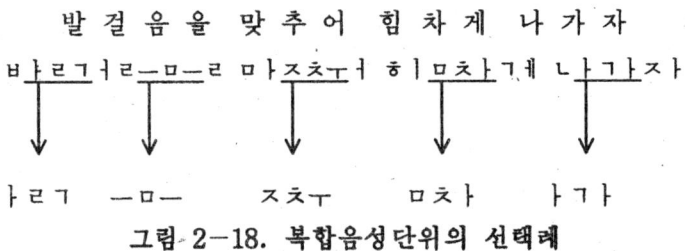

그림 2-18. 복합음성단위의 선택례

어휘사전, 신문, 잡지, 론문, 소설 등 다량의 문헌자료들에 의하여 복합음성단위를 작성해본 결과에 의하면 출현확률이 높은 음성단위표본을 수백개정도 준비하면 음성합성이나 인식이 일정한 수준에서 가능하다는것이 증명되였다.

가장 효과적인 복합음성단위를 선택하기 위하여서는 본문음성언어에서 음운들이 처하게 되는 환경을 최대한 정확히 그리고 충분히 반영하는것과 함께 이에 의하여 지목된 음운환경이 고려된 음성단위내에서 음향파라메터의 특징을 정확히 반영해주는것이다.

7. 단어단위

　단어단위의 음성단위는 이 단위내에 앞에서 언급한 모든 음성단위들을 포함하고있는것으로 하여 음성정보처리의 품질향상을 도모한것이다. 그러나 수십만개나 되는 단어들을 다 단위들로 선택할수는 없고 또한 단어단위의 음성단위가 문장속에서 운률적성격의 요인에 따라 단어자체의 운률적성격의 변화와 단어간 운률적련계를 고려하기 어렵다는것, 시간에 따라 새로운 단어들이 산생되고 없어진다는 난점을 가지고있다. 그러므로 단어단위로 된 음성단위의 선택에서는 고빈도단어들만을 취하고 이외의것은 앞에서 서술된 음성단위들에 의존한다.
　조선어의 경우에 약 1,500여개의 고빈도단어를 음성단위로 선택하여 주면 합성음성의 질을 훨씬 높일수 있다고 본다.

제3절. 음성단위의 정합

　표본으로 작성된 음성단위와 임의로 발성된 음성신호와의 정합법은 지난 시기 음성합성이나 음성인식에서 기본수법으로 되여왔다.
　그러나 최근에 와서 콤퓨터의 기능이 비약적으로 높아지고 기억용량이 증대되면서 음성파형을 콤퓨터상에서 자유로이 처리하고 방대한 음성자료의 기억이 큰 문제로 제기되지 않으면서 음성합성에서는 지난 시기의 복잡한 음성합성방식들에 의존하지 않고 생파형을 그대로 표준견본으로 채취하였다가 규칙합성방법에 의하여 파형을 편집해내는 방향으로 확고히 전환하였다.

그러나 음성인식에서는 음성단위음향파라메터들의 복잡한 변화와 그에 대한 인간의 능동적인 인식이 아직까지 명백히 해명되지 못한 조건에서 각 음성단위들에 적합한 여러가지 형태의 정합수법들이 적용되고있다.

음성인식은 음성에 포함되여있는 음향정보들가운데서 언어학적인 의미를 가지는 정보를 콤퓨터에 의하여 자동적으로 얻어 내는 과정이다.

의미있는 음성정보를 콤퓨터에 의하여 자동적으로 추출하기 위해서는 먼저 콤퓨터에 분석처리된 표준음성자료를 기억시킨 다음 임의로 들어온 음성정보들의 음향학적인 특징파라메터들을 분석판단하고 분석판단된 정보와 표준견본으로 작성된 음성단위의 정보를 비교대조하여야 한다.

이 비교대조판단과정을 간단히 음성정합이라고 한다.

음성인식에 리용되는 대표적인 정합법들로서는 동적계획(DP)정합법, 숨은마르꼬브모형(HMM)정합법, 시간지연신경망(TDNN)에 의한 정합법, 신경회로망모형에 의한 정합법 등을 들수 있다.

1. 동적계획(Dynamic Programing-DP)정합법

DP정합법은 입력패턴과 표준패턴이 가장 잘 일치하도록 시간축우에서의 변환을 진행한 후 두 패턴사이의 거리를 구하는 방법이다.

DP정합법은 음성인식의 주되는 방식으로 리용되여왔으며 독립적인 단어나 련속단어의 인식에 다 리용되였다.

단어음성인식에서는 입력패턴과 사전에 있는 모든 단어에 대한 표준패턴사이의 거리를 DP정합법으로 구하고 거리가 최소로 되는 단어를 입력음성에 대한 인식결과로 한다.

확장련속DP정합법은 계산량과 인식률의 견지에서 일반 DP정합법에 비하여 우월한 점이 있다.

DP정합법은 시계렬패턴의 시간적변동에 대하여서도 강하게 대처할수 있는 우점을 가지고있지만 화자의 개인성차이에 기인되는

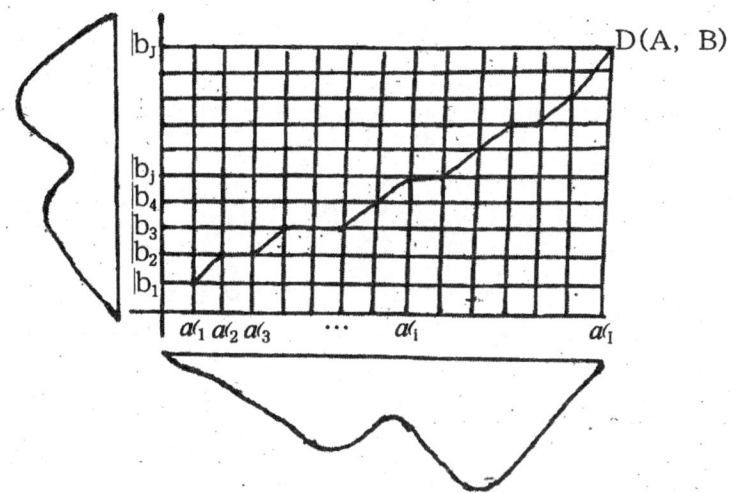

그림 3-1. DP정합법에 의한 음성신호의 시간축정규화

스펙트르변동에 대처하기 어려운 결함이 있다. 또한 단어수가 수백 정도인 소규모어휘의 단어음성인식에서는 아주 효과적이지만 단어수가 수천이상으로 되면 계산량이 방대해지므로 이 방법만으로는 실용적인 음성인식체계를 구성하기 어렵다.

그림 3-1에 DP정합법에 의한 음성신호의 시간축정규화의 방법을 보여주었다.

입구음성의 i번째 흐레임의 특징파라메터를 a_i, 견본의 j번째 흐레임의 특징파라메터를 b_j로 나타내면 입구음성과 견본음성의 특징파라메터시계렬 A, B는 다음과 같이 표시할수 있다.

$$A = a_1 \; a_2 \; \cdots \; a_i \; a_I$$
$$B = b_1 \; b_2 \; \cdots \; b_j \; b_J \qquad (3-1)$$

그러면 A와 B는 특별히 표시하지 않아도 시계렬성분들의 모임이라고 볼수 있다. 발성속도의 변동에 의하여 입구흐레임수 I는 일반적으로 견본의 흐레임수 J와 일치하지 않으므로 비선형대칭함수로 된다.

$$F : A \to B \quad 즉 \quad F \subseteq A \times B \qquad (3-2)$$

식 (3-2)를 도입하여 입구음성과 표본음성과의 시간축요

동을 정규화한다. F는 두 벡토르사이의 거리 $d(c_{(R)})=d_{(i,j)}= \|a_i|-|b_j\|$가 주어질 때 $C_{(R)}$들의 렬로 된다.

즉 $F=C_{(1)}, C_{(2)}, \cdots C_{(R)}=C_{(k)}$ (3-3)

그러면 비선형대칭함수 F에 따르는 거리의 무게합은 다음과 같이 표시된다.

$$E_{(F)} = \sum_{R=1}^{k} d(c_{(R)})\ \omega_{(R)} \quad (3-4)$$

$\omega_{(R)}$는 $E_{(F)}$의 유연성을 위하여 도입한 부아닌 무게결수이다. 이때 A와 B사이의 시간축정규화거리는 다음과 같이 정의된다.

$$D(A, B) = \underset{F}{\text{Min}} \left(\frac{\sum_{R=1}^{k} d(c_{(R)}) \omega_{(R)}}{\sum_{R=1}^{k} \omega_{(R)}} \right) \quad (3-5)$$

$D(A, B)$는 $\omega_{(R)}$의 형태에 관계되는데 음성현상의 특성을 고려하여 경계조건, 단조성, 련속성 등 속박조건밑에서 결정한다.

경계조건; $i_{(1)}=1,\ j_{(1)}=1,\ i_{(k)}=I,\ j_{(k)}=J$

단조성; $j_{(R-1)}<j_{(R)} \land j_{(R)}\leq j_{(R+1)}$

련속성; $(i_{(R)}-j_{(R-1)}=1) \land (i_{(R+1)}-j_{(R)}=1)$

경계조건은 입구특징의 시작과 끝을 견본에 일치시키기 위한 조건이며 단조성과 련속성은 견본을 교정하고 입구를 신축시키면서 정합하기 위한 조건이다. 만일 단조성과 련속성이 만족되지 않으면 비선형신축을 정확히 실현할수 없다.

식 (3-5)는 유리식으로 표시되는데 편리상 분모(정규화결수)가 F에 무관계하다고 가정하면 최량화하는 문제는 동적계획법을 적용하여 간단히 해결한다.

$$N = \sum_{R=1}^{k} \omega_{(R)} \quad (3-6)$$

$$D(A, B) = \frac{1}{N} \underset{c}{\text{Min}} \left(\sum_{R=1}^{k} d(c_{(R)}) \, \omega_{(R)} \right) \quad (3-7)$$

무게결수 $\omega_{(R)}$ 를 정하는 방법은 여러가지로 가능하지만 실천에서는 대칭형과 비대칭형을 많이 쓴다.

대칭형; $\omega_{(R)} = j_{(R)} - j_{(R-1)} + i_{(R)} - j_{(R-1)}$

비대칭형; $\omega_{(R)} = i_{(R)} - i_{(R-1)} = 1$

여기서 $0 \leq j_{(R)} - j_{(R-1)} \leq 2$ 이다.

(i, j)격자점까지의 루적거리를 $D(i, j)$로 표시하면 대칭형인 경우에는 식 (3-7)이 다음의 점화식으로 구해진다.

$$D_{(1, 1)} = 2d_{(1, 1)}$$

$$D_{(i, j)} = \min \begin{cases} D_{(i, j-1)} + d_{(i, j)} \\ D_{(i-1, j-1)} + 2d_{(i, j)} \\ D_{(i-1, j)} + d_{(i, j)} \end{cases} \quad (3-8)$$

여기서 $1 < i \leq I$, $1 < j \leq J$이다.

비대칭형인 경우에는 다음의 점화식으로 구해진다.

$$D_{(1, 1)} = d_{(1, 1)}$$

$$D_{(i, j)} = \min \begin{cases} D_{(i, j-1)} + d_{(i, j)} \\ D_{(i-1, j-1)} + d_{(i, j)} \\ D_{(i-1, j)} + d_{(i, j)} \end{cases} \quad (3-9)$$

여기서 $1 < i \leq I$, $1 < j \leq J$이다.

DP정합법은 발성속도의 변동에 의한 음성패턴의 비선형신축을 실현하는 시간축정규화거리를 높은 정확도로써 능률적으로 산출하는 우수한 방법이지만 어휘수가 증가되면 처리량과 기억량이 방대해진다는 결함이 있다.

실례로 흐레임주기가 10ms일 때 2s동안의 음성패턴에 대한 격자점의 수는 $200 \times 200 = 40,000$으로 되며 매 격자점에 대하여 식 (3-9)로 평가된다는것을 고려하면 어휘수가 증가할 때 처리량이 대폭적으로 증가하게 된다는것을 짐작할수 있다.

그러나 DP정합법은 1970년대에 개발된 후 단어인식을 위한 위력한 수단으로 되면서 성능향상, 처리량의 축소, 련속음성에로의 적응 등 여러 측면에서 개선되였다.

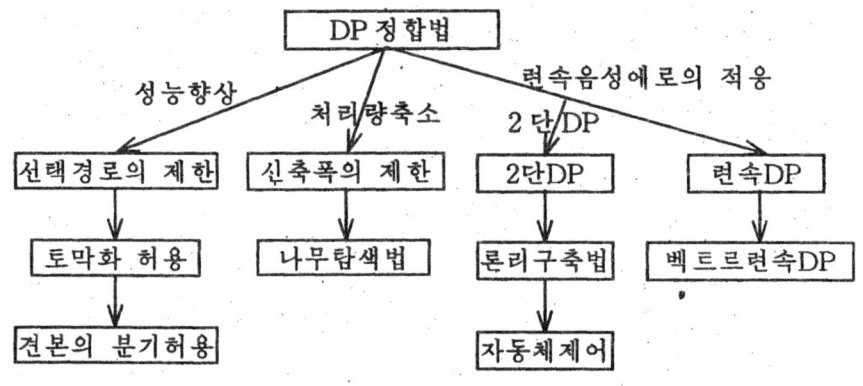

그림 3-2. DP정합법의 발전

2. 숨은마르꼬브모형(Hidden Markov Model-HMM)에 의한 정합법

DP정합법은 발성의 어느 부분에서도 신축폭이 고정되므로 모음은 자음보다 신축폭이 강하다는 음성의 특징을 구체적으로 반영하지 못하는 결함이 있다. 또한 매 점에서의 스펙트르요동도 극소적으로 정의되는 거리에 기초하여 평가되므로 음성환경과 문맥에 의한 요동의 처리에도 제한성을 가진다.

이러한 사정으로 음성패턴의 시간적 및 스펙트르적요동을 통계적으로 처리하는 HMM방법이 음성인식체계에 적용되기 시작하였으며 이후 그 우월성이 인정되면서 음성인식의 위력한 수단으로 되였다.

HMM에 의한 정합법은 일정한 주기마다 이행확률에 따라 상태가 옮겨지면서 어떤 확률로서 기호렬을 출구하는 방법으로 시간요동과 스펙트르요동을 흡수한다.

일반적으로 마르꼬브련쇄는 어떤 시점의 상태가 그 이전상태의 확률분포에 의하여 결정되는 확률과정으로 정의된다. HMM에서 매 상태에 의하여 출구되는 기호렬은 관측할수 있지만 상태 그자체는 직접 판측할수 없다. 따라서 《숨은》마르꼬브모형이라고 부른다.

성도를 유한한 수의 조음상태 즉 유한한 상태중의 한 상태에 대응시키면 확률분포에 의하여 매 상태에서의 단시간음성신호는 상태에 의존하는 유한개의 표준스펙트르중의 하나로 된다고 볼수 있다. 이때 짧은 구간에서 음성신호는 모형의 현 상태에 의하여 결정되지만 스펙트르요동은 마르꼬브련쇄에 따르는 확률과정으로 된다.

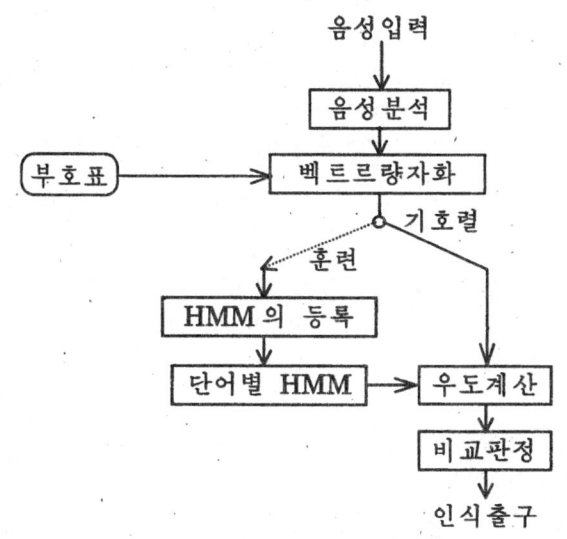

그림 3 - 3. HMM정합법에 의한 단어인식구성

그림 3-3은 HMM을 리용한 일반적인 단어인식체계의 구성을 보여준다.

일정한 흐레임주기(10ms정도)마다 특징벡토르(대역려파기묶음, LPC케프스트람)가 추출되여 32~200개의 클라스로 분류된다.

이 과정을 벡토르량자화라고 한다.

특징이 클라스로 분류될 때 기호가 출구된다. 훈련할 때에는 등록할 단어를 학습시킨다.

그림 3-4에서 《평양》을 몇번 발성하여 훈련시킬 때 《평양》이라는 기호렬은 높은 확률로 출구되지만 다른 단어는 매우 낮은 확률로 출구된다는것을 보여주었다.

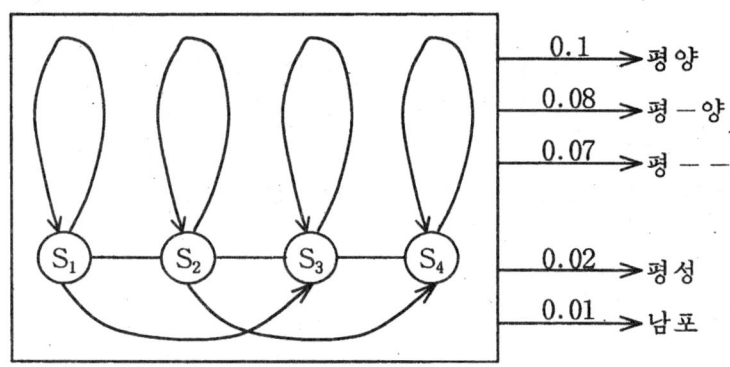

그림 3 - 4. 단어 《평양》에 대응하는 HMM

인식시에는 그림 3-5에서처럼 매 단어의 HMM에서 《평양》을 출구하는 확률을 계산하고 최대인 HMM에 대응하는 단어가 인식결과로 된다.

그림 3 - 5. HMM 정합에 의한 단어인식

우에서는 짧은 단어를 출구하는 경우를 고찰하였지만 실지에 있어서는 단어의 발성길이가 1s정도라고 해도 기호렬의 길이는 100으로 된다. 상태수가 많으면 모형의 훈련에 많은 자료가 필요하므로 인식할 어휘의 내용과 리용할수 있는 훈련자료의 량에 따라 상태수를 결정하는데 100단어인 경우에 상태수는 4~10으로 한다. 또한 상태이행의 구조도 그림 3-4와 같이 동일한 상태와 하나 또는 둘앞의 상태에로 이행하는것이 많이 쓰인다.

HMM은 상태의 모임 $S = \{S_i | i = \overline{1, m}\}$, 출구기호의 모임

$v = \{v_i | i = \overline{1, n}\}$, 상태 S_i로부터 S_j로 이행하는 확률 $P_{i,j}$와 이때의 기호 v를 출구하는 확률 $g_{ij}(v)$, 매 상태 S_i가 초기상태로 되는 확률 $\lambda_{(i)}$, 최종상태의 모임 $F(F(s))$에 의하여 형식적으로 정의된다.

매개 음운(또는 음운클라스)R에 대하여 하나의 HMM(M_R)가 주어지며 많은 훈련자료를 가지고 추정한다.

어떤 벡토르렬 X를 관측하였을 때 M_R가 X를 출구하는 사후 확률 $P_{(M_R|X)}$가 최대로 되는 음운 R를 X의 인식결과로 한다.

베이즈의 정리에 의하면

$$P_{(M_R|X)} = P_{(M_R)} P_{(X|M_R)} / P_{(X)} \quad (3-10)$$

$P_{(M_R)}$가 같은 경우 우의 식을 최대로 하는것은 $P_{(X|M_R)}$를 최대로 하는것과 동등하다. $P_{(X|M_R)}$는 초기상태 F_i에 도달하는 상태이행도(그림 3-6)에 의해 계산된다.

상태 S_i에서 기호 v_i를 출구하는 확률을 곱한것을 T_{ij}로 표시하면

$$T_{ij} = P_{ij} g_{ij}(v) \quad (3-11)$$

이 된다. 그러면 $P_{(M_R|X)}$는 다음과 같이 얻어진다.

$$P_{(X|M_R|)} = \sum_i \pi_{(i)} \sum_j T_{(ij)} \quad (3-12)$$

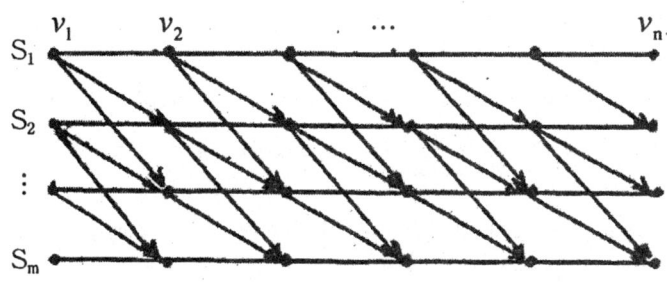

그림 3-6. 상태이행도에 의한 우도계산

일반적으로 HMM은 음성의 스펙트르요동과 시간축의 요동을 통계적으로 모형화하므로(출구확률 $g_{ij}(v)$는 스펙트르요동에, 이행확률 P_{ij}는 시간요동에 대응함) 불특정화자인식과 련속음성인식에 적합하다는 우점이 있다. 또한 통계적모형을 리론적으로 고찰할수

있고 벡토르량자화에 의하여 처리의 고속화가 가능하다.

그러나 HMM은 훈련자료가 적으면 모형의 작성이 힘들고 시간축의 구조에 따라 뜻밖의 오유가 발생하여 벡토르량자화에 의한 인식률이 저하될수 있다는 문제점이 있다. 그러므로 파라메터평활화, 지속시간의 직접적인 모형화 또는 재평가, 흐레임마다 여러개의 기호의 출구, 특징벡토르의 련속분포에 기호를 대응시키는것 등 HMM을 개선하기 위한 방법들이 여러 측면에서 연구되고있다.

3. 신경회로망모형에 의한 정합법

신경회로망모형은 인간의 정보처리방식을 모방한것으로서 대상에 대한 자료적인 적응능력과 자체학습능력을 가지고 정보를 처리할수 있는 병렬분산처리체계이다.

오늘 신경회로망은 리론의 틀을 벗어나 하나의 독자적인 학문으로 발전하였으며 다음세대의 콤퓨터방식으로 주목을 끌고있다.

인간은 청각에서 얻어진 단편적인 감각충격을 여러가지 경험으로부터 얻은 지식과 결부하여 비교분석판단한다. 그리하여 무의식적으로 지각한 내용도 보다 웃준위의 지식과 경험으로부터 명확히 하고 반복분석하여 지각한다. 다른 말로 《듣고있다》는것은 접수한 정보내용을 머리속에서 《재구성》한것이다. 이로부터 인간의 뇌수를 모방한 신경회로망과 같은 고도로 병렬화된 적응적인 수법에 큰 기대를 걸고 음성을 인식하려는 시도들이 적극적으로 제기되게 되였다.

신경회로망모형에 의한 음성인식에서 주목되는것은 시간지연신경망에 의한 음성인식방법이다.

1987년 Waibel은 음성현상을 고려한 공학적립장으로부터 시간지연신경망(TDNN)모형을 제기하고 영어자음 《g, d, b》에 대한 인식실험을 하여 HMM보다 높은 98.5%의 인식률을 얻었다. TDNN은 구조상 입력패턴의 시간변동을 강하게 흡수할수 있는 시간이동불변성(Time Shift Invariant)이라는 특수한 방식을 취하고있다. 시간이동불변성을 실현하기 위하여 TDNN모형에서는 시간축에 관하여 평행이동관계에 있는 무게가 같은 값을 가지도록 한다.

TDNN의 구성을 그림 3-7에 보여주었다.

같은 무게결합을 가진 신경망이 시간적으로 반복되는 구조에 의하여 입력층의 창내에 있는 특징적인 시간적위치에는 관계없이 특징이 존재한다는 정보가 출력층까지 가닿도록 하는것이 TDNN의 기본원리이다.

TDNN은 지연요소들의 추가로 하여 망의 규모가 커지고 학습에 많은 시간이 걸리는 결함이 있다.

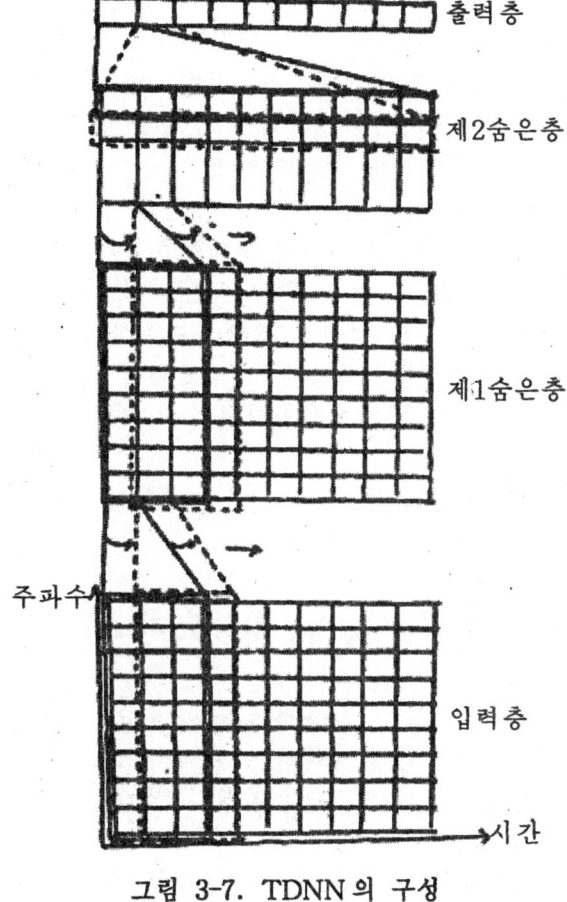

그림 3-7. TDNN의 구성

TDNN의 높은 음운식별능력을 리용하여 입력음성에 대한 음운인식을 진행하여 그 결과로부터 단어를 인식하는 음성인식체계를 개발하기 위한 연구가 활발히 진행되여 왔다.

그가운데서 가장 대표적인 것으로 TDNN-LR단어음성인식체계에서는 TDNN의 음운인식결과를 예측LR구문해석기를 리용하여 단어음성인식을 진행한다.

그림 3-8에 TDNN-LR체계의 구성도를 보여주었다.

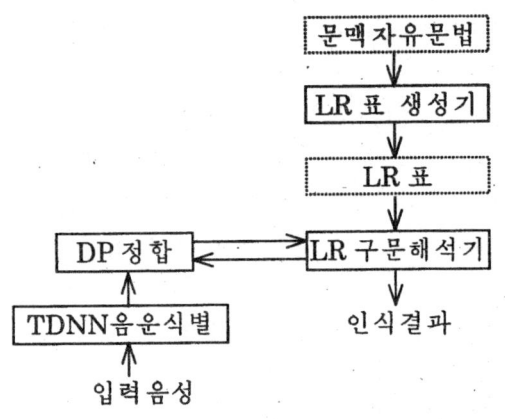

그림 3-8. TDNN - LR 의 기본구성도

이 인식체계에서는 입력음성을 TDNN의 음운식별수법을 리용하여 출력값으로 변환시키고 이 출력값과 단어와의 정합을 예측LR 구문해석기의 문법규칙에 따라 진행하여 인식결과를 얻는다. 문법규칙은 미리 문맥자유문법에 의하여 LR표로 등록된다.

예측LR구문해석기는 현재까지의 처리된 음운계렬로부터 다음의 음운계렬을 예측한다. 이 예측된 음운과 TDNN에 의한 출력값을 DP에 의해 정합하고 예측된 음운의 평가를 진행한다.

이 체계에서는 예측된 음운계렬들에서 5개의 후보까지 고려하여 5,240개 단어에 대한 특정화자의 단어음성인식에서 99%의 인식률을 얻었다.

이 체계는 불특정화자의 음성인식률이 매우 낮은 결함이 있다.

제4절. 음성정보의 자료기지화(음성코퍼스)

음성정보처리에 있어서 음성자료는 필수적이며 음성자료를 어떤 측면에서 보고 얼마만큼 정확히 분석처리하여 효과적으로 리용할수 있게 자료기지화하는가 하는것은 음성정보처리의 성과를 담보하는 기초로 된다.

일반적으로 자료는 정보의 원천으로서 우리 주위에 존재하는 사물현상이나 그에 대한 지식전반을 말한다. 다시말하여 자료는 객관적으로 존재하는 사물현상이나 지식 그자체이다.

따라서 우리는 객관적으로 존재하는 자료들가운데서 필요한것들을 선택하여 리용하는데 이러한 목적을 가지고 선택된 자료는 벌써 자료의 가치를 벗어나 정보로서의 가치를 가진다.

우리 주위에 존재하는 사물현상이나 그에 대한 지식은 그자체로서는 아무런 정보적가치를 가지지 않는다. 이렇게 객관적으로 정보적가치를 가지지 않는 사물현상이나 지식이 어떤 목적에 리용될 가치를 가진다는것은 사람들이 거기에 일정한 의의를 부여하였다는 것을 의미하며 이러한 의의가 부여된 사물현상이나 지식은 벌써 객관적인 자료가 아니라 정보적인 성격을 띠게 된다.

자료는 관찰, 실험, 분석과정을 통하여 얻어진다.

자료는 문자와 수자로도 될수 있으며 표와 그라프, 그림, 사진, 소리, 화상 등으로도 될수 있다. 이런 의미에서 정보는 특정한 목적에 리용하기 위하여 일정한 의의를 부여한 사물현상이나 지식이라고 말할수 있다. 다시말하여 정보는 우리 주위에 존재하는 여러가지 객관적인 사물현상이나 지식들가운데서 사람들이 자기의 목적달성을 위하여 일정한 의의를 부여하고 수집, 가공, 리용하는 대상을 말한다.

정보의 가치는 리용하려는 사람의 목적에 따라 그것이 가지는 중요성정도에 의하여 평가된다.

사람들은 객관적으로 존재하는 사물현상이나 지식들가운데서 자기의 목적달성에 필요한 대상을 정보로서 수집할뿐아니라 이 수집된 정보를 구체적으로 고찰하고 체계화하여 그의 가치를 높인다.

객관적으로 존재하는 사물현상으로서의 말소리, 그에 대한 지식 그자체는 아무런 정보적가치가 없다. 이것은 음성합성이나 음성인식과 같은 목적에 리용될 때만이 정보로서의 가치를 가지게 된다.

현시기 콤퓨터의 현대화에서 가장 주목을 끌고있는 문제의 하나는 사람과 콤퓨터사이에 음성으로써 자유로운 대화를 실현하는것이다.

이를 실현시키기 위하여 관건적이고 기초적인 문제로 나서는것이 바로 음성을 과학적으로 분석하여 분류체계화함으로써 자료기지화하는것이다. 즉 음성자료를 구체적인 정보로 획득하는것이다.

특정한 어느 한사람에 의하여 한정된 어휘를 가지고 로보트나 콤퓨터와 같은 기계장치들을 움직이게 하거나 동작하게 하는 음성인식체계는 이미 실용화단계에 들어섰으며 규칙합성방식에 의한 각이한 합성단위에 기초한 여러가지 접속방식들이 도입되면서 음성합성에서도 명료하고 자연음성에 가까운 합성음을 만들어내고있으며 실험적단계를 벗어나 자동통역과 음성관광안내, 구내자동방송 등에서 실용적으로 쓰이고있다.

지금에 와서는 특정한 어느 한사람에 국한해서가 아니라 임의의 사람들이 임의의 어휘로서 발현되는 음성에 대한 인식체계개발이 활발히 벌어지고있으며 음성언어모델에 기초한 규칙합성방식으로 보다 명료하고 자연스러운 음성합성체계의 연구개발이 활발히 벌어지고있다.

임의의 사람이 발성한 임의의 어휘에 대한 음성인식체계를 개발하기 위해서는 음소 또는 음운단위인식기술이 필연적이며 보다 명료하고 자연스러운 음성의 합성을 위해서는 소리마디나 단어속에서의 음운환경조건이나 단어나 문장속에서의 소리마디환경조건을 고려한 음소, 음운, 소리마디단위의 규칙음성합성기술이 필연적이다.

음소나 음운은 말소리의 물리적특성을 특징짓는 최소단위로서 개별적말소리들의 구조적특성을 구체적으로 드러낼수 있고 음성으로서의 정보적자료의 개수와 변화특성이 한정되여있으므로 음성정보처리의 궁극적목적달성을 위하여 가장 주목되는 대상으로 되고있다.

언어행위과정에 음소나 음운은 말소리흐름속에서 실현되면서 위치-결합적조건에 의하여 일정하게 변화되며 또 언어정보적측면에서의 운률적성격에 따라서도 변화를 일으킨다.

한편 음소, 음운은 이러한 변화외에 누가 어떤 환경에서 어떤 내용을 가지고 어떤 감정상태에서 어떤 목적을 가지고 말하는가 하는데 따라서도 변화를 일으킨다.

어느 한사람이 《음성정보》라는 단어를 발음할 때 어제에 발성된 음성파형과 오늘에 발성한 음성파형이 꼭 같지 않으며 이것이 본문문장속에 있을 때 발성된 음성파와 이것이 사람들사이의 회화과정에 있을 때 회화투로 발성된 음성파가 다르다. 또한 말하는 사람의 기분상태와 이야기되는 장소와 환경에 따라서도 달라지며 아이들이 말했을 때와 어른들이 말했을 때, 녀자가 말했을 때와 남자가 말했을 때 서로 다르다. 또한 지방에 따르는 말투, 개별적사람들의 말투에 따라서도 달리된다.

음소, 음운의 위치-결합적특성과 운률적특성에 의한 변화뿐만 아니라 언어외적인 각이한 환경과 조건에 따르는 차이까지 고려하자면 각이한 본문과 환경에서의 각이한 많은 사람들이 발음한 음성자료가 필요하다.

우리는 이 많은 음성자료들을 통하여 어음론적인 구성단위들과 현상들의 가장 일반적이고 본질적인 특성을 찾아야 한다. 그래야 이것을 기준으로 해서 임의의 음성자료들을 객관적으로 평가할수 있다. 이 기준으로 되는 음성자료는 어음론적인 구성단위들과 현상의 가장 낮은 단계에서부터 가장 높은 단계에 이르기까지 계단식으로 체계화되여야 하며 남녀로소, 발성자수, 방언, 말투, 발성내용과 환경, 감정심리상태 등 다종다양한 종류별로 구체적으로 분류되여야 한다.

지금까지 진행된 음성연구의 경향을 보면 개별적인 연구사나 연구집단이 자기의 연구목적에 따라 개별적으로 협소하게 음성을 분석하고 리용하여왔다.

그러나. 점차 음성에 대한 연구가 심화되고 응용범위가 넓어지면서 음성의 본성에 대하여 여러 측면에서 밝혀지고 이에 따라 음성에 대하여 분석처리해야 할 세부적인 특징량들이 많아 지게 되였으며 음성정보처리와 관련하여 대규모의 자료기지를 작성해야 할 필요성이 제기되였다.

이 과정에 음성의 본성을 그 발생으로부터 지각의 측면에서 새로운 각도에서 고찰하게 되였다. 이로부터 음성의 연구는 단순히 발음생리학적 및 물리음향학적측면에서뿐만아니라 자연언어처리, 물리음향학, 생리학, 심리학, 음성응용공학, 콤퓨터, 프로그람 등 많은 부분들의 긴밀한 련계속에서 이루어져야 한다는것을 알게 되였다. 이로부터 각 연구기관들의 련계가 강화되고 서로 협력하게 되였다.

한편 방대한 음성자료량의 합리적인 처리를 위하여 통계적수법에 의한 여러가지 언어구조모델을 작성하고 이에 기초하여 다량의 음성자료를 분류체계화하기 위한 연구사업이 활발히 벌어지고있다.

이렇게 작성된 음성자료기지는 음성정보처리의 여러 부분들에 다 리용될수 있다.

이와 같이 음성정보처리의 여러 부분들에 공동으로 리용될수 있게 다량의 음성자료를 세부적으로 분석평가하여 수록, 보관, 가공하는 사업이 제기되는데 이것은 음성연구개발에서 그의 궁극적목적을 달성하기 위하여 필연적이다.

이런 목적으로부터 음성정보처리의 각 부분들에서 공동으로 리용할수 있도록 세부적으로 분류체계화하여 작성된 대규모의 음성자료기지를 음성코퍼스(Corpus)라고 한다.

음성합성의 경우 그전에는 규칙합성방식에 의하여 합성단위들을 규칙적으로 접속하는 방식이 주류를 이루고있었으나 지금에 와서는 음성코퍼스에서 해당 합성알고리듬에 적중한 임의의 음성자료들을 선택하여 접속함으로써 품질이 좋은 음을 얻고있다.

음성정보처리에서 대규모의 음성자료기지를 작성하는것은 그의 궁극의 목적달성을 위하여 필연적이지만 그것을 세부적으로 작성한다는것은 간단치 않은 문제이다.

음성코퍼스를 어떻게 작성하는가 하는것은 본질적으로 음성정보처리를 위한 기초를 마련하는 사업이며 이 음성코퍼스를 어떻게 리용하는가 하는것은 음성정보처리의 수단이나 수법에 따라 달라진다. 따라서 음성코퍼스는 서로 다른 음성정보처리부분에 다 리용될수 있게 작성되여야 자기 사명을 다하는것으로 된다.

그러면 음성코퍼스에 담아야 할 세부적인 내용들과 작성방법은 어떻게 되여야 하는가.

언어는 민족마다에 고유한것이며 민족적특성을 띤다. 따라서 음성코퍼스는 해당 언어의 어음론적인 특성과 사회적기능을 충분히 반영한것으로 되여야 한다.

음성언어연구의 궁극의 목적은 자연언어음성에 대한 처리이므로 가장 자연스러운 상태의 각종 음성언어를 대상으로 음성자료들을 담아야 한다.

이를 위해서 첫째로, 조선어의 고유한 특성을 반영한 어음구성단위들에 대한 분석자료들을 담아야 한다.

여기서는 조선어음운들의 어음론적인 구성체계속에서의 소리값과 음운들의 소리마디구성속에서의 언어학적기능과 역할, 소리마디, 소리토막, 소리매듭, 소리동강의 음성언어로서의 언어학적특성을 담아야 한다. 구체적으로 보면 음운구성속에서의 음소, 소리마디구성속에서의 음운의 언어학적기능과 역할, 소리토막구성속에서의 소리마디, 소리매듭속에서의 소리토막, 소리동강속에서의 소리매듭 등의 음성언어로서의 언어학적기능과 역할에 대한 내용이 담겨져야 한다.

둘째로, 조선어의 고유한 특성을 반영한 어음론적인 현상들에 대한 음성자료들을 담아야 한다.

여기서는 소리마디구성속에서의 개개 음운들의 위치-결합적조건에 의하여 나타나는 음운변이와 변종과 같은 음운환경조건에 따르는 음성자료들과 소리토막(단어)구성속에서의 음운련쇄과정에 나타나는 소리마디결합환경조건에 따르는 음성자료들, 단어발음에서의 소리마루현상과 어순이 자유로운 우리 말의 특성을 고려한 문장발음에서의 단어, 구, 부들의 운률적성격에 따르는 음성자료들을 담아야 한다. 간단히 말하여 음운변이와 변종, 어음변화, 단어의 소리마루, 억양 등이다.

여기서 억양은 음성언어의 언어학적기능과 역할과 관련하여 매우 중요한 음성정보이다.

셋째로, 조선어의 구조모형을 담아야 한다.

조선어의 언어구조모형을 작성하는것은 언어학적연구의 제반 성과들을 집대성하는것으로서 매우 어려운 문제의 하나이다. 그러나 음성합성이나 인식과 같은 음성정보처리를 위해서는 필수적으로 해결해야 할 문제이다.

음성언어는 단어나 형태부, 문장을 음성으로 표현한것이므로 언어의 구조와 뗄수 없는 련관을 가지고있다. 그러므로 음성언어의 처리를 위해서는 조선어의 형태구조, 문장구조, 의미구조를 구체적으로 해석하고 이에 기초하여 음성언어의 구조적특성을 작성하여야 한다.

음성자료기지는 어음구성단위들과 그것들이 언어행위과정에 말소리흐름속에서 실현되면서 일으키는 다종다양한 현상들, 나이, 성별, 언어심리, 말투, 말하는 내용, 말하는 환경과 같은 언어외적현상들을 대상으로 많은 량의 자료를 필요로 하는것만큼 많은 사람들을 대상으로 각이한 본문의 발성자료들에 대한 분석자료들을 담아야 한다. 그러나 최대한 적은 량의 자료를 가지고 음성정보처리의 목적을 달성하기 위한 합리적인 음성목록을 어떻게 작성하는가 하는 문제가 제기된다.

음성자료기지작성의 대상은 나이, 성별, 언어심리, 말투, 언어내용, 언어환경과 같은 다양한 언어외적인 조건속에서 발현되는 음성언어와 이를 통하여 얻어지는 음성언어의 가장 본질적인 어음론적단위들과 현상들이다. 음성자료기지작성의 대상이 매우 다양하고 방대한만큼 매개 대상에 대한 자료량의 규모를 합리적으로 정하는 것은 음성정보처리의 효과성을 보장하는데서 매우 중요한 문제이다.

특정한 사람의 음성에 대하여서는 최소한 2회이상의 발성음성이 필요되며 임의의 사람에 대하여서는 나이, 성별, 말투, 언어심리, 언어내용, 언어환경을 고려하여 부류별로 나누어서 다수의 사람(약 20~50명)의 음성자료가 필요하다. 또한 록음조건을 고려하여 전화음성과 사무실음성, 야외음성, 소음속에서의 발성음성이 필요된다.

많은 어휘로 다종다양하게 이루어지는 련속음성의 합성 및 인식을 위하여서는 이 음성을 언어학적측면에서 고찰하고 언어구조모델에 기초하여 세부적으로 분류체계화하여야 한다.

이러한 작업을 위해서는 초기에 이를 수동적으로 분류체계화할 수 있는 전문가들이 필요하다. 이 작업을 위한 전문가들로서는 어음론학자들과 음성응용공학자들이 필요하다. 대량의 음성자료구축을 위하여 이러한 작업을 수동적으로 하여야 하는것만큼 많은 시간과 노력이 필요하다. 따라서 수동적인 작업의 결과로서 기초가 마련되면 이를 토대로 하여 자료의 자동분류체계를 개발하여 리용하여야 할것이다.

　음성자료기지작성은 음성정보처리의 여러 부분들에서 공동으로 리용할수 있도록 작성되는것을 목적으로 하는것만큼 통일적인 수록 및 검색, 보급의 체계가 있어야 한다. 이를 위하여서는 각 연구기관들사이의 부단한 접촉과 교류, 학술토론, 강습 등이 필요하다.

제4장. 조선어음성합성

제1절. 음성합성방법

1. 음성합성방법의 일반적분류

기계가 사람처럼 자연스럽게 말을 하게 함으로써 사람과 기계 사이에 자연스러운 대화를 실현하려는 인간의 리상으로부터 시작된 음성합성에 대한 연구는 이미 수십년의 력사를 가지고있으며 오늘날 그 성과가 도입되여 사람들의 편리를 도모하고있다.

콤퓨터의 기능이 비약적으로 향상되고 그에 따르는 프로그람기술이 발전함으로써 콤퓨터에 의한 음성의 합성과 인식은 최근년간 급속한 발전을 이룩하였으며 사람과 콤퓨터와의 대화가 멀지 않은 현실적인 문제로 제기되고있다.

처음에 단위음성(제한된 단어나 문장)의 합성으로부터 시작되였던 음성합성은 크게 진보를 이룩하여 단위음성의 규칙합성에 의한 임의의 련속음성을 합성하는 수준에 이르렀다.

그러나 아직까지 사람과 친숙할 정도로 명료하고 자연스러운 음성을 합성해내는 수준에는 이르지 못하였다. 그 주요한 원인은 언어로서의 음성에 대한 어음구조적특성과 어음론적현상들을 구체적으로 충분히 반영하지 못하고있는데 있다.

음성합성기술은 시기적측면에서와 방법론적측면에서 볼 때 그리고 합성단위의 규모에서와 합성장치들의 현대화수준에서 볼 때 크게 두가지로 볼수 있다.

하나는 유한개의 단어나 문장을 합성해내는 단위음성합성기술이고 다른 하나는 임의의 문자에 대응하는 음성단위를 합성해내는 규칙합성기술이다.

　　단위음성합성기술은 음성합성기술의 개발초기에 많이 리용된것으로서 일정한 제한적인 단어나 문장의 합성기술이라면 규칙음성합성기술은 단어나 문장의 합성에서 제한이 없고 해당 언어에서 문자로 표기되는 모든 단어나 문장, 본문에 대하여 음성으로 합성해내는 음성합성의 궁극적목적을 위한 음성합성기술이다.

　　단위음성합성기술은 록음재생기술, 음성신호부호화기술, 분석합성기술의 세 부류로 나누어 볼수 있다.

　　사람들은 음악이나 말소리 등을 록음하여 두었다가 필요한 때에 재생하여 듣는다.

　　이와 같이 후에 재생하여 듣고싶다는 욕망으로부터 미리 음성자료를 록음편집하여 두고 그 음성신호를 그대로 재생출력하는 방식을 록음재생기술이라고 한다.

　　이 방식은 극히 간단하기때문에 구태여 기술이라고까지 할수 없으나 음질이 좋고 조작이 단순하므로 현재까지 여러 분야에 널리 리용되고있다.

　　실례로 렬차시간안내나 날씨예보, 봉사안내 등과 같이 제한된 어휘를 쓰는 부분들에서 이 방법은 아주 효과적으로 쓰인다.

　　록음재생방식에서는 합성출력하려는 음성자료를 미리 채취하여 그대로 기억시켜 두어야 하기때문에 많은 기억용량이 필요된다.

　　록음재생방법에서의 이러한 부족점을 극복하고 보다 많은 음성자료를 축적하기 위하여 음성자료를 효과적으로 압축하는 기술이 도입되게 되였다.

　　이것이 음성신호의 시간파형령역에서와 시간주파수령역에서의 부호화이다.

　　시간파형부호화에서는 한가지 기술로 음성정보를 대폭적으로 압축하기 어렵기때문에 몇가지 기술을 조합하여 리용한다.

　　우선 음성파형을 시간적으로 불련속적인 표본값들로 바꾸고 표본들의 진폭을 수자화하는 량자화기술이 리용되고있다.

　　한편 음성파형에서 표본화된 린접표본들사이에는 강한 상관관계가 존재한다는 특성을 리용하여 어느 한순간의 표본값과 직전의 여러 표본들을 토대로 한 예측값과의 잔차를 부호화함으로써 정보량을 압축하는데 이 방법을 예측부호화라고 한다.

또한 시간주파수령역에서 대역분할을 하여 부호화하는 방법과 리산코시누스변환, 리산푸리예변환 등이 부호화에 리용되고있다.

부호화기술을 받아들이면 음성신호의 정보량을 대폭 압축하여 기억시키므로 더 많은 음성정보를 기억시킬수 있다.

분석합성에 의한 음성합성에서는 음성의 발성모형을 쓰기때문에 부호화에 비하여 대폭적으로 음성정보를 압축할수 있다.

분석합성기술에서는 목청진동을 음원으로 하는 모음과 같은 유성음에서는 음원을 일정한 주기의 임플스렬로 근사화하며 발음기관의 어느 한 부분의 작용으로 이루어지는 자음과 같은 무성음에서는 음원을 백색잡음으로 근사화한다.

그리고 발음통로의 껴떨기(공명)특성을 전극형 또는 령-극형 수자려파기특성으로 근사화한다.

이에 의하여 얻어지는 스펙트르포락의 표현법으로 선형예측법을 쓴다.

선형예측결수에 의한 분석합성기술은 음성스펙트르정보를 적은량의 파라메터로 표현할수 있고 그의 추출도 비교적 간단한 계산으로 구해진다는 특징이 있다.

규칙합성기술은 형태단어보다 작은 음성단위를 대량 준비하고 입력정보에 따라 그것들을 규칙적으로 접속하여 임의의 합성음성을 만들어내는 기술이다.

규칙음성합성체계는 크게 5개 단계를 거쳐 이루어진다고 볼수 있다.

1단계는 입력된 본문에 대한 형태해석, 문장성분해석, 문형해석, 문맥해석과 같은 본문언어에 대한 해석단계이다.

2단계는 억양, 소리마루, 어음변화와 같은 어음론적정보의 해석단계이며 3단계는 합성단위의 생성부, 4단계는 음성합성단위의 합성부, 5단계는 음성출력부로 구성된다.

규칙음성합성에서 합성음의 품질을 개선하기 위하여서는 합성하려는 음성단위를 합리적으로 선택하여야 한다.

규칙음성합성에서는 음성단위를 어떤것으로 택하는가에 따라 그에 적합한 합성방식을 따라 세우게 된다.
　현재까지 규칙합성방식에서 적극 리용되는 대표적인 방식들은 분석합성방식, 포르만트합성방식, 파형편집방식 등이다.
　분석합성방식은 단위음성합성기술에서의 분석합성방식과 원리적으로 비슷한 점이 있다. 따라서 그의 개량형으로 볼수 있다.
　이 방식은 음성발성과정을 음원모형과 발음통로의 공진모형으로 나누고 개개 분석파라메터를 독립적으로 조종함으로써 규칙합성음을 얻는 방식이다.
　이 방식은 스펙트르포락을 표시하는 파라메터들이 자동추출될수 있고 또 합성음의 질도 비교적 좋다는것 그리고 음원과 발음통로의 조음특성의 조종이 독립적이기때문에 자연성보장이 쉽고 규칙도 간단하다는데로부터 일반적으로 널리 리용되였다.
　이 방식에서는 선형예측분석법, 케프스트람법과 파라메터의 보간이 좋은 선스펙트르쌍(LSP)분석법과 개량케프스트람법을 많이 리용하고있다.
　포르만트합성방식을 일명 《말단상사방식》이라고 부르는데 입에서 방사된 후의 음성스펙트르를 모의하여 합성하는것이다.
　스펙트르포락은 목청음원과 발음통로의 발음생리적인 작용에 의하여 이루어지는 음향파라메터들의 특성을 반영하고있는데 이것을 리용하여 유성음발생과 무성음발생에 대응한 두개의 공진회로를 직렬 또는 병렬로 련결한 합성회로를 형성하고 음원파에 의하여 공진회로를 동작시키는 방법으로 음성을 합성한다.
　이 회로는 모음과 유성자음에서는 발음통로의 공명특성을 정확히 표현하는 직렬형으로 쓰고 포르만트가 애매한 무성자음들에서는 그에 해당한 회로를 직렬형에 병렬로 덧붙여쓰는 방식과 발성방식이 다른 음원마다에 직렬형합성회로를 갖추는 방식 등 여러가지로 제안된다.
　포르만트합성방식에서는 포르만트파라메터의 접속을 위하여 림계제동2계미분방정식이 리용되고있다. 이것은 포르만트의 초기값과 직후의 포르만트의 목표값을 고려하여 어떤 일정한 시정수를 전위하여 포르만트변화의 자리길을 구하는 방식이다.

포르만트합성방식은 특징파라메터가 직접 음성의 특성을 반영하고있기때문에 리해하기 쉽고 보간특성이 비교적 좋다.

그렇지만 포르만트의 자동추출이 어렵고 또 합성단위들사이의 파라메터접속규칙이 복잡하므로 현재로서는 모음련쇄를 제외하고 소리마디와 소리마디사이, 자음련쇄에서는 해결할 문제가 많다.

파형편집방식은 자연음성에서 얻어지는 음성파형소편들을 대량적으로 준비하고 본문의 문자기호렬에 따르는 음성정보와 운률정보에 따라 선택편집하여 합성음성을 얻어내는 합성방식이다.

파형자료를 합성단위로 하여 합성음을 얻는 이 방법은 개개 단위의 명료성이 좋고 또 음성신호처리가 D-A변환조작뿐이라는 우점이 있다. 그런데 이 방법에서는 개개 단위의 기음주파수와 세기, 길이조종이 어렵다는 결함을 가지고있다.

그러나 최근에 와서 피치단위로 파형을 잘라내여 합성피치에 일치시켜 두고 피치파형의 길이 조종과 반복사용, 속음처리에 의한 피치 및 길이조종과 중폭곁수에 의한 세기조종으로 운률정보조종을 진행하는 방법이 제안되여 품질이 좋은 합성음을 얻고있다.

그러나 파형 그자체를 질적으로 변화시키는데는 한계가 있기때문에 합성단위수를 대량적으로 선택하여 준비시켜 놓고 본문에 대한 해석정보에 따라 합성하는 방법과 단위들사이의 접속에서 령위상에 의한 소편파형접속방법들이 리용되고있다.

콤퓨터의 기능이 비상히 강화되고 기억용량이 지난 시기의 몇천, 몇만배로 늘어남에 따라 오늘날에 와서 파형편집방식은 음성합성에서 기본적인 방법으로 되고있다.

그것은 지난 시기 장치적으로 실현하던 소리의 분석처리 및 합성을 콤퓨터내에 한개 기능으로 장비하고 다량의 실지음성파형을 그대로 기억시킬만 한 충분한 기억용량을 구비한것과 관련된다.

이상에서 본 두 부류의 음성합성기술을 응용의 견지에서 볼 때 단위음성합성기술은 한정된 단어나 문장의 합성이라면 규칙합성기술은 기호렬로 표시된 모든 문자에 해당한 모든 말소리들의 합성이다.

이런 측면에서 후자의 합성기술은 전자의 합성기술을 포함하는 것으로 되지만 합성음의 질과 기능의 측면에서 볼 때 서로 우결함을 가지고있다.

단위음성합성기술에 의하면 제한된 범위내에서 합성되는 음의 질이 좋고 자연성도 좋지만 어휘수가 제한되여있고 기억용량이 방대해지며 어휘수를 늘이는 경우에 음성단위의 자료작성과 그의 자유로운 변형이 매우 어렵다. 반면에 규칙음성합성기술에 의하면 합성되는 음의 질이 단위음성합성기술에 의한것보다 좋지 못하고 현재로서는 자연성도 잘 보장되지 않는다. 그러나 어휘수의 제한이 없고 기억량도 작으며 자료작성과 그의 자유로운 변형이 간단하여 앞으로 이를 통한 명료하고 자연성이 보장되는 음의 합성을 기대하고있다.

현재 규칙음성합성기술에 의한 합성음의 명료성은 비교적 높지만 자연성은 잘 보장되지 못하고있다.

그 주요한 원인의 하나는 아직까지 개별적인 음성단위들의 어음론적인 구조와 호상결합과정에 있게 되는 변화특성에 대한 세부적인 고찰이 원만히 해결되지 못한데 있고 다른 하나는 자연언어해석처리에 기초한 운률정보의 생성체계가 따라서지 못하고있는데 있다.

단위음성합성단계에서는 국한된 어휘에 한정되여있는것으로 하여 구태여 어음론적인 제 현상들에 대한 해석처리와 자연언어처리기술이 안받침되지 않아도 상당한 정도의 자연스럽고 명료한 음성을 합성해낼수 있지만 규칙음성합성단계에서는 본문에 있는 문자기호렬에 해당한 모든 음성을 합성해내는것으로 하여 어음론적인 제 현상들에 대한 해석처리와 자연언어처리기술이 안받침되여야 자연스럽고 명료한 음성을 합성해낼수 있다.

조선어음성합성기술의 개발은 입말로서 표현되는 조선어의 어음론적 및 음향학적특성과 언어구조적특성에 기초한 자연언어처리기술에 기초하여 진행되여야 한다.

앞에서 서술한 음성합성방법들을 분류하여 보면 그림 1-1과 같이 할수 있다.

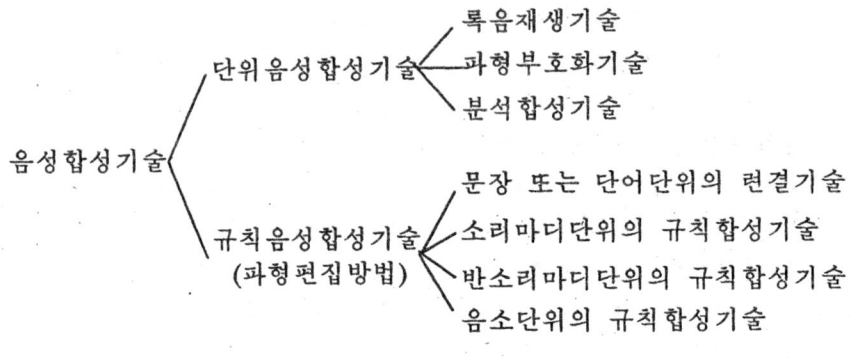

그림 1-1

2. 본문음성합성방법

본문음성합성에서는 본문에 있는 언어에 대한 처리가 적극적으로 진행되기때문에 단어나 문장의 구조해석과 의미정보가 리용되여 보다 자연적이며 명료한 합성음을 얻을수 있다.

본문음성합성을 위하여서는 우선 문자렬 또는 음소기호렬로부터 어음론적 및 음성공학적규칙에 기초하여 음성을 합성하여야 한다.

그림 1-2에 문자렬 또는 음운기호렬로부터 음성을 합성해내는 공정을 보여주었다.

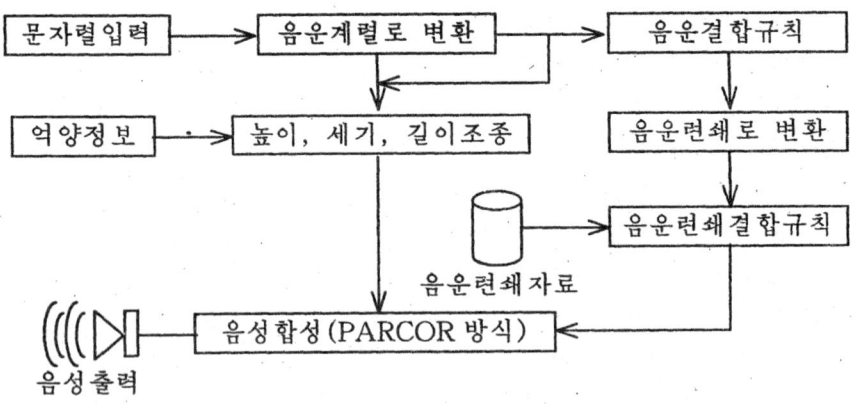

그림 1-2. 문자렬 또는 음운기호렬에 의한 음성합성

그림 1-2에서 보여준 음성합성방법은 PARCOR(편자기상관)결수로써 표현된 VCV음운련쇄음성단위를 리용한것이다.

그림에서 보는바와 같이 입력정보는 합성하려는 문장의 문자렬과 억양이다. 여기서 억양과 같은 운률기호는 언어구조에 대한 해석에 기초하여 만들어준다.

입력된 문자렬은 음운렬로 변환되며 최종적으로는 음운련쇄렬로 표현된다.

한편 입력된 운률기호로부터 음성의 높이, 세기, 길이 등의 정수들을 설정한다.

다음 음운련쇄렬에 기초하여 음운련쇄(VCV)음성단위자료파일에서 음운련쇄렬을 순차로 읽어내고 정해진 높이, 세기, 길이 등의 운률정보에 따라 정합한다.

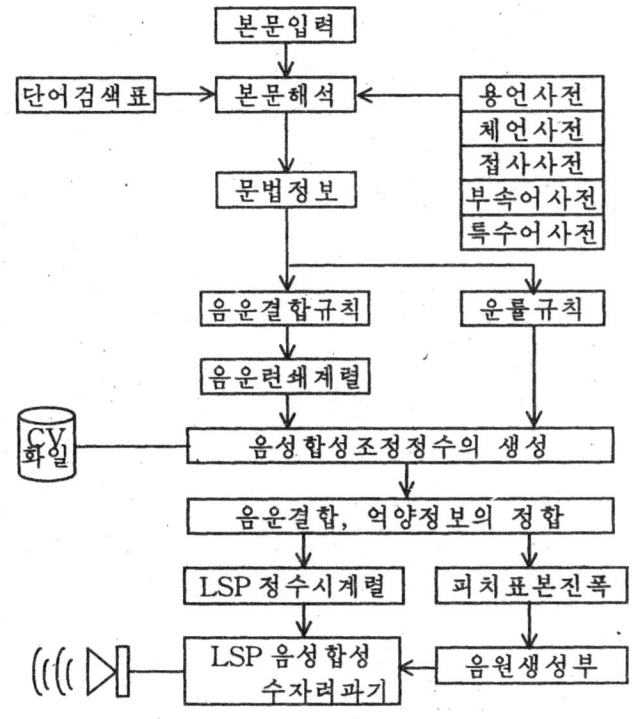

그림 1 - 3. 본문음성합성체계의 구성도

음운련쇄자료기지에는 VCV만이 아니라 VV, CV, VC, CVC형 등의 다양한 음운련쇄음성단위자료들이 미리 PARCOR곁수로써 축적되여있다. 이 곁수들을 입력된 본문문자렬에 따라 순차적으로 불러내여 PARCOR형음성합성기에 보내여 규칙적인 음성합성을 진행한다.

이 방법에서는 발음기호와 함께 운률정보를 수동적으로 넣어주어야 한다.

본문음성합성은 이러한 제한성을 극복하고 자연언어의 해석에 기초한것으로서 규칙합성의 응용분야를 한층 더 확장한것이다.

본문음성합성에서 제기되는 문제점은 일단 입력된 문장을 발음기호로써 표현하는것과 함께 운률정보를 자동적으로 만들어내는 음성공학적표현단계를 반드시 거쳐야 한다는것이다.

운률정보는 매개 언어마다 서로 다르기때문에 해당 언어의 특성에 따라 정해진다.

가장 일반적인 본문음성합성체계를 보이면 그림 1-3과 같다.

그림 1-3에 보여준 본문음성합성체계는 LSP(선스펙트르쌍)음성분석합성방법을 리용한것이다.

본문음성합성체계는 크게 문장해석부와 음성합성부로 이루어졌다.

합성하려는 문장이 입력되면 우선 문장해석부에서 문법정보에 따라 띄여쓰기 및 구, 문장구획을 결정한다. 주어진 문장을 자연감이 나게 합성하기 위하여서는 문장의 의미내용에 이르기까지 구체적으로 아는것이 중요하다. 그런데 본문음성이 담고있는 내용은 다양한 화제거리로 되여있기때문에 자연언어의 해석이 안받침되여야 한다. 이 합성체계에는 자연언어처리문제가 반영되여있지 않다. 따라서 그림 1-3에서 보여준 문장해석부에서는 문장전체의 문법적, 의미적정합을 실현하기 위한 공정을 피하고 사전검색을 수단으로 하여 진행하였다.

문장해석부에서 얻어진 결과는 띄여쓰기, 단어의 소리마루, 문법정보이다. 이 정보를 음운변환부와 운률정보를 만들어내는 부분으로 보낸다. 음운변환부에서는 음운변환규칙에 따라 글말을 입말로 변환한다. 또한 길게 발음되는 소리마디에 대하여서는 긴소리마디변환을 하고 모음이 무성화되는 소리마디에 대해서는 무성화변환을 한다.

운률정보를 만들어내는 부분에서는 문장해석부에서 얻어진 단어의 소리마루와 띄여쓰기, 문법정보에 기초하여 단어의 소리마루, 소리마디발성길이, 끊기 등을 결정한다.

음성합성조정정수를 만들어내는 부분에서는 음운련쇄음성단위자료기지로부터 음운계렬에 따라 규칙적으로 소리마디를 읽어낸다.

한편 음원정수를 만들어내는 부분에서는 여러가지 운률규칙에 따라 음성의 피치주기와 진폭정보를 시계렬로 얻어낸다. 이 음원정보와 LSP정수시계렬이 음성합성장치에 들어가서 본문에 해당한 문장준위의 음성을 합성하여 출력한다.

물론 언어학적 및 음성공학적처리는 자기 나라의 말과 글에 기초하여 서로 다르게 진행된다.

여기서 특히 중요한것은 언어학적처리단계에서 반드시 필요한 본문해석용사전의 준비, 문법정보, 억양구조 등은 언어학전문가들이 자기 나라 언어에 기초해서 해석하고 작성하여야 한다는것이다.

조선어는 한글자당 그에 대한 소리가 1:1로 대응하는 특징이 있다. 물론 글말과 입말사이의 차이는 있으나 그것은 음운변이나 음운변종, 어음변화에 의한것이지 영어에서처럼 한글자가 여러가지 소리로 발음되는 현상은 아니다.

그러므로 조선어에서는 영어에서와 같이 단어단위의 사전검색을 진행하지 않아도 음소, 음운단위의 규칙음성합성체계를 구성할 수 있다. 여기서 사전이나 문법정보는 운률적정보를 얻기 위한데 리용된다.

그림 1-4에 조선어본문음성합성체계의 구성도를 보여주었다.

본문해석부에서는 단어의 형태구조해석, 의미해석, 문법적걸림관계해석에 기초하여 문장구조를 해석한다.

운률정보생성부에서는 억양구조사전으로부터 문장해석부에서 해석되여 나오는 문장에 적합한 억양구조를 추출한다.

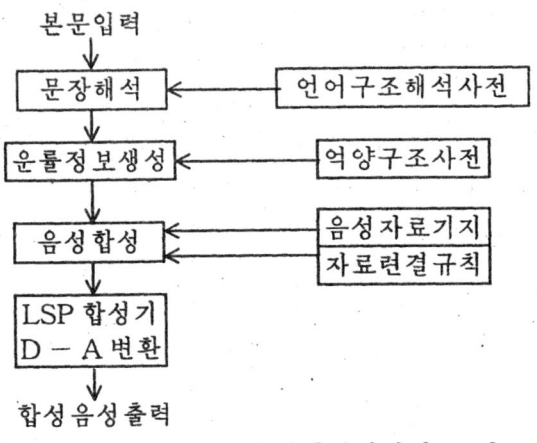

그림 1 - 4. 본문음성합성체계의 구성

음성합성부에서는 음성자료기지로부터 최장일치법과 같은 탐색법에 의하여 문자렬로 입력되는 본문으로부터 음성단위들을 선택하며 자료련결규칙에 의하여 이것들을 규칙적으로 합성한다. 또한 발음사전을 리용하여 읽기변환을 실시한다.

다음으로 LSP파라메터를 리용한 음성합성공정을 거쳐 수자-상사변환을 하여 음성출력을 한다.

조선어에서 소리마디글자는 11,172자, 소리마디는 3,192개가 리론적으로 가능하다. 《조선말대사전》을 대상으로 하여 여기에 나오는 소리마디들과 어음변화를 표현하는 소리마디까지 포함하여 현재 실지로 사용되고있는 소리마디를 그대로 음성자료로 리용하는 경우 한 소리마디가 보통 2.5Kbyte(f=10KHz, 량자화비트수 8bit 일 때)정도의 기억용량이 필요하므로 2.5×2,000=5,000Kbyte의 기억용량이 필요하다.

이 경우 소리마디별로 음성파형을 접속하기때문에 말소리흐름속에서의 음운의 실현과 같은 어음론적인 현상들을 반영할수 없다.

이러한 부족점을 해결하기 위하여 음소, 음운, 음운련쇄, 통계적수법에 의한 음성단위, 복합음성단위와 같은 각이한 형태의 음성자료들을 리용하고있다.

제2절. 홑소리마디합성

1. 홑소리마디의 합성모형

1) 모음소리마디

우리 말의 모음소리마디는 일반적으로 발음과정에 질적변화를 일으키지 않는다. 력점이 있는 소리마디에 놓인 모음이 력점이 없는 소리마디에 놓인 모음보다 좀더 뚜렷이 들리지만 그것들사이의 질적차이는 량적계선을 넘어서지 못한다.

모음만으로 된 홑소리마디는 다음과 같이 모형화한다.

① 신호파형

홑모음의 신호파형은 피치주파수를 고려하지 않을 때 발음의 시작위치에서부터 마지막끝까지 거의 일정하므로 모음정상부에서 잘라낸 피치파형의 반복사용으로 홑소리마디전체를 표현한다.

겹모음은 4개의 요소파형 즉 반모음에 해당한 첫 요소와 홑모음에로 넘어가는 과도부의 앞부분과 뒤부분 그리고 홑모음정상부에 따르는 넷째 요소에 해당한 피치파형의 반복사용으로 홑소리마디전체를 표현한다.

과도부에 대해서는 겹모음의 종류와 운률적특성에 따라 조금씩 차이는 있지만 대체로 앞부분은 2~3개, 뒤부분은 2~5개의 피치파형의 반복사용으로 비교적 자연스러운 합성음이 얻어진다.

② 피치주파수의 변화특성

홑모음소리마디의 피치주파수는 발음의 초기에 급격히 증가하여 모음정상부에 도달하였다가 초기에 비하여 서서히 감소한다.

합성음의 자연성을 보장하기 위하여 랑독조로 발음된 경우에 발음의 초기에 피치주파수는 정상부의 90~95%, 발음의 마감부분에는 75~80%되게 설정한다.

겹모음에서 반모음에 해당한 첫 요소의 피치주파수는 일정하며 과도부에서부터 홑모음의 피치주파수를 따른다.

한편 소리마디에 따르는 합성음의 자연성을 보장하기 위하여 매 피치결음마다에 해당한 피치파형을 축적한다.

③ 진폭특성

홀소리마디는 발음생리학적으로 한번의 날숨과 한번의 발음기관의 운동에 의하여 이루어지므로 그의 진폭포락선은 발음시점에서 급격히 증가하여 정상부에 도달하였다가 서서히 감소한다.

이 진폭특성은 6개의 직선토막으로 이루어진 꺾인곡선으로 근사화한다. 겹모음의 경우 반모음은 모음정상부의 3분의 1~5분의 1배의 진폭을 유지하며 파도부로부터는 점차 증가한다.

모음소리마디의 진폭특성을 그림 2-1에 보여주었다.

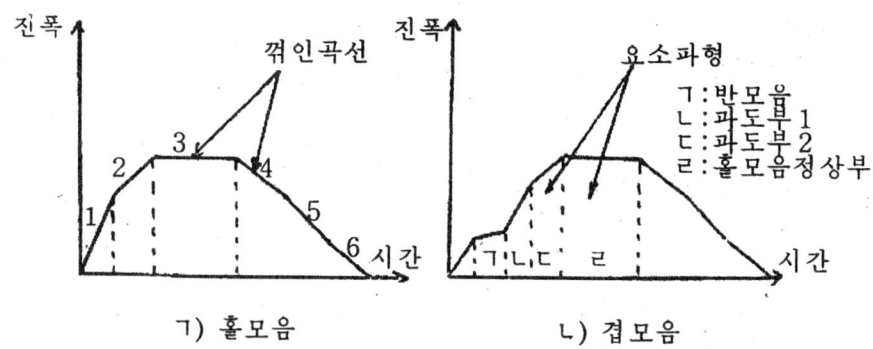

ㄱ) 홀모음   ㄴ) 겹모음

그림 2-1. 모음소리마디의 진폭포락특성

2) CV소리마디

이 홀소리마디합성음의 자연성을 보장하기 위하여서는 자음과 모음의 련결처리를 정확히 하여야 한다.

조선어자음들은 발음방식에 따라 터침소리, 터스침소리, 스침소리, 청있는소리로 갈라보며 소리의 성격에 따라 순한소리, 거센소리, 된소리, 울림소리로 갈라본다.

물리음향학적분석결과에 의하면 순한소리와 모음이 결합된 CV홀소리마디들에서 순한소리들이 모음에 주는 영향이 상대적으로 작다.

거센소리가 들어있는 CV소리마디를 발음할 때에는 거센소리가 모음에 주는 영향이 상대적으로 크다.

된소리가 들어간 CV소리마디에서는 된소리에 해당한 자음부가 첫머리에 매우 짧게 나타나고 모음에 주는 영향은 거센소리에 비하여 상대적으로 작다.

이로부터 순한소리, 거센소리, 된소리가 들어가는 CV소리마디는 모음부와 겹치지 않는 무성음부, 자음·모음결합부, 모음부로 합성모형을 만들수 있다.

합성을 위한 음성단위는 무성음부분의 전체 음소길이파형을 하나의 합성단위로 하며 자음·모음결합부에서 자음성분이 우세한 앞부분과 모음성분이 우세한 뒤부분 그리고 모음의 정상부와 마감부를 각각 합성단위로 선택한다.

울림소리《ㅁ, ㄴ, ㄹ, ㅇ》을 발음할 때에는 목청진동이 동반된다.

《ㅁ, ㄴ》는 첫소리로 발음될 때 입술 또는 혀앞부분에서 터침을 조성하는것과 함께 목청음이 입안과 코안에서 동시에 울림을 조성하여 내는 소리이며《ㄹ》는 입안에서 혀끝에 의한 튀김과 울림을 조성하여 내는 소리이다.

《ㅇ》은 첫소리로는 발음되지 못하고 받침으로만 발음되는 소리이다.

《ㅇ》을 발음할 때 목젖이 입안통로를 막음으로써 목청음은 코안을 통하여 울리여나간다.

그러므로 울림소리가 들어간 CV소리마디는 모음부와 겹치지 않는 울림소리부, 자음·모음결합부, 모음부로써 모형화된다.

우에서 고찰한 3가지 경우를 종합하면 CV소리마디의 모형화는 모음부와 겹치지 않는 자음부, 자음·모음결합부, 모음부로 이루어진다.

음성합성단위는 모음부와 겹치지 않는 자음부에서는 무성자음일 때 음소길이의 파형, 유성자음일 때 피치주기파형, 자음·모음결합부에서는 자음성분이 우세한 앞부분과 모음성분이 우세한 뒤부분에서 각각 한개씩의 피치주기파형 그리고 모음부의 피치주기파형으로 한다.

CV소리마디합성모형에서 모음부는 모음홀소리마디모형을 그대로 리용한다.

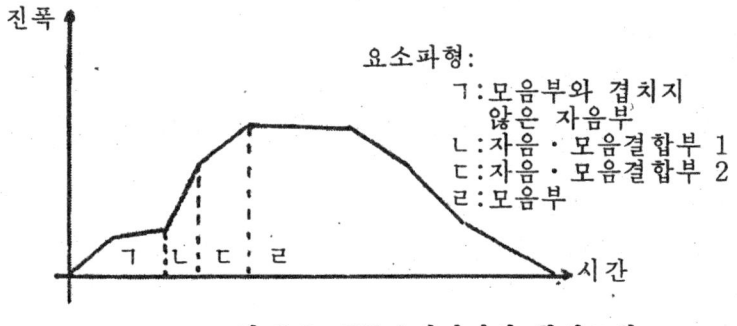

그림 2-2. CV소리마디의 합성모형

그림 2-2에 CV소리마디의 합성모형을 보여주었다.

CV소리마디의 합성모형은 결국 모음부와 겹치지 않은 자음부를 C, 자음·모음결합부 1을 C_V, 자음·모음결합부 2를 cV, 모음부를 V라고 할 때 다음과 같이 표시된다.

$$S_{CV} = \{[C_i] \cdot [C_{Vij}] \cdot [_cV_{ij}] \cdot [V_j]\} \quad (2-1)$$

여기서 $i = \overline{0, 18}$; 자음음운의 종류번호

$j = \overline{0, 21}$; 모음음운의 종류번호

기호 〈·〉은 매 요소들의 단순한 시간순서상의 결합을 나타낸다.

3) VZ소리마디

우리 말에서 받침소리는 모음을 끝맺어주는 역할을 하는 자음의 변종으로서 《ㅂ, ㄷ, ㄱ, ㅁ, ㄴ, ㄹ, ㅇ》의 7개가 있다.

받침소리는 소리마디의 끝에서 모음의 발음을 완전히 끝맺어주는 《ㅂ, ㄷ, ㄱ》와 모음의 발음을 끝내는것과 동시에 그에 뒤이어 입안과 코안에서의 울림을 조성하는 《ㅁ, ㄴ, ㄹ, ㅇ》의 두가지가 있다.

발음생리적으로 볼 때 《ㄱ, ㄷ, ㅂ》는 첫소리에서 터침소리들로서 이것을 발음하기 위하여서는 밀폐, 지속, 터침과정이 이루어져야 한다. 그러나 이 자음들이 소리마디의 끝에서 받침으로 발음될 때에는 밀폐, 지속과정만 있고 터침과정은 없다.

따라서 울림이 없는 받침소리를 가진 VZ소리마디에서는 모음부가 급격히 감소하며 마지막에 《ㄱ, ㄷ, ㅂ》받침소리에 해당한 짧은 요소파형이 나타난다.

그러므로 이 경우에는 모음부, 모음·받침결합부, 받침부, 휴지부로서 합성모형을 만들수 있다.[그림 2-3 ㄱ)]

합성단위로는 모음부의 피치주기파형, 결합부에서 모음성분이 우세한 앞부분의 피치주기파형, 결합부에서 받침성분이 우세한 뒤부분의 피치주기파형, 받침에 해당한 요소파형의 4개로 구성한다.

울림이 있는 받침소리를 가진 VZ소리마디를 발음할 때에도 우와 같은 밀폐, 지속과정이 있게 된다. 그러나 받침 《ㅁ, ㄴ, ㅇ》을 발음할 때에는 입안에서의 밀폐과정과 함께 목젖이 밑으로 내려오면서 코안을 개방함으로써 코울림소리가 길게 지속된다.

받침 《ㄹ》를 발음할 때에는 입안에서의 완전한 밀폐가 이루어지지 않고 혀의 량옆을 통하여 날숨이 나가는것과 함께 입안에서의 울림소리가 지속된다.

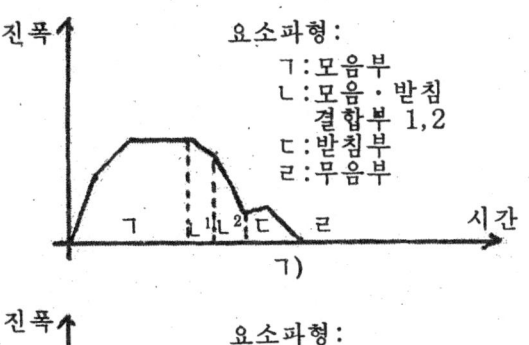

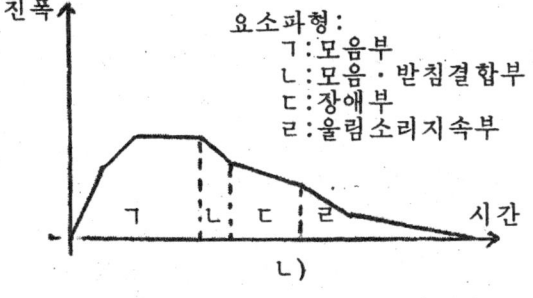

그림 2-3. VZ 소리마디의 합성모형

따라서 울림소리 받침을 가진 VZ소리마디는 모음부, 모음·받침결합부, 장애부와 울림소리지속부로 모의할 수 있다.[그림 2-3 ㄴ)]

합성단위는 모음부의 피치주기파형, 결합부와 장애부, 울림소리들에서 각각 한개씩의 피치주기파형으로 이루어진다.

이 경우에 모음부는 모음홑소리마디의 앞부분을 그대로 리용한다.

결과적으로 VZ소리마디의 합성모형은 모음부를 V, 모음·받침결합부 1 또는 모음감소부를 V_Z, 모음·받침결합부 2 또는 장애부를 vZ, 받침부와 무음부 또는 울림소리지속부를 Z라고 할 때 다음과 같이 표시된다.

$$S_{VZ} = \{[V_j] \cdot [V_{Zik}] \cdot [vZ_{ik}] \cdot [Z_k]\} \quad (2-2)$$

여기서 $j = \overline{0,21}$: 모음음운의 종류번호

$k = \overline{0,7}$: 받침소리의 종류번호

4) CVZ소리마디

이 홑소리마디의 합성모형은 모음정상부를 기준으로 하여 CV소리마디와 VZ소리마디가 결합된것으로 한다.

그러므로 CVZ소리마디의 합성모형은 다음과 같이 표시된다.

$$S_{CVZ} = \{[C_i] \cdot [C_{Vij}] \cdot [_cV_{ij}] \cdot [V_j] \cdot [V_{Zik}] \cdot [vZ_{ik}] \cdot [Z_k]\}$$
$$(2-3)$$

여기서 $i = \overline{0,18}$, $j = \overline{0,21}$, $k = \overline{0.7}$

모음홑소리마디와 CV소리마디, VZ소리마디의 합성모형들은 CVZ홑소리마디합성모형 (2-3)에 귀착된다.

모음홑소리마디에서는 홑모음인 경우에 모음정상부를 기준으로 앞부분을 각각 C_i, C_{Vij}, CV_{ij}에 대응시킬수 있으며 뒤부분은 각각 V_{Zik}, vZ_{ik}, Zk에 대응시킬수 있다. 모음정상부는 V_i와 같다. 겹모음인 경우에는 반모음에 해당한 부분을 C_i, 둘째 요소에로 넘어가는 파도부의 앞부분과 뒤부분을 각각 C_{Vij}, CV_{ij}에 대응시킨다.

결국 조선어홑소리마디합성모형은 CVZ소리마디의 합성모형으로 일관시킬수 있으며 합성단위는 그 매개 요소부분의 합성요소로 된다.

2. 홑소리마디합성을 위한 파형자료

우에서 제안한 합성모형에 토대하여 파형편집방식으로 규칙음성합성을 실현하는데서 중요한것은 첫째로는 합성기초에 해당한 요

소파토막들로 이루어진 파형자료기지를 합리적으로 구성하는 문제이며 둘째로는 이 파형자료기지에서 가장 적합한 요소파형토막들을 선택결합하여 필요한 음성파형을 합성해내는 련결기술의 확립이다.

여기서는 파형편집방법에 의한 규칙합성의 자료파일로 되는 파형자료기지의 구성방법을 제기한다.

음성파형은 각 음운에 따라 그리고 음운환경과 운률적특성에 따라 다양한 모양을 가진다.

우리가 CVZ소리마디를 발음할 때 음성파형은 첫소리, 가운데소리, 받침소리에 따라 달라질뿐아니라 첫소리, 가운데소리, 받침소리들이 어떤것인가에 따라서도 일정한 차이를 가진다.

또한 운률적인 특성에도 관계되는데 특히 피치주파수에 따라서 음성파형이 크게 변동되며 발음길이와 진폭은 량적인 변동만을 가져온다.

결국 파형자료기지축성에서는 음운의 종류와 음운의 결합적조건, 피치주파수의 변화에 따르는 영향을 고려하여야 한다.

그림 2-4에 여기에서 제안하는 파형자료기지의 전체 구성도를 보여주었다.

파형자료기지는 우에서 제안한 CVZ홑소리마디합성모형에 반영된 매개 부분요소에 대응하여 C, CV, cV, V, Vz, vZ, Z의 7

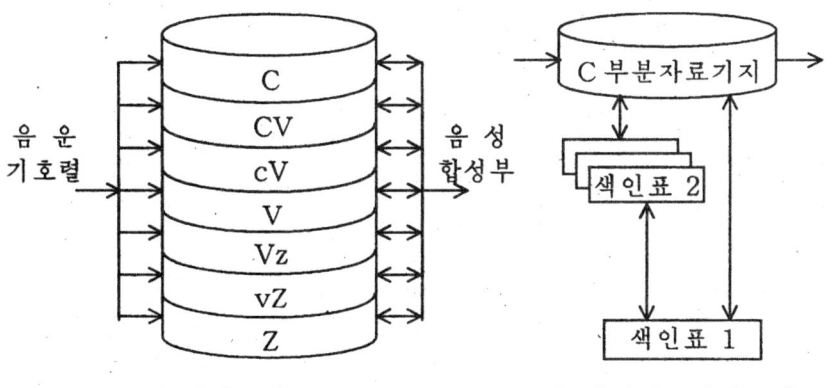

ㄱ) 전체구성도　　　　　ㄴ) 부분자료기지구성도

그림 2-4. 홑소리마디합성을 위한 파형자료기지의 구성

개 부분자료기지의 모임으로 구성한다.

파형자료기지는 다음과 같이 만든다.

① 먼저 우에서 제안한 합성모형과 합성단위에 근거하여 해당한 홀소리마디음성파형으로부터 무성음인 경우에는 음소길이파형을, 유성음인 경우에는 가장 적합한 피치주기파형을 잘라낸다.

② 다음 이 요소파형들을 홀소리마디안에서의 위치와 피치주파수를 고려하여 분류하고 해당한 부분자료기지에 보관한다.

파형자료기지의 구성과 관련하여 매개 요소파형소편들의 보관주소를 기입해둘 색인표를 부분자료기지마다 개별적으로 설정한다.

색인표는 음운의 종류와 음운의 위치-결합적조건, 피치주파수를 변수로 하여 다음과 같이 만든다.

① 피치주파수를 변수로 하는 1차원행렬구조로 된 색인표를 음운환경에 따르는 매개 유성음, 요소파형에 대하여 개별적으로 준비한다. (색인표 1)

② 음운종류와 음운환경(위치-결합적조건)을 변수로 하는 2차원행렬구조로 된 색인표를 매 부분자료기지에 대하여 개별적으로 준비한다. (색인표 2)

그림 2-5에 홀소리마디《다》에 대한 C_V부분자료기지와 각 색인표와의 관계를 보여주었다.

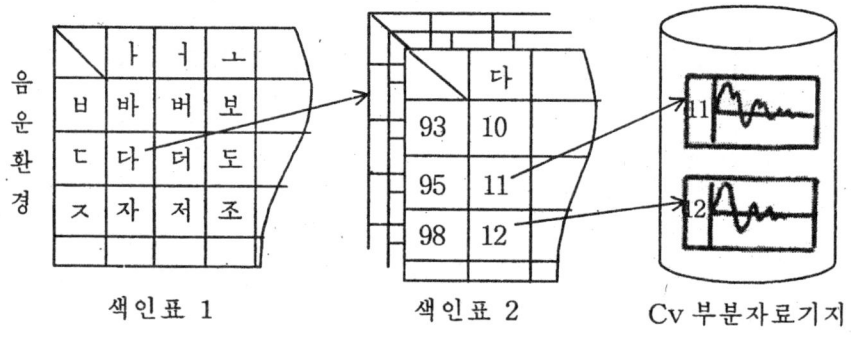

색인표 1   색인표 2 C_V 부분자료기지

그림 2-5. 파형자료기지와 각 색인표와의 관계

색인표의 매 요소에는 무성음인 경우에 요소파형소편의 보관주소를 직접 등록하며 유성음인 경우에 홀소리마디에서 정의되는 조종자료토막의 선두주소를 등록함으로써 피치파형의 호출을 간접적으로 하게 한다.

자료기지작성에서는 음성신호의 음향학적특성과 기억용량을 고려하여 무성음신호파형에 대하여서는 표본화주파수를 10kHz, 량자화폭은 8bit로 해서 요소파형들을 채취하며 유성음신호파형에 대하여서는 표본화주파수를 5kHz, 량자화폭을 12bit로 하였다. 그리고 기저주파수인 가청대역의 제1옥타브의 《화#》음으로부터 시작하여 24음률계의 음계주파수순서로 16개의 피치주파수들에 대한 피치파형을 채취하여 등록하였다.

3. 홀소리마디합성알고리듬

규칙음성합성에서는 입력문장의 해석처리에 따라 자음, 모음, 받침으로 이루어지는 음운계렬에 대한 피치주파수, 진폭, 음길이, 휴지길이 등이 언어해석결과에 따라 미리 결정되여있을것을 전제로 한다.

1) 알고리듬작성을 위한 자료의 형식화

자음, 모음, 받침으로 이루어진 음운계렬은 매개 음운들의 특성과 규칙합성프로그람작성상의 두 측면을 다음과 같은 16진코드로 규정한다.

여기서 무음이 있는 경우를 고려하여 공백기호(ㅡ)를 도입하고 받침에 포함시킨다.

합성체계에 입력되는 자료는 음운기호렬과 음운조종기호렬 그리고 끝기호로 이루어진다.

음운기호렬은 우에서 제정한 자음, 모음, 받침코드에 대하여 각각 1byte씩 할당하며 운률조종기호렬은 매 단위음성의 피치주파수, 진폭, 음길이를 조종하는것과 함께 단위음성(홀소리마디)들사이의 휴식길이를 부여하기 위한것으로서 피치주파수코드에 1byte, 진폭코드에 4bit, 음길이코드에 4bit, 휴지코드에 1byte를 각각 할당한다.

그리고 끝기호는 단위음성의 마감이라는것을 지정하는 코드로서 16진수 OFEH을 할당한다.

이렇게 하여 입력자료의 형식을 다음과 같이 규정한다.

$$\{[\text{피치주파수}], \underset{\text{1byte}}{[\overset{\text{4bit 4bit}}{\text{진폭/음길이}}]}, [C], [V], [Z], [\text{휴지}]\} \{\cdots\} \cdots \text{OFEH}$$
$$\phantom{\{[}\underset{\text{1byte}}{\phantom{[\text{피치주파수}]}}$$

즉 한개의 홀소리마디발성을 위한 입력자료의 길이는 6byte이다.

다음으로 단위음성합성을 위한 조종자료의 형식에 대하여 보자.

앞에서 본바와 같이 홀소리마디합성음의 자연성을 보장하기 위해서는 어음환경에 따르는 음운결합특성과 함께 유성음 특히 모음부에서 피치의 증가 및 감소특성과 진폭포락특성을 정확히 반영하여야 한다. 이로부터 매 홀소리마디에 해당한 음운, 운률조종자료를 설정하고 그에 따라 요소파형토막들의 접속처리와 운률적인 조종을 실현함으로써 자연음성의 생성과정을 모의한다.

합성음의 자연성을 보장하기 위한 음운, 운률조종자료의 형식은 다음과 같다.

$$\{[\underset{\text{4byte}}{\text{파형종류번호}}], [\underset{\text{1byte}}{\text{파형반복수}}], [\underset{\text{2byte}}{\overset{\text{1byte 1byte}}{\text{초기피치/증분피치}}}], [\underset{\text{2byte}}{\overset{\text{1byte 1byte}}{\text{초기진폭/증분진폭}}}]\}$$

여기서 [파형종류번호]에는 합성모형의 해당 위치에서 얻은 피치주기파형묶음의 기저주파수에 해당한 요소파형의 보관주소가 등록되여있으며 [파형반복수]에는 음길이조종을 위한 피치파형의 가상적인 반복사용회수 N이 등록된다.

그리고 [초기피치/증분피치]에는 합성모형의 모음정상부에서의 기저피치값 F_0과 그의 변동값 $\triangle F$가 보관되며 [초기진폭/증분진폭]에는 합성모형의 해당 위치에서의 진폭의 초기값 A_0과 최종적인 변화값 $\triangle A$가 등록된다.

음운코드표

		자 음			모 음			받 침	
	..	음운	16진코드		음운	16진코드		음운	16진코드
무성음	순한소리	ㅂ	00H	홀모음	ㅏ	00H	막힘	ㅂ	00H
		ㄷ	01H		ㅓ	01H		ㄷ	01H
		ㅈ	02H		ㅗ	02H		ㄱ	02H
		ㅅ	03H		ㅜ	03H	울림	ㅁ	03H
		ㄱ	04H		ㅡ	04H		ㄴ	04H
		ㅎ	05H		ㅣ	05H		ㄹ	05H
	거센소리	ㅍ	06H		ㅐ	06H		ㅇ	06H
		ㅌ	07H		ㅔ	07H	휴지	ᅟᅳᆷ	07H
		ㅊ	08H		ㅚ	08H			
		ㅋ	09H		ㅟ	09H			
	된소리	ㅃ	0AH		ㅏ	0AH			
		ㄸ	0BH		ㅓ	0BH			
		ㅉ	0CH		ㅗ	0CH			
		ㅆ	0DH	ㅣ	ㅜ	0DH			
		ㄲ	0EH	겹모음	ㅐ	0EH			
					ㅔ	0FH			
유성음	울림소리	ㅁ	0FH		ㅏ	10H			
		ㄴ	10H		ㅓ	11H			
		ㄹ	11H		ㅐ	12H			
		ㅇ	12H		ㅔ	13H			
					ㅣ	14H			

2) 합성알고리듬

앞에서 언급한것처럼 파형편집방식에 의한 규칙음성합성에서는 홑소리마디합성에 필요한 가장 적절한 음소길이파형들을 골라서 자료기지화하였으므로 음운계렬과 운률계렬에 따라 음소길이파형들을 단순히 접속처리하고 운률조종을 실시하는것으로써 합성음을 얻는다. 이를 위한 조종프로그람의 알고리듬을 그림(2-6~2-8)에 제시한다.

이와 같이 여기서는 사람의 음성발성과정과 음성출력파형과의 련관을 고찰하고 사람의 음성생성기능에 접근할수 있게 하는 시간령역에서의 음성합성과정을 고찰하였다.

그리고 음성의 기저적현상을 정확히 표현할수 있는 시간령역에서의 음성의 고유성을 확보하는 음성파형요소를 찾고 합리적인 합성기초자료(파형자료)기지화문제를 제안하고 이에 토대한 홑소리마디합성모델을 주었다.

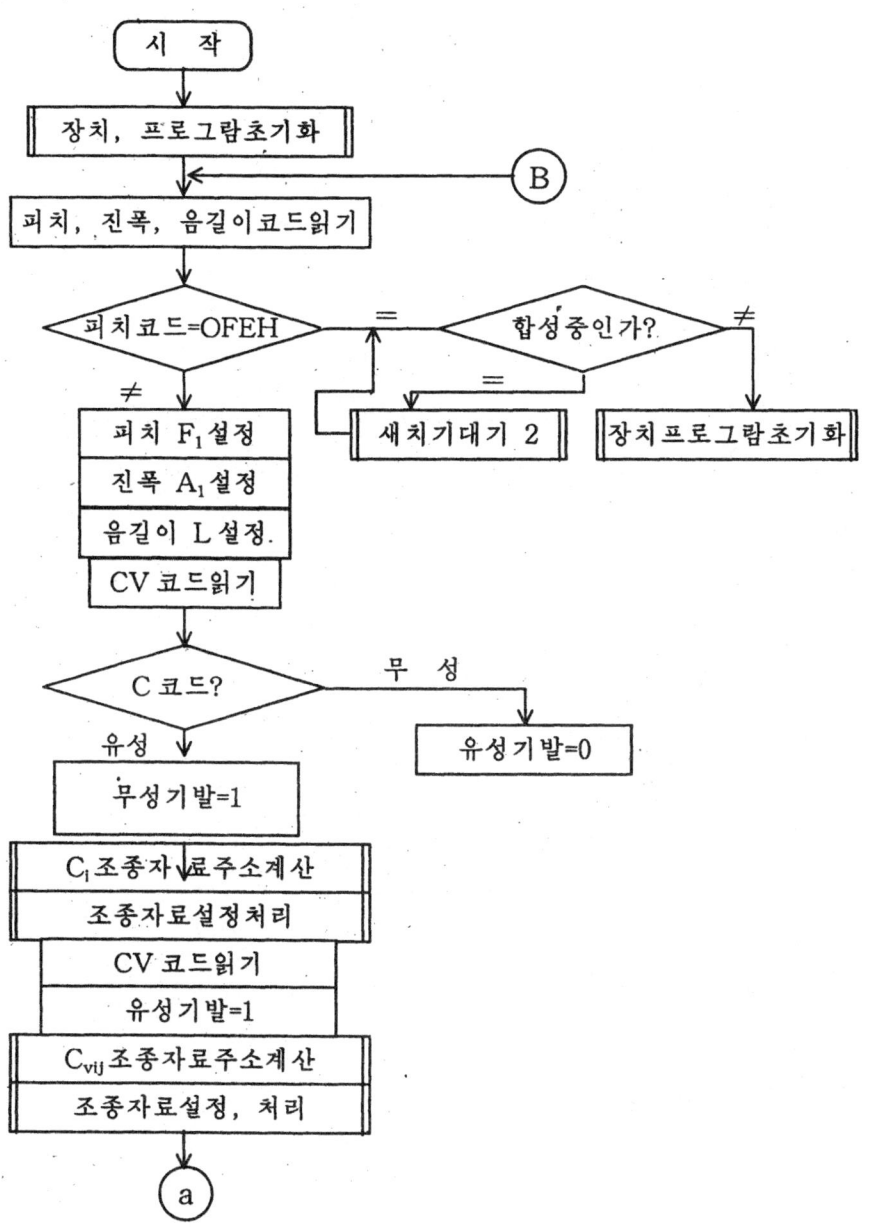

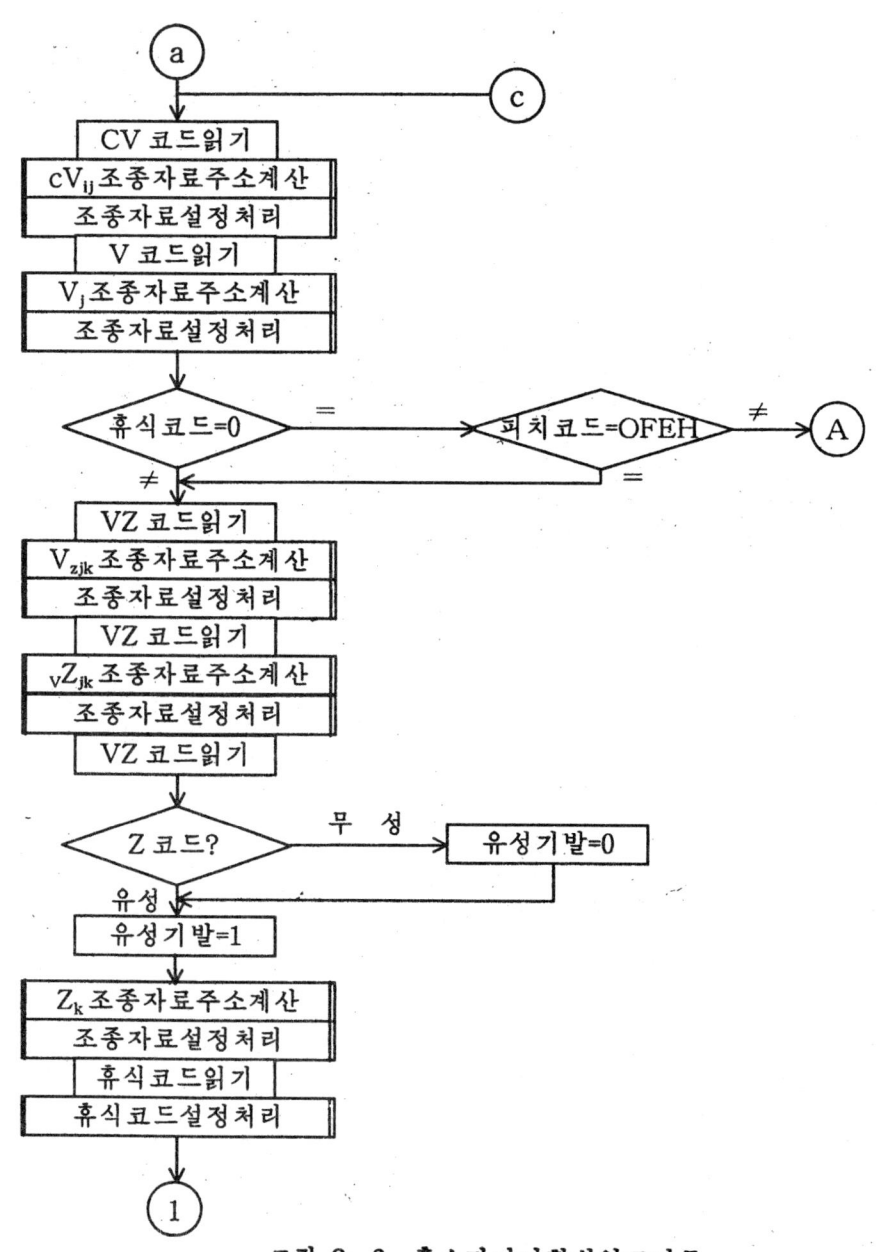

그림 2-6. 홑소리마디합성알고리듬

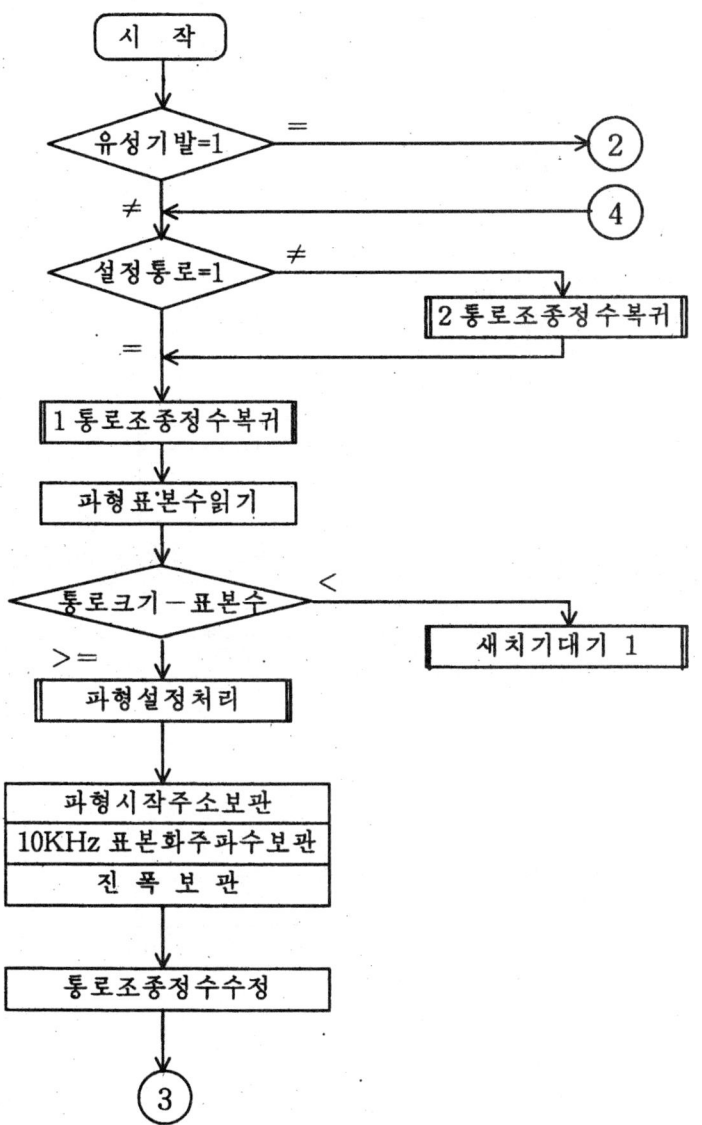

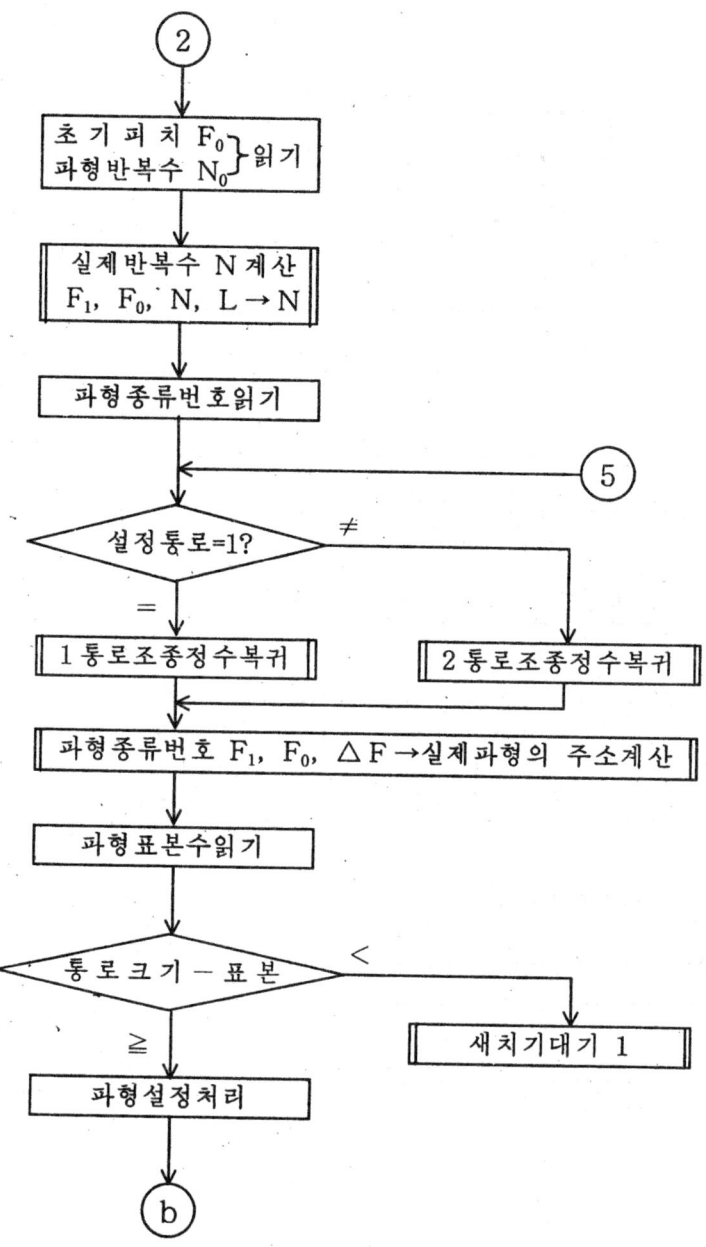

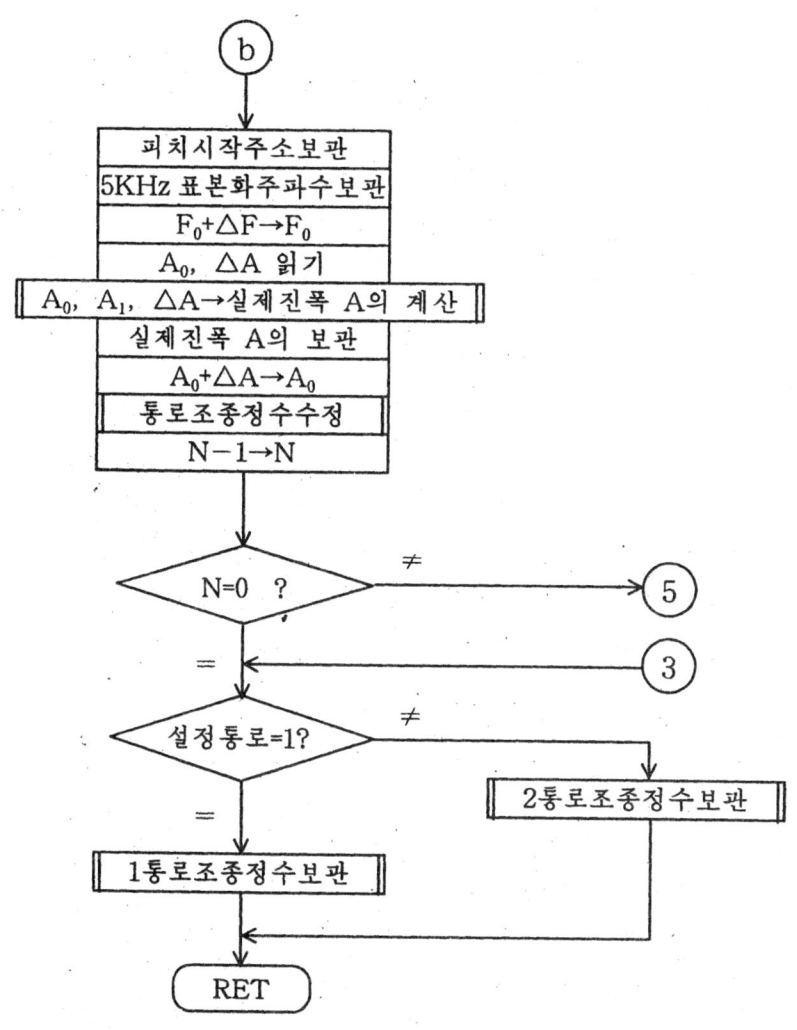

그림 2-7. 조종자료의 설정, 처리알고리듬

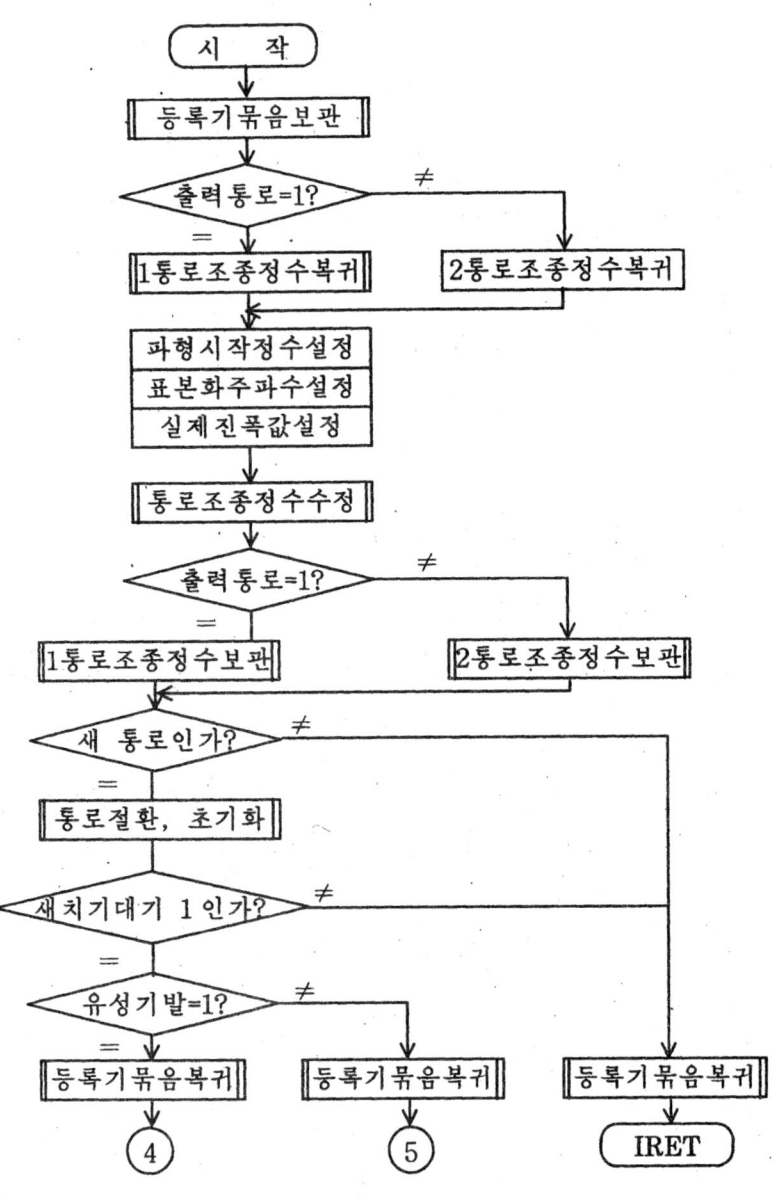

그림 2-8. 새치기처리알고리듬

제3절. 련속음성합성

사람들이 말을 할 때에는 개별적인 소리마디들을 끊어서 발음하는것이 아니라 소리토막을 단위로 하여 한 소리토막에 있는 소리마디들을 이어서 발음하게 된다. 이 과정에 개별적인 홀소리마디를 이루는 매개 말소리들이 서로 어울리고 영향을 주고 받으면서 보다 큰 하나의 발음덩어리로서의 소리토막을 이룬다.

발음기관은 소리토막을 이루는 개별적말소리들을 발음할 때 개별적말소리들의 조음적특성에 의하여 일정한 발음생리적제약을 받는다. 이 제약조건의 영향은 이웃한 말소리들뿐아니라 몇개의 말소리를 건너서도 미친다.

이러한 발음생리적원인에 의하여 발음할 때 소리토막안의 이웃한 소리마디들사이에서는 물론 서로 떨어져있는 소리마디들사이에서도 보다 자연스럽고 치밀한 관계가 이루어지는 방향에서 음운변형이 이루어진다. 이것을 위치-결합적조건에 의한 변화라고 한다.

그러므로 본문-음성변환체계에서 자연스러운 련속음성을 합성하기 위해서는 입력문장에 대한 본문해석결과에 의하여 얻어지는 음운계렬을 우와 같은 어음론적조건을 반영한 발음변환표에 의하여 재배치함으로써 발음기호로 변환된 실체로 생성하려고 하는 음성정보를 규칙합성부에 입력하여야 한다. (그림 3-1)

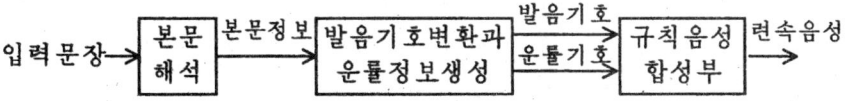

그림 3-1. 본문-음성변환체계의 구성도

본문-음성변환체계에서는 발음변환표에 의하여 어음론적인 제반 조건에 따라 어음변환이 실시된 어음계렬이 규칙합성부에 입력되는것을 전제로 한다.

이 어음계렬은 린접한 두 소리마디들사이의 결합구조에 따라 크게 4가지 부류 즉 모음·모음결합, 모음·자음·모음결합, 모음·유성받침·자음·모음결합, 모음·무성받침·자음·모음결합으로 갈라볼수 있다.

규칙음성합성에 의한 합성음의 명료성과 자연성은 중요하게 이 4가지 결합구조에 의하여 주어지는것만큼 매개 결합구조의 발음생리적 및 물리음향학적특성을 밝히고 그에 토대하여 련속음성합성을 위한 음성단위의 련결규칙을 확립하여야 한다.

1. 음성합성단위의 련결

1) 련속음성에서의 어음결합형태
① 모음·무성받침·자음·모음결합형태

앞소리마디의 받침이 무성음일 때에는 그 소리마디의 발음이 날숨을 막기만 하고 터치지 않으므로 발음기관은 긴장되게 된다.

무성받침을 발음할 때의 긴장은 비단 이 받침자음에 한해서만 오는것이 아니라 그것이 바로 날숨을 완전히 막고 내보내지 않는다는 특성으로 하여 발음통로상에 있는 모든 기관에 오게 된다.

따라서 무성받침소리발음다음에 오는 소리마디는 된소리나 거센소리로 발음되는 등 어음변화현상이 일어나게 된다.

한편 무성받침을 발음할 때에는 날숨을 완전히 막는것으로 하여 모음의 발음을 도중에 중단시키기때문에 일정한 길이의 무음구간이 존재하게 된다.

2장에서 음운변종에 대하여 고찰하면서 본바와 같이 유성막힘소리《ㄱ, ㄷ, ㅂ》가 결합되여 모음발음을 도중에 중단시킴으로써 홀소리마디의 길이를 짧게 하는데 이 짧아진 구간은 언어학적으로 정보를 가진 구간으로서 무시할수 없다.

모음 《ㅏ》를 독립적으로 약 300ms의 길이로 발음하였다고 할 때와 《ㄱ, ㄷ, ㅂ》가 받침으로 결합되여 발음되였을 때 이루어지는 무음구간은 《ㄱ》의 경우에 100ms정도, 《ㄷ》의 경우에 135ms정도, 《ㅂ》의 경우에 110ms정도로 된다.

그러므로 이 부류의 련결음성은 닫긴소리로 된 앞소리마디, 일정한 길이의 무음구간(앞소리마디의 받침과 뒤소리마디의 자음의 종류에 따라서 무음구간의 길이는 일정한 차이를 가진다.) 그리고 자음(어음변화를 일으키는 자음을 고려함.), 모음결합으로써 합성모형이 이루어진다.

② 모음·유성받침·자음·모음결합

울림소리받침《ㅁ, ㄴ, ㄹ, ㅇ》과 다음 소리마디의 자음과의 결합가능성을 표 3-1에 주었다.

표 3-1

자음 받침	ㅂ	ㄷ	ㅈ	ㅅ	ㄱ	ㅎ	ㅍ	ㅌ	ㅊ	ㅋ	ㅃ	ㄸ	ㅉ	ㅆ	ㄲ	ㅁ	ㄴ	ㄹ	ㅇ
ㅁ	O	O	O	O	O	×	O	O	O	O	O	O	O	O	O	O	O	×	×
ㄴ	O	O	O	O	O	×	O	O	O	O	O	O	O	O	O	O	O	×	×
ㄹ	O	O	O	O	O	×	O	O	O	O	O	O	O	O	O	O	O	×	O	×
ㅇ	O	O	O	O	O	O	O	O	O	O	O	O	O	O	O	O	O	×	O

여기서 《×》표식은 결합이 불가능하다는것을 나타낸다.

표에서 보는바와 같이 울림소리받침은 순한소리, 거센소리, 된소리, 울림소리들과 각각 결합된다. 다음 소리마디의 거센소리, 된소리자음들과 결합될 때 울림소리받침은 발음의 마지막단계에서 뒤따르는 자음을 발음하기 위한 상태에로 이동하므로 그 자음과 같은 위치의 막힘소리로 된다.

그러므로 이 경우에 두 소리마디사이의 결합은 앞소리마디의 모음부, 울림소리받침부, 받침소리마감에서의 막힘소리요소, 무음구간(표 3-2) 그리고 뒤소리마디의 거센소리 또는 된소리자음부와 모음부로써 모형화된다.

다음 소리마디의 순한소리자음과 결합될 때 울림소리받침은 발음의 마감단계에서 뒤따르는 순한소리자음을 발음하기 위한 상태에로 옮겨가므로 홀소리마디를 발음할 때보다 진폭이 더 빨리 감소하여 뒤따르는 자음과 결합된다.

뒤소리마디의 자음부는 앞소리마디의 울림소리받침부와 뒤에 오는 모음부의 영향을 받아 유성화된다.

이 경우에 두 소리마디사이의 결합은 앞소리마디의 모음부, 울림소리받침부, 받침에서 마감부분의 감소특성, 유성음화된 다음 소리마디의 순한소리자음부, 모음부로써 모형화된다.

울림소리받침이 뒤에 오는 울림소리자음과 결합될 때 자음의 종류에 따라 어느 한 코소리부로부터 다른 코소리로 또는 혀옆소리로부터 코소리 또는 튀김소리로 넘어가면서 그의 음향학적특성이 변한다.

따라서 합성모형은 앞소리마디의 모음부, 울림소리받침부(코소리 또는 혀옆소리), 받침·자음결합부, 다음 소리마디의 울림소리자음부, 모음부로 이루어진다.

③ 모음·자음·모음결합

두개의 홀소리마디를 련결발음할 때 앞소리마디가 모음으로 끝나는 열린소리마디라면 그뒤에는 임의의 자음을 가진 소리마디들과 다 결합될수 있다.

거센소리, 된소리들과 결합될 때 앞소리마디의 모음부는 그것을 발음하는 마감단계에서 뒤따르는 거센소리, 된소리를 발음하기 위하여 자음발음위치에서 일단 발음통로를 막았다가 터치게 된다. 자음을 발음하기 위하여 일단 발음통로를 막는 과정은 받침소리발음에서의 막힘과정과는 같다고 할수 없으나 형식적으로 일정한 류사성을 가진다

따라서 이 부류의 합성모형은 앞소리마디의 모음부, 모음감소부, 뒤따르는 자음발음위치에서의 막힘소리와 같은 소위 막힘소리부(받침부), 무음구간(표 3-2. 휴지구간)과 다음 소리마디의 거센소리 또는 된소리에 해당한 자음부, 모음부로써 이루어진다.

순한소리자음부는 앞소리마디의 모음부와 뒤소리마디의 모음부의 영향을 받아 심히 유성화된다.

그러므로 합성모형은 앞소리마디의 모음부, 모음감소부, 모음·자음결합부, 다음 소리마디의 유성화된 순한소리자음부와 모음부로써 이루어진다.

자음\막힘	ㅃ	ㄸ	ㅉ	ㅆ	ㄲ	ㅂ	ㄷ	ㅈ	ㄱ
ㅂ	95~100	95~100	95~100	(45~50)	95~100	60~65	70~75	50~55	60~65
ㄷ	70~75	70~75	70~75	(35~40)	70~75	60~65	60~65	50~55	60~65
ㄱ	90~95	90~95	90~95	(35~40)	90~95	60~65	70~75	65~70	70~75
ㅁ	80~85	65~70	65~70			60~65	35~40	30~35	30~35	30~35
ㄴ	75~80	55~60	55~60			55~60	35~40	30~35	30~35	30~35
ㄹ	80~85	55~60	55~60			55~60	35~40	30~35	30~35	30~35
ㅇ	80~85	65~70	65~70			60~65	35~40	30~35	30~35	30~35
ㅡ	85~90	60~65	35~40			65~70	50~55	40~45	20~35	30~35

표 3-2. 무음구간의 길이(ms)

울림소리자음과 결합될 때 앞소리마디의 모음부는 발음의 마감단계에서 뒤따르는 자음과 같은 위치의 소위 울림소리받침을 발음하는것과 같은 상태로 넘어간다.

이것은 동일한 울림소리받침과 자음이 결합되는 모음·유성받침·자음·모음결합의 합성모형과 류사한데 오직 앞소리마디의 마감부를 길게 발음하고 울림소리받침·울림소리자음결합부를 짧게 발음하는가 아니면 앞소리마디의 모음부를 짧게 발음하고 울림소리받침·울림소리자음부를 길게 발음하는가 하는 차이만이 있을뿐이다.

④ 모음·모음결합

이것은 우에서 본 모음·자음·모음결합의 특수한 형태로 볼수 있다. 이것은 두 소리마디를 련결발음할 때 뒤소리마디의 앞자음글자 《ㅇ》이 첫소리위치에서 소리값을 나타내지 못하므로 빠져 없어진 경우에 해당된다.

이 경우 앞소리마디의 모음부는 홀모음으로 된다.

따라서 뒤에 오는 소리마디가 홀모음이라면 두 모음소리마디가 결합되는 경계부의 앞뒤에서 각각 하나씩의 피치파형을 표본으로 취함으로써 련결음성의 자연성을 보장할수 있다.

뒤의 소리마디가 겹모음《ㅑ, ㅕ, ㅛ, ㅠ, ㅒ, ㅖ》인 경우에는 반모음《ㅣ》가, 겹모음《ㅘ, ㅝ, ㅙ, ㅞ》인 경우에는 반모음《ㅜ, ㅗ, ㅚ, ㅟ》가 뒤따르는 모음·모음결합부의 경계부에서 앞소리마디와 뒤따르는 겹모음이 결합되는것으로 모의하여 자연스러운 련결음성이 얻어진다.

여기서 알수 있는바와 같이 련속음성은 매 홑소리마디와 홑소리마디사이에서 앞소리마디의 모음정상부로부터 다음 소리마디의 모음정상부까지의 모음·모음, 모음·자음, 받침·자음에 해당한 조음결합에 의하여 실현된다. 결국 련속음성합성은 홑소리마디합성을 위한 알고리듬에서 앞소리마디의 모음정상부로부터 다음 소리마디의 모음정상부까지에 대한 련결규칙에 귀착된다.

특히 뒤에 오는 소리마디가 거센소리, 된소리자음으로 시작되는 경우에는 앞소리마디를 막힘소리로 표현하는 처리가 필요하다.

2) 련속음성합성모형

련결규칙에 대한 앞에서의 론의에서 알수 있는것처럼 련결발음되는 두 소리마디는 앞소리마디의 모음정상부로부터 뒤소리마디의 모음정상부사이에서 합성모형화를 진행하는것을 념두에 두고있다.

물론 두 소리마디사이의 자음과 자음사이를 음성단위로 잡아 모형화를 할수도 있으나 여기서는 우선 모음과 모음사이를 음성단위로 잡아 모형화를 실현하는것을 고찰한다.

이를 위하여 앞소리마디에 해당한 음성단위요소는 첨자 n, 뒤소리마디에 해당한 음성단위요소는 첨자 n+1을 붙이고 련결음성합성모형은 S_{VCV}로 표시한다.

① 모음·무성받침·자음·모음결합모형

$$Svcv_1 = \{[V_j^n]\cdot[Vz_{jk}^n]\cdot[vZ_{jk}^n]\cdot[Z_k^n]\cdot[L_{ki}]\cdot[C_i^{n+1}]\cdot[Cv_{ij}^{n+1}]\cdot$$
$$\cdot[cV_{ij}^{n+1}]\cdot[V_j^{n+1}]\} \qquad (3-1)$$

여기서 L_{ki}는 k번째 받침과 i번째 자음이 결합될 때의 무음구 간길이이다.

② 모음·유성받침·자음·모음결합모형
이 부류의 결합모형에는 세가지 종류가 있다.
첫째로, 유성받침이 있는 소리마디와 거센소리 또는 된소리자음이 있는 소리마디가 결합되는 모형이다.

$$Svcv_{21} = \{[V_j^n]\cdot[Vz_{jk}^n]\cdot[vZ_{jk}^n]\cdot[Z_{ok}^n]\cdot[Z_{plki}^n]\cdot[L_{ki}]\cdot[C_i^{n+1}]$$
$$\cdot[Cv_{ij}^{n+1}]\cdot[cV_{ij}^{n+1}]\cdot[Vj^{n+1}]\} \qquad (3-2)$$

여기서 Z_{ok}^n는 앞소리마디의 유성받침의 정상부이고 Z_{plki}^n는 앞소리마디의 유성받침의 마감에 오는 막힘소리요소이다.

둘째로, 유성받침이 있는 소리마디와 순한소리자음이 있는 소리마디가 결합될 때의 합성모형이다.

$$Svcv_{22} = \{[V_j^n]\cdot[Vz_{jk}^n]\cdot[vZ_{jk}^n]\cdot[Z_{ok}^n]\cdot[Z_{p2ki}^n]\cdot[C_{\sim ij}^{n+1}]$$
$$\cdot[Cv_{\sim ij}^{n+1}]\cdot[cV_{ij}^{n+1}]\cdot[V_j^{n+1}]\} \qquad (3-3)$$

여기서 Z_{p2ki}^n는 유성받침과 순한소리자음의 결합부이고 $C_{\sim ij}^{n+1}$은 유성음화된 순한소리자음부, $Cv_{\sim ij}^{n+1}$은 자음·모음결합부이다.

셋째로, 유성받침이 있는 소리마디와 유성자음이 있는 소리마디가 결합되는 합성모형인데 이것은 둘째 부류의 합성모형 (3-3)과 같다.
이때에는 Z_{p2ki}^n은 유성받침과 유성자음의 결합부로 되고 $C_{\sim ij}^{n+1}$은 유성자음부로 된다.

③ 모음·자음·모음결합모형
이 부류의 결합모형에도 세가지 종류가 있다.
첫째로, 모음이 거센소리 또는 된소리자음이 있는 소리마디와 결합되는 합성모형이다.

$$Svcv_{31} = \{[V_j^n]\cdot[Vz_{jk}^n]\cdot[vZ_{\sim ji}^n]\cdot[Vz_{\sim ji}^n]\cdot[Zv_{ji}^n]\cdot[L_{ki}]\cdot[C_i^{n+1}]$$

$$\cdot [Cv_{ij}^{n+1}] \cdot [cV_{ij}^{n+1}] \cdot [V_j^{n+1}]\} \qquad (3-4)$$

여기서 $vZ_{\sim ji}^n$ 은 모음홀소리마디 vZ_{jk}^n 에 대응하는 부분이고 $Vz_{\sim ji}^n$ 은 모음이 막힘소리로 변하는 부분, Zv_{ji}^n 은 뒤에 오는 자음과 같은 위치에 해당한 막힘소리요소이다.

둘째로, 모음으로 된 소리마디와 순한소리자음이 있는 소리마디가 결합되는 합성모형이다.

$$Svcv_{32} = \{[V_j^n] \cdot [Vz_{jk}^n] \cdot [vZ_{\sim ji}^n] \cdot [Vz_{\sim ji}^n] \cdot [Vc_{\sim ji}^n] \cdot [C_{\sim ij}^{n+1}] \cdot [Cv_{\sim ij}^{n+1}] \cdot$$
$$\cdot [cV_{ij}^{n+1}] \cdot [V_j^{n+1}]\} \qquad (3-5)$$

여기서 $vZ_{\sim ji}^n$ 는 유성홀소리마디의 vZ_{jk} 에 대응하는 부분이고 $Vz_{\sim ji}^n$ 는 모음감소부, $Vc_{\sim ji}^n$ 은 모음·자음결합부, $C_{\sim ij}^{n+1}$ 은 유성화된 순한소리자음부, $Cv_{\sim ij}^{n+1}$ 은 자음·모음결합부이다.

셋째로, 모음소리마디와 유성자음이 있는 소리마디가 결합되는 합성모형인데 이것은 두번째 부류의 합성모형 (3-5)와 같다.

④ 모음·모음결합모형

$$Svcv_4 = \{[V_j^n] \cdot [Vz_{jk}^n] \cdot [Vo_{ij}^n] \cdot [Vo_{Vij}^n] \cdot [voV_{ij}^{n+1}] \cdot [oV_{ij}^{n+1}] \cdot$$
$$\cdot [cV_{ij}^{n+1}] \cdot [V_j^{n+1}]\} \qquad (3-6)$$

여기서 Vo_{ij}^n 는 모음홀소리마디의 vZ_{jk} 에 대응되는 모음부요소이고 Vo_{Vij}^n 은 모음·모음결합부의 첫째 요소, voV_{ij}^{n+1} 은 모음·모음결합부의 둘째 요소, oV_{ij}^{n+1} 은 모음홀소리마디의 Cv_{ij} 에 대응되는 모음부요소이다.

3) 음성단위의 규칙련결알고리듬

음성단위의 규칙련결에 의한 련속음성합성알고리듬은 4절에서 제기한 홀소리마디 합성알고리듬과 밀접히 련관되여있다.

여기서는 앞에서 고찰한 음성단위의 결합모형 (3-1)~(3-6)들에 기초하여 음성단위의 규칙련결에 의한 련속음성합성알고리듬을 제기한다.

이것을 그림 3-2에 보여주었다.

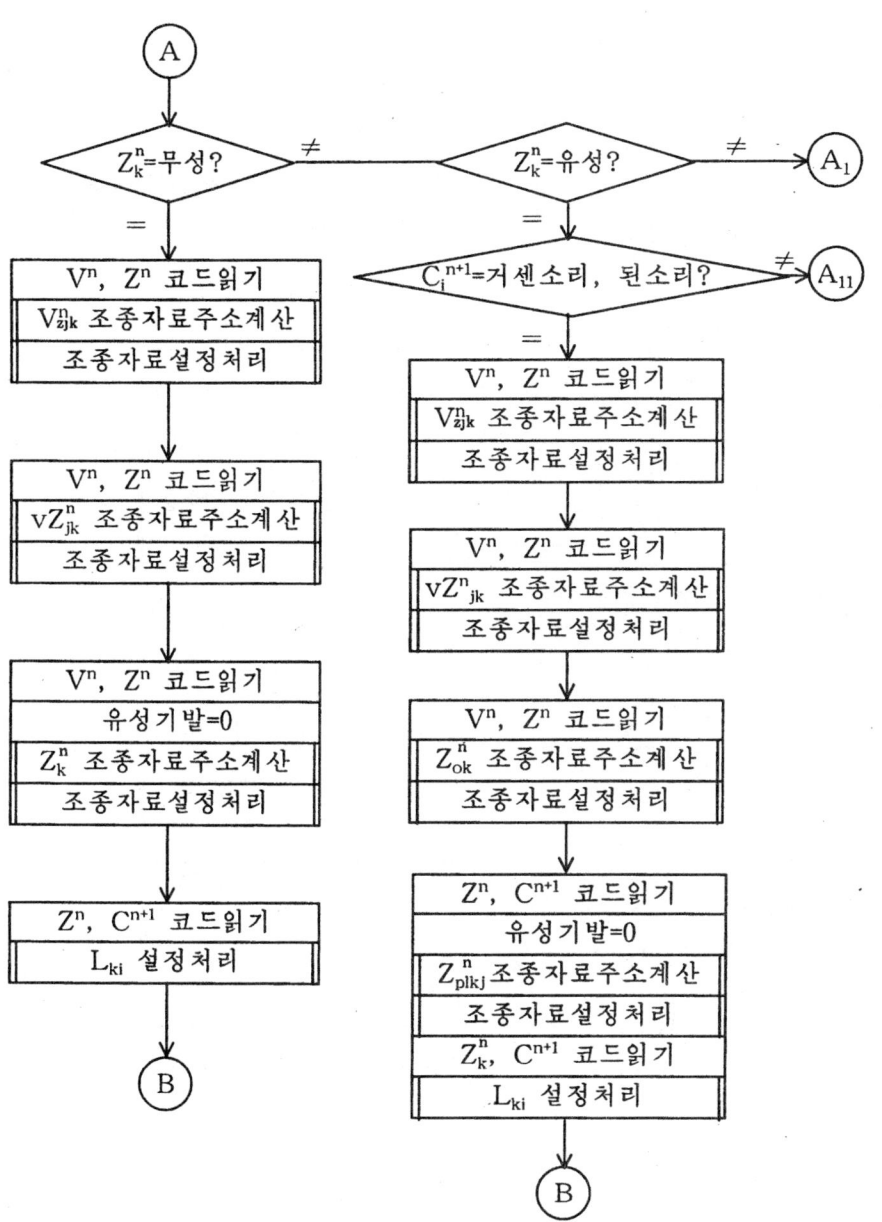

A_{11}
V^n, Z^n 코드읽기
Vz^n_{jk} 조종자료주소계산
조종자료설정처리
V^n, Z^n 코드읽기
vZ^n_{jk} 조종자료주소계산
조종자료설정처리
V^n, Z^n 코드읽기
Z^n_{ok} 조종자료주소계산
조종자료설정처리
Z^n, C^{n+1} 코드읽기
Z^n_{pzki} 조종자료주소계산
조종자료설정처리
피치, 진폭, 음길이코드읽기
P_1, A_1, L 설정
C^{n+1}, V^{n+1} 코드읽기
$C^{n+1}_{\sim ij}$조종자료주소계산
조종자료설정처리
C^{n+1}, V^{n+1} 코드읽기
$C^{n+1}_{v\sim ij}$ 조종자료주소계산
조종자료설정처리
C

A_1
C_i^{n+1}=거센소리, 된소리?
≠
A_2
=
V^n, Z^n 코드읽기
Vz^n_{jk} 조종자료주소계산
조종자료설정처리
V^n, C^{n+1} 코드읽기
$vZ^n_{\sim ji}$ 조종자료주소계산
조종자료설정처리
V^n, C^{n+1} 코드읽기
$Vz^n_{\sim ji}$ 조종자료주소계산
조종자료설정처리
V^n, C^{n+1} 코드읽기
유성기발=0
Zv^n_{ji} 조종자료주소계산
조종자료설정처리
Z^n, C^{n+1} 코드읽기
L_{ki} 설정처리
B

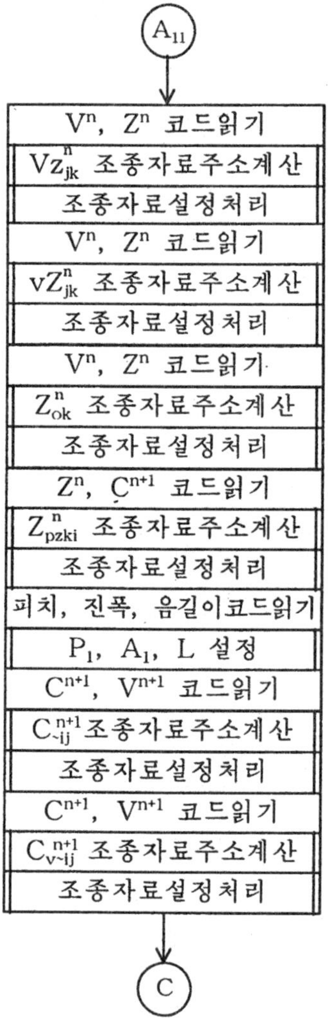

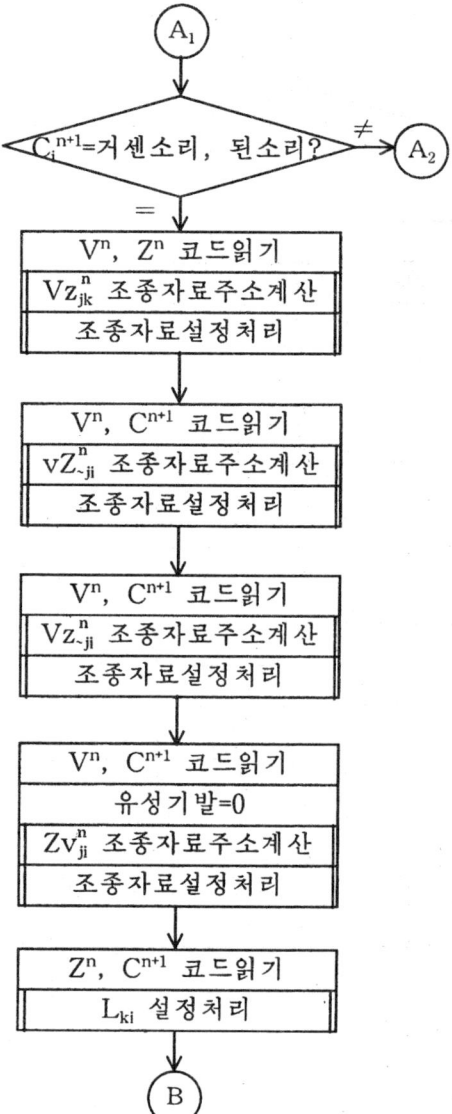

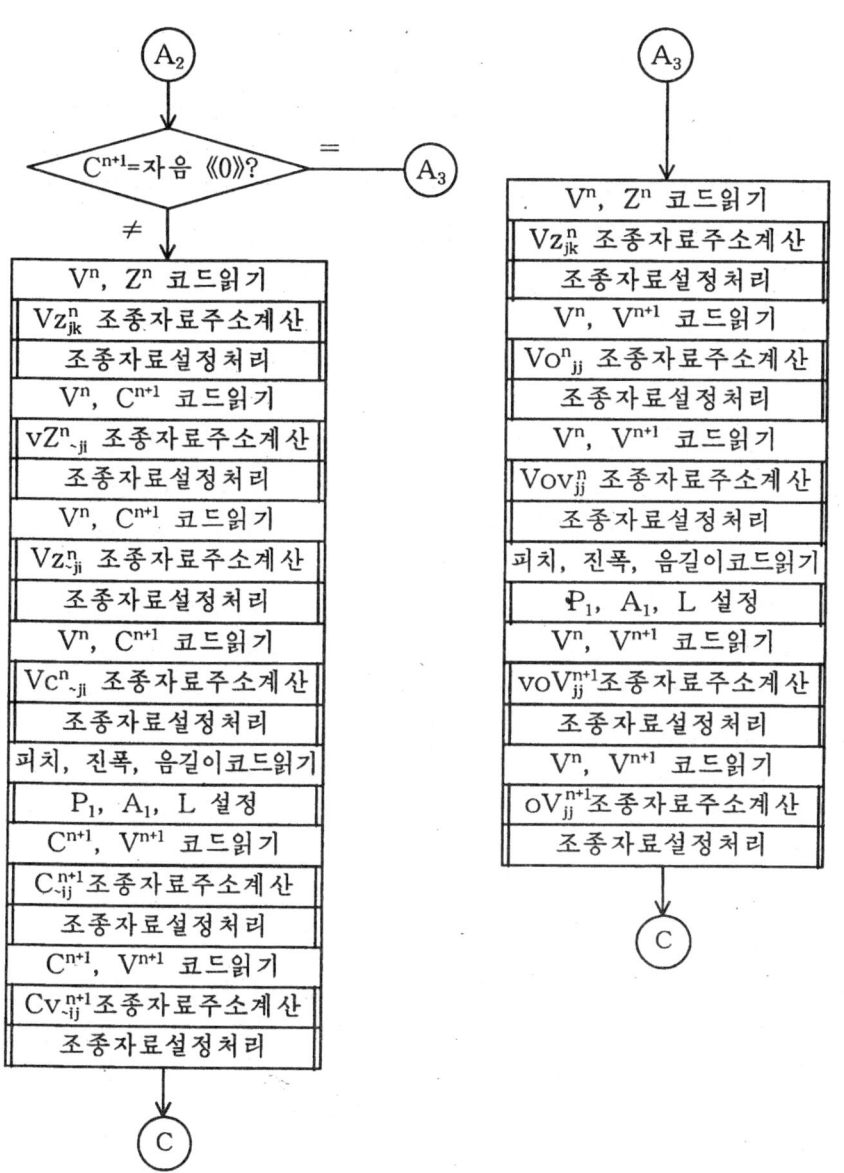

그림 3 - 2. 련속음성합성을 위한 음성단위의 규칙련결알고리듬

2. 련속음성합성의 운률조종

1) 억양정보생성을 위한 본문해석

개별적인 음성단위들과 그의 규칙련결처리를 아무리 잘하였다고 하여도 운률조종 즉 문장의 의미에 맞는 억양을 안받침하지 않으면 총체적으로 규칙합성음의 자연성과 정확성을 담보할수 없다.

운률적요소라고 하면 소리의 높이, 세기, 길이, 휴지 등과 같은 음악적인 요소들을 말한다. 이 음악적인 요소들은 억양의 기본구성요소들이다.

억양은 문장이 가지고있는 언어적내용과 밀접히 련관되여있으며 말하는 사람의 사상감정과 말투와도 깊은 련관을 가진다.

자연스러운 억양을 갖춘 음성을 합성하기 위하여서는 음성언어처리의 골간을 이루는 언어해석부와 억양처리부의 개별적인 성능을 높일뿐아니라 그의 통일적인 련계를 과학적으로 실현하여야 한다.

일반적으로 언어해석은 본문에 대한 형태론적, 문장론적, 의미론적 해석을 통하여 매 단계에서의 정확한 본문요소들을 확정하는것이다.

그러나 언어적해석기의 사명에 따라서 출구정보의 형태나 그의 구체적내용에서는 차이를 가진다.

례하면 음성인식이나 음성합성의 기초적인 응용단계에서는 언어해석이 형태단어의 동정으로 국한되지만 기계번역이나 음성리해, 문서랑독과 같은 고급한 언어처리에 기초한 응용단계에서는 본문해석정보의 형태가 보다 구체적이고 현실적인것으로 되여야 한다.

그러면 그림 3-3에 보여준 언어해석정보의 출구흐름도를 통해서 억양처리기에 입구되는 본문정보에 대한 고찰을 심화시켜보자.

그림을 통하여 알수 있는것처럼 본문해석은 글자렬로부터 시작하여 문장렬에 이르는 여러 단계의 해석을 통하여 본문의 기초성분으로부터 언어적의미를 해득하는 과정의 확대 즉 의미해석의 량자화과정으로 간주할수 있다.

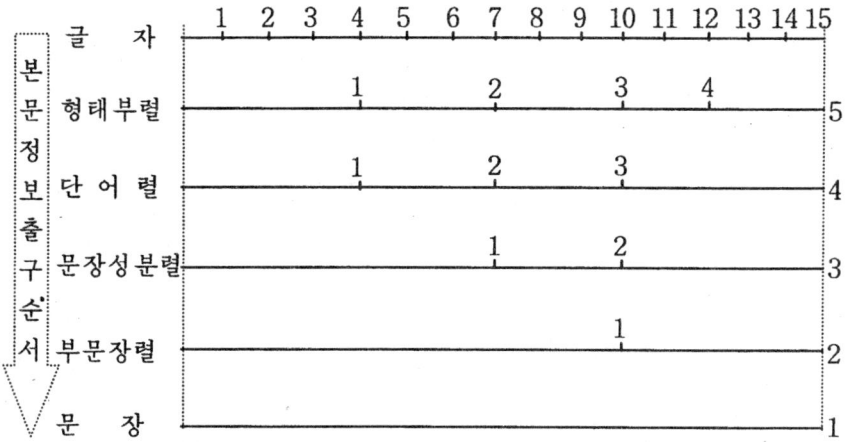

그림 3-3. 본문해석에 기초한 언어정보출구흐름도

억양처리는 본문해석의 반대과정 즉 문장정보로부터 개별적인 글자들에 이르기까지 의미적내용에 따르는 운률적요소들을 할당하는 과정이다. 이 두 과정중에서 어느 한 단계를 주목하면 공통적인 부분들이 있게 되는데 그것이 바로 해당 준위의 출구정보에 대한 조작이다. 그리고 매 과정은 시간적순차성을 필요로 하는데 억양처리과정은 반드시 본문해석과정을 거친 다음에 제기되므로 불필요한 반복조작으로 처리시간을 랑비하지 않게 하는것이 기본설계원칙이다. 즉 본문해석기로부터 출구되는 정보들을 기초로 하여 오직 운률적요소만을 살리는것이다.

결론적으로 말한다면 억양처리기에 있어서 필요한 입구정보는 본문을 이루는 언어적단위의 의미적정보와 그것들사이의 문법적관계, 세부적으로는 매 단계에서 문법적결합관계에 대한 정보이다.

본문해석의 매개 단계에서는 준위에 따르는 언어적인 의미적요소들에 대한 정보들이 차요시되고있으나 억양을 주입하기 위한 본문해석에서는 보다 세분화하고 복호화의 순차성을 가진 자료형태로 제시되여야 한다.

그림 3-4에 억양처리를 위한 본문정보해석에 의한 자료출구과정을 륜곽적으로 보여주었다.

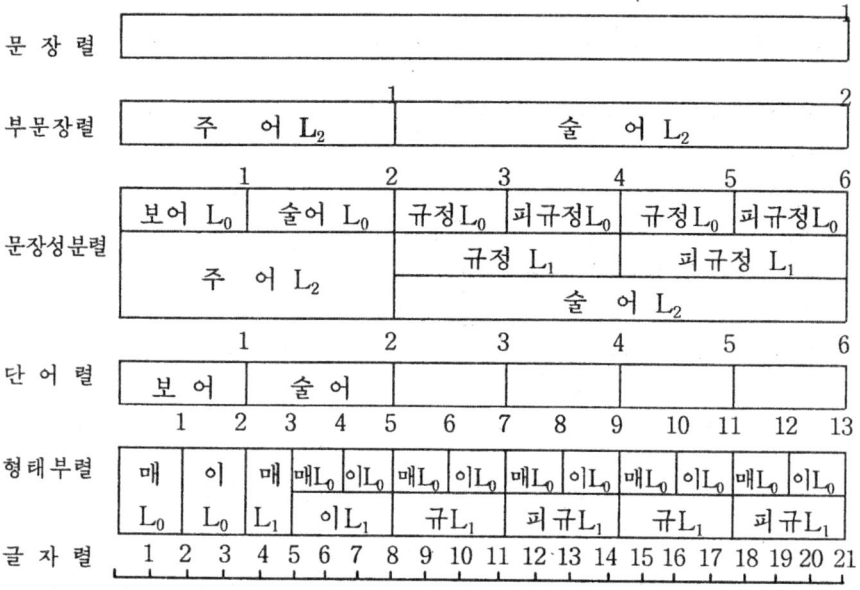

그림 3-4. 억양출구정보의 결합관계

그림 3-4는 《조국을 통일하는것은 우리 민족의 최대의 념원이다.》에 대한 출구정보의 결합관계를 보여준것이다.

그림 3-4에서 본 문장의 매 성분들의 문법적결합관계를 보면 그림 3-5와 같다.

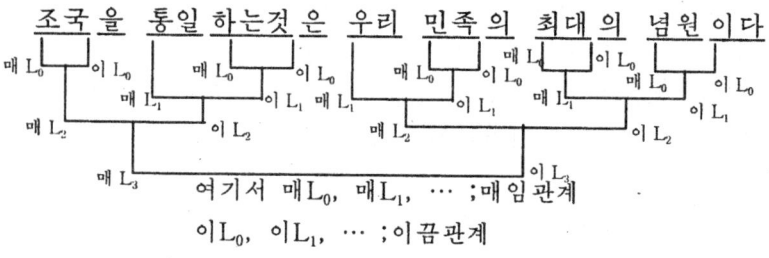

그림 3-5. 문장구성성분들의 결합관계

억양처리를 위한 보다 구체적이고 과학적인 본문정보해석을 위해서는 각이한 문장의 내용상, 형식상, 기능-구조상분류와 조선어문장성분들의 문법적특성과 상관관계, 어순, 단어들의 결합적특성, 구체적인 품사소속관계 등을 고찰하여야 한다.

이와 같은 본문정보에 대한 구체적인 해석을 전제로 하여 억양처리기에 입구되는 문장에 대하여 수학적모형화를 하면 다음과 같이 표시할수 있다.

$$S = \sum_{x}^{y} A_x [a_{ij}k, \ M_1(n_0/n_1), \ M_2(n_0/n_1), \ H_1 \cdots],$$
$$[Q_1(n_0/n_1)H_2, \ QQ_2(n_0/n_1)H_2 \cdots],$$
$$[Q_3(n_0/n_1)H_3, \ Q_4(n_0/n_1)H_3 \cdots [P(n_0/n_1)H_4]$$

여기서 S; 문장, A; 문장속의 단어, X; 단어의 순서번호, a; 단어속의 형태부, i; 형태부의 위치, j; 형태부의 소리마디수, k; 형태부의 의미정보, n_0; 매임관계, n_1; 이끔관계, M_1; 해석준위1, M_2; 해석준위2, Q_1; 단어의 결합준위1, Q_2; 단어의 결합준위2, Q_3; 단어의 결합준위3, H_1; 형태단어, H_2; 단어의 문장성분, H_3; 문장성분, P; 복합문결합순위, H_4; 복합문의 문장성분분류

본문-음성변환체계는 언어해석부, 억양처리부, 음성합성부로 이루어진다.

언어해석부는 본문입력자료에 대한 여러 준위의 언어해석을 통하여 얻은 본문리해정보를 출구한다.

억양처리부는 언어해석부에서 넘어오는 본문리해정보를 억양생성을 위한 자료구조로 변환하며 또한 여러 준위의 본문해석단계에서 얻은 매개 성분들의 언어학적인 의미정보와 문법적결합정보를 토대로 하여 억양처리용본문정보를 만든다.

계속하여 외부로부터 문서랑독체계에 주어지는 음정수준(높이), 소리세기수준, 발성속도수준에 해당한 운률초기설정자료와 본문정보를 변수로 하여 운률조종자료들과 발음정보자료들을 반영한 음성합성

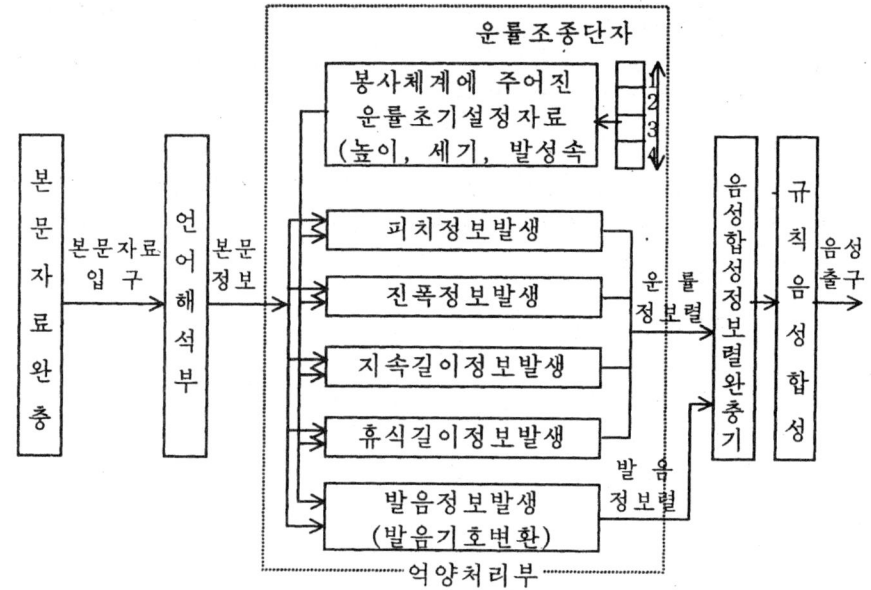

그림 3-6. 본문-음성합성체계에서 억양처리부의 기본구성

정보를 완충기로 출구한다. 이 과정은 본문내용의 구체적의미에 따르는 억양정보의 자동발생과정으로서 억양처리부의 기본동작으로 된다.
　　최종적으로는 음성합성부에서 본문자료에 대응한 자연적인 음성파형을 규칙적으로 합성하여 출구한다.
　　억양처리부의 륜곽에 대하여 더 자세히 보자.
　　억양처리부와 언어해석부와의 련계는 본문리해정보의 자료구조변환이며 언어해석수준의 질에 따라 자료구조변환의 구체적인 내용도 달라진다.
　　우선 언어해석부에서 형태론적해석과 문장론적해석을 한다.
　　또한 의미론적해석의 수준을 어느 정도 보장하는가에 따라 본문해석의 구체적인 준위와 계층 그리고 해당한 층에서의 문장성분의 종류와 수효가 달라진다.
　　형태부의 기계적인 의미분류에서 소리같은말이나 형용사 등에서 정확한 결과를 기대하기 어려운것이 있으므로 형태단어의 문장속에서의 단어간 동정이 언어해석의 기본을 이루고있다.

한편 소리마디단위의 음성에 대한 자연성보장에 미치는 억양처리부의 영향을 고려하여 이 경계령역의 운률조종은 억양처리부와 음성합성부와의 호상련관속에서 조종부담을 나누어서 진행하도록 하고있다. 좁은 의미에서 이 경계령역의 구성부분을 간단히 운률조종체계라고 한다. 그림 3-7에 운률조종체계의 기본구성을 간단히 보여주었다.

이 운률조종체계의 구성특징은 억양처리부와 음성합성부의 경계령역에서 다루게 되는 음성단위의 자연성보장을 위한 구체적인 처리과정을 두 구성부분들사이에 독립적인 모듈들의 구조적련결로써 간결하게 구성하고있다는 점이다.

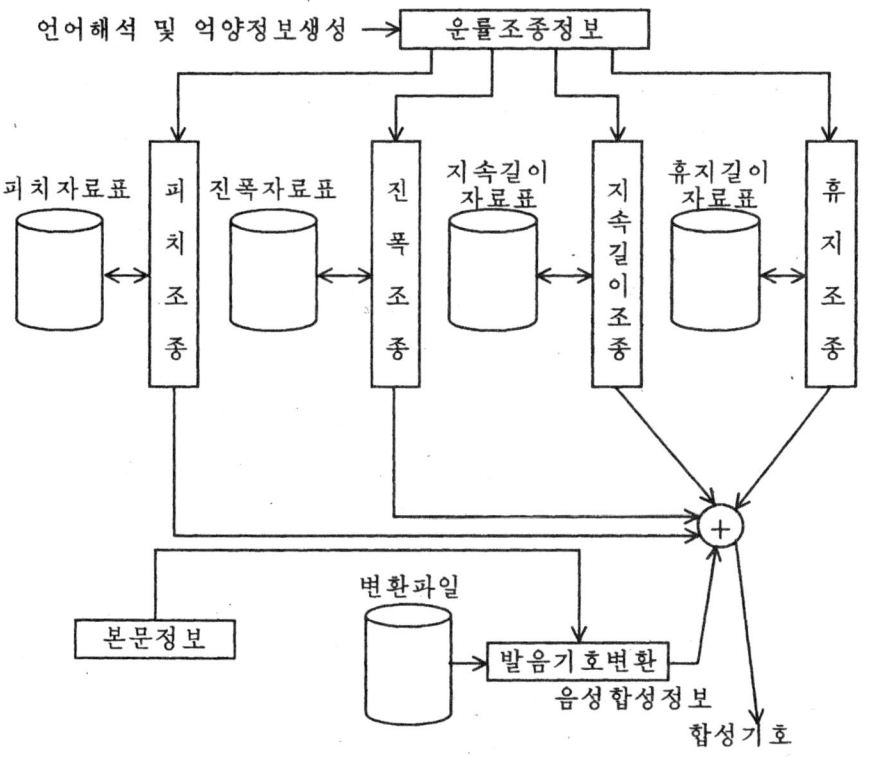

그림 3-7. 규칙음성합성을 위한 운률조종체계

2) 운률정보생성

운률실현을 위한 출구정보라고 하면 억양처리기로부터 음성합성기에로 출구되는 운률조종요소들인 높이, 세기, 길이, 휴지에 대한 정보이다.

현재 음악에서 널리 쓰이는 소리의 기본표현수단들은 오랜 기간의 음악실천과정에서 매우 세련되게 다듬어졌을뿐아니라 사람의 청각특성도 잘 반영하고있다. 그러므로 말소리흐름을 꾸미는 요소인 운률조종요소들을 음악적인 표기수법에 토대하여 표현하는것은 지극히 당연한 일이다.

운률설정을 위한 출구정보의 자료구조는 다음과 같다.

1byte	1byte	1byte	1byte	1byte	1byte	1byte
피 치	진 폭	음길이	[C]	[V]	[Z]	휴 지
00	00	0 0	00	00	00	00 00
∫	∫	∫ ∫	∫	∫	∫	∫ ∫
24	of	f f	19	21	07	of of

(H)

그림 3-8. 운률실현을 위한 출구정보의 자료구조

① 피치주파수

사람의 귀는 미세한 주파수의 변화에 대하여 대단히 민감하다.

500～4,000Hz대역에서는 0.2%만 한 순음의 주파수편차를 구분할수 있다.

그러나 매우 낮은 주파수나 높은 주파수에서 귀로 분간할수 있는 주파수의 변화량은 증가한다.

주파수가 2kHz일 때 귀는 주파수변화에 대하여 가장 예민한데 소리의 세기가 70dB일 때 $\triangle F/F$는 불과 0.0017이다.

주파수가 500Hz이하로 낮아질 때 $\triangle F/F$의 값은 급격히 증가하는데 250Hz일 때 약 0.01, 125Hz일 때 0.02이상에 이른다.

현재 음악에서 쓰는 음계주파수는 12평균음계로서 한 옥타브내의 매개 음계주파수는 다음과 같이 결정된다.

$$F_n^k = F_0^k \cdot 2^{(n/12)}$$

여기서 $n = \overline{1,12}$, k;해당한 옥타브의 번호, F_0^k;k번째 옥타브의 기준음계주파수, F_n^k;k번째 옥타브의 n번째 음계주파수

이때 매개 음계주파수들은 약 6%만 한 비률로 서로 떨어져있으므로 사람의 청각특성상 명확히 구별된다.

음성합성의 견지에서는 운률조종시 피치주파수의 원활한 변화를 보장하는것이 이음요소의 명료성과 자연성을 보장하는데서 매우 중요하므로 음계대역을 보다 구체적으로 세분화하여야 한다.

이로부터 피치주파수의 조종을 원활하게 하기 위하여 피치주파수의 변화률을 3% 즉 24평균음계로 결정한다.

· 즉 $\quad F_n^k = F_0^k \cdot 2^{(n/24)} \quad$ 여기서 $n = \overline{1,24}$

여기서 운률조종에 필요한 피치주파수범위를 92.5~300Hz로 설정하였다.

문제는 린접한 소리마디들의 피치호상간 차이가 작아야 이음파련결에서 청각상 느끼지 못할 정도로 세밀한 피치조종을 실현할수 있다는것이다.

이로부터 첫째 옥타브의 《화#》음에 해당한 주파수 92.5Hz를 피치조종체계의 기초피치주파수로 정하고 그로부터 24평균음계표를 작성하여 운률조종을 실현한다.

운률조종을 위한 피치코드와 피치주파수사이의 관계를 표 3-3에 일부 보여주었다.

번호	코드	주파수	번호	코드	주파수	번호	코드	주파수	번호	코드	주파수
1	00	92.5	5	04	103.8	9	08	116.5	13	OC	130.8
2	01	95.2	6	05	106.9	10	09	119.9	14	OD	134.6
3	02	97.9	7	06	110.0	11	OA	123.5	15	OE	138.6
4	03	100.9	8	07	113.2	12	OB	127.1	16	OF	142.7

표 3-3. 피치주파수표 [Hz]

이와 같이 주파수대역을 분할하면 1byte주소공간을 리용하여 모든 피치를 지정할수 있다.

② 소리크기

사람의 청각적특성을 본다면 자극량은 느낌량에 비례하지 않는다. 이로부터 사람의 청각적특성에 맞게 진폭조종을 실현하기 위하여 매 진폭조종단을 다음과 같이 설정한다.

$$A_n^k = A_o^k \cdot 2^{(2/3)}$$

여기서 $n = \overline{1,3}$, A_o^k : 기저진폭의 크기

조종가능한 최대진폭값을 256이라고 할 때 16단계의 진폭값과 16진수로 표시한 진폭코드와의 관계를 표 3-4에 보여주었다.

번호	코드	진폭	번호	코드	진폭	번호	코드	진폭	번호	코드	진폭
1	00	8	5	04	20	9	08	51	13	OC	128
2	01	10	6	05	25	10	09	64	14	OD	162
3	02	13	7	06	32	11	OA	81	15	OE	203
4	03	16	8	07	40	12	OB	102	16	OF	256

표 3-4. 진폭값표

③ 음지속길이

규칙음성합성을 위한 운률조종요소인 음길이는 음악에서 쓰는 소리표를 그대로 리용한다.

음길이문제는 바꾸어 말하면 발성속도에 관한 문제이다. 랑독

음성의 표준발성속도는 분당 약 240소리마디, 초당 4소리마디정도이다.

음악에서의 속도표기를 그대로 적용한다면 이것은 4분소리표를 한 박자로 보았을 때의 발성속도이다. 그러므로 4분소리표에 해당한 음길이를 기준으로 하여 음길이코드를 정의한다.

음악에서는 옹근소리표를 2분법으로 나누어 매 소리표를 얻으며 이와 함께 본래의 소리표의 소리길이에 그의 절반소리길이를 더한 점소리표가 리용된다.

음성합성의 견지에서 볼 때 이 소리표들에 해당한 음길이는 그 변화폭이 너무 크므로 우리는 매개 소리표와 점소리표사이의 간격을 다시 2등분하고 그 개개에 대응하는 소리길이를 합성음길이로 정한다.

표 3-5에 운률조종을 위한 음길이코드와 음길이와의 관계를 보여주었다.

번호	코드	음길이	번호	코드	음길이	번호	코드	음길이	번호	코드	음길이
1	00	31.3	5	04	62.5	9	08	125.0	13	0C	250.0
2	01	39.1	6	05	78.1	10	09	156.3	14	0D	312.5
3	02	46.9	7	06	93.8	11	0A	187.5	15	0E	375.0
4	03	54.7	8	07	109.4	12	0B	218.8	16	0F	437.5

표 3-5. 음길이표 [ms]

표 3-5에 주어진 음길이만을 가지고는 단어안의 모든 소리마디들사이에서 차이나는 음길이의 유연한 길이를 다 표기할수 없으므로 매 음길이코드에 해당한 음길이를 세분화하며 표 3-5에서 정의된 코드와 세분화된 음길이의 합으로 단어안의 매 소리마디의 음길이를 결정한다. 그러므로 음길이를 표현하는 출구비트수를 1byte(4bit+4bit)로 구성한다.

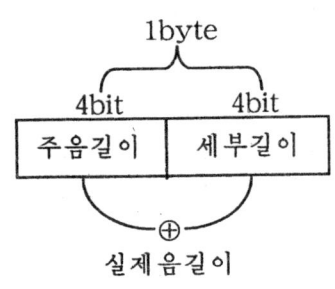

그림 3-9. 음지속길이의 출구코드형식

이와 같이 음길이를 정하면 한번의 날숨으로 발성할 때의 발음길이특성에 맞게 매 소리마디들의 길이를 유연하게 변화시킬수 있다.

④ 휴식길이

휴식길이는 음길이에서와 마찬가지로 음악에서 쓰는 쉼표를 그대로 리용한다.

기준휴식길이는 음길이에 대한 속도표기와 마찬가지로 4분쉼표를 한 박자로 보았을 때 분당 240박자만 한 길이의 휴식을 기준으로 한다. 그리고 점옹근쉼표에 해당한 길이를 최대휴식길이로 하고 그것과 옹근쉼표에 해당한 휴식길이를 각각 2등분하여 내려가는 방법으로 개별적인 휴식코드들을 정한다.

이렇게 하면 사람들의 언어활동에서 나타나는 모든 휴식길이들을 다 정량적으로 표현할수 있다.

표 3-6에 운률조종을 위한 휴식길이코드와 휴식시간길이와의 관계를 보여주었다.

번호	코드	휴식길이	번호	코드	휴식길이	번호	코드	휴식길이	번호	코드	휴식길이
1	00	0	5	04	31.3	9	08	125.0	13	0C	500.0
2	01	7.8	6	05	46.9	10	09	187.5	14	0D	750.0
3	02	15.6	7	06	62.5	11	0A	250.0	15	0E	1000.0
4	03	23.4	8	07	93.8	12	0B	375.5	16	0F	1500.0

표 3-6. 휴식길이표 [ms]

3) 운률정보의 세밀조종

규칙음성합성체계에서 합성음의 자연성을 보장하기 위하여서는 입력되는 음운계렬에 따라 매개 단위음성자료에 대한 피치주파수,

진폭, 음길이 등의 조종을 세밀하게 하여야 한다.

현재의 파형편집방식에서는 실음성으로부터 음성단위들을 채취하여 피치주파수별로 파형자료기지에 보관하여 두고있으므로 규칙음성합성부에 입력되는 음운코드계렬과 피치코드에 따라 조종자료의 설정처리단계에서 음성단위요소들을 단순히 선택, 접속하는 방법으로 매우 정밀한 피치주파수의 조종이 실현된다.

한편 음길이조종은 피치파형의 반복사용에 의하여 실현되므로 규칙음성합성부에 입력되는 음길이코드와 피치주파수코드, 그리고 조종자료목록에 반영되여있는 초기피치 F_0, 중분피치 $\triangle F$와 가상적인 반복수 N_0에 따라 실제적인 반복수 N을 반복수표로부터 단순히 선택하는 방법으로 실현된다.

다음으로 규칙음성합성부에 입력되는 진폭코드와 조종자료목록에 반영되여있는 초기진폭 A_0과 중분진폭 $\triangle A$에 따라 선택접속하려는 단위요소파형의 실제적인 진폭값을 진폭값표로부터 선택하고 그에 의하여 표준화된 음성단위요소의 진폭조종을 실현한다.

합성음의 진폭조종에 있어서 처리시간과 조종의 정밀도문제와 관련하여 프로그람적인 조종방법을 배제하고 전압조종증폭기의 원리에 기초하여 장치적인 방법으로 이를 실현하다.

일반적으로 전압조종증폭기의 출구전압은 입구전압 U_i와 조종전압 U_c의 적에 비례한다.

즉
$$U_o = K \cdot U_i \cdot U_c \qquad (5-1)$$

여기서 K는 비례결수이다.

이 수학모형을 실현하기 위하여 지금까지는 주로 능동요소의 전달전도도를 변환시키는 방법, 곱하기회로 등이 리용되였다.

여기서 문제로 되는것은

첫째로, 수학적인 모형이 만족되는 선형구간이 좁으므로 신호의 이지러짐을 피할수 없는것이며 둘째로, 입구신호와 조종신호를 콤퓨터에 의하여 조종하기 어려운것이다.

이러한 제한성을 극복하기 위하여 수자-상사(D-A)변환기에 의한 새로운 진폭조종회로를 제기한다.

수자-상사변환기의 출구전압은 다음과 같이 표시한다.

$$U_0 = U_R \cdot Z_i \qquad (5-2)$$

여기서 U_R; 일정한 기준전압, Z_i; 수자입구자료

수자-상사변환기는 수자입구에 수V정도의 론리《I》준위가 가해지면 기존전압 U_R의 크기와 부호에 관계없이 회로의 안정한 동작을 유지한다.

따라서 U_R를 조종신호에 따라 조종할수만 있다면 수자-상사변환기는 전압조종증폭기, 다시말하여 진폭조종회로로 될것이다.

즉
$$U_R = U_c \cdot Z_c = U_0 \qquad (5-3)$$

여기서 U_C; 일정한 설정전압, Z_C; 수자조종입구신호

따라서 식 (5-2)로부터

$$U_0 = U_c \cdot Z_i \cdot Z_c \qquad (5-4)$$

식 (5-4)는 식 (5-1)과 같은 식이며 상사신호들대신에 수자신호들의 적으로 표시되였을뿐이다.

제5장. 조선어음성인식

제1절. 음성인식의 일반적리해

1. 음성인식에 대한 일반적개념

음성에는 말하는 사람이 전달하려고 하는 언어적인 정보외에도 발음기관의 구조적차이에 의한 개인성정보, 말하는 사람의 사상감정, 말투에 따르는 정보들이 있다.

음성으로부터 발성자가 의도한 의미내용을 기계적으로 추출하는것을 음성의 자동인식이라고 한다.

음성의 개개 음성단위들을 정확히 식별하는것을 음성인식이라고 하고 이와는 달리 개개의 모든 음성단위들을 정확히 인식하는것보다 일정한 길이의 음성에 포함된 언어적의미내용을 추출하는것을 음성인식에서 특별히 음성리해라고 한다.

콤퓨터에 의한 자동음성인식과 대비하여 인식대상이 사람인 경우에는 인식이라고 하지 않고 지각이라고 부른다.

음성은 인간의 목적의식적인 활동에 의하여 발음기관의 작용으로 발성된다. 입술에서 방사되는 음향파에네르기가 청각기관을 통하여 특징이 추출되고 청각신경망을 거쳐 대뇌중추에 인식된다.

수많은 실험연구에 의해 청각기관에서의 정보처리과정은 어느 정도 국부적으로 밝혀졌으나 대뇌중추에서의 종합적인 인식과정은 신경생리학적으로나 심리학적으로 현재까지 완전히 해명되지 못한 상태에 있다.

따라서 음성지각에 대한 견해도 여러가지가 있는데 대표적으로 다음의 3가지 가설을 들수 있다.

첫째로, 《조음참조설》인데 이것은 발성기관에서 발생된 음성은 조음적특성에 의하여 특징지어진다는 사실에 기초하여 청취자는 발성자의 조음상태를 추정하면서 지각한다고 본다. 둘째로, 《운동지령설》인데 이것은 사람이 출생하여 말하기 전에 듣고 듣는것에 의하여 학습하면서 지각한다는 사실에 근거하여 《운동지령》이라고 부르는 근원적인것에 음운성정보의 기초가 있으며 운동지령준위에서 비교판단하여 지각한다고 설명한다. 셋째로, 《합성에 의한 분석모형설》인데 우의 두 가설을 더욱 발전시켜 음성은 추상적이며 리산적인 언어부호가 생성규칙에 따라 음향파로 전환된것이며 청취자도 동일한 규칙으로 음성패턴을 형성하고 발성자의것과 대조하면서 지각한다는 견해를 세우고있다.

우의 가설들은 아직 발견되지 않은 《음성모드》(Speech mode)라는 개념적인 매개물을 전제로 하는 비현실적인것이라는 견해도 있다.

음성인식의 연구에서는 사람의 발성과정을 거슬러올라가면서 인식기구를 모의하는 방법과 발성된 음성파에 대한 인간의 지각과정을 모의하는 방법이 있는데 많은 경우에 후자의 방법이 쓰인다.

음성인식을 공학적으로 실현하는데서 제기되는 문제는 다음과 같다.

① 정보량이 대단히 많은것이다. 1s동안의 음성정보량은 8~10KHz의 표본화주파수, 8~12bit 량자화에서 약 12kbyte로 된다.

물론 합리적인 분석방법을 리용하면 음성정보를 수십분의 1로까지 압축할수도 있지만 인식어휘수가 수백단어이상으로 증가하면 기억기의 용량문제가 제기되고 처리의 복잡성문제가 제기된다.

② 사람마다 발성에서 차이가 있다. 같은 언어음이라도 사람에 따라 그리고 지역에 따라서, 감정정서에 따라서 다르다.(개인성차이)

③ 각 음성단위들이 처하게 되는 어음환경의 영향을 받는다.

실례로 단어 《보천보》에 첫소리마디에서의 《ㅂ》와 마지막소리마디에서의 《ㅂ》의 음향학적특성은 같지 않다.

2. 음성인식의 일반적인 방법

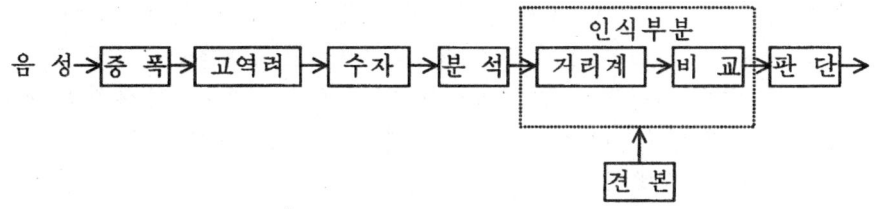

그림 1-1. 음성인식체계의 일반적구성

마이크에서 전기신호로 변환된 음성신호는 필요한 준위로 증폭된다.
증폭된 신호들은 음성밖의 신호들을 제거하기 위하여 고역려파기에 의하여 려파된다. 그다음 음성신호들은 표본화주파수 8~10kHz, 분해능이 10~12bit인 상사-수자변환기에 의하여 수자화된다.
음성의 스펙트르포락 또는 포르만트가 청각에 중요한 작용을 한다는 신경생리학적실험결과로부터 5~20ms마다 8~32통로의 대역려파기묶음 또는 스펙트르척도에서 그와 등가적인 량을 특징으로 선정한다. 상사형대역려파기묶음을 리용하는 경우에는 매 통로의 려파기평균값이 상사-수자변환된다.
분석결과에 의하여 얻어진 특징은 인식부분에서 미리 학습시켜 등록한 모든 음소 또는 어휘의 견본과 류사도척도로 평가하고 류사도가 최대인(거리가 제일 짧은) 견본을 인식단어로 출구한다.
인식방법에는 패턴정합법(DP정합법), 확률통계적방법(HMM), 신경회로망에 의한 방법(TDNN), 2차원케프스트람분석을 리용하는 방법 등 여러가지가 있다.

3. 음성인식방법의 분류

1) 원리적인 분류
 - 견본정합방식
 임의의 입력되는 음성을 미리 분석처리하여 사전에 등록하여놓은 견본과 류사도척도로 비교평가하고 류사도가 최대인 견본을 입력된 음성과 같은것으로 보고 언어기호렬로 출구한다.

　이 방식에서는 음소 또는 단어와 같은 음성단위들이 미리 분석처리되여 견본으로써 사전에 등록되여있으므로 인식할 입구음성의 수는 견본의 수로 제한되고 어휘수가 증가함에 따라 사전작성에 드는 기억량과 처리량이 방대해진다는 문제가 있지만 합리적인 평가척도가 있으면 콤퓨터로 쉽게 처리할수 있다는 우점이 있다.

　- 2진분류방식

　입구음성의 음향특성을 추상화하여 유성/무성, 자음/모음, 홑모음/겹모음, 코울림소리/스침소리, 거센소리/된소리 등 언어학적인 분류지표에 따라 계층적으로 판단하면서 언어기호렬로 변환하는 방식이다.

　이 방식에서는 견본이 원시적준위에서 작성되므로 최소인식파라메터로써 언어지식과 결합하여 임의의 어휘도 인식할수 있다는 의미에서 확장성이 풍부하지만 음성의 음향특징을 완전히 파악하지 못하고 이로 해서 이 특징들을 언어기호렬로 대응시키는 규칙이 명백히 제시되지 못한 실정에서 현재로서는 현실적가능성이 적다.

　2) 공학적인 분류

　발음기관의 발음생리적인 운동과 그로부터 발생되는 음성파형 사이의 관계해석이 아무리 복잡하다고 하여도 그것이 명확한 규칙으로 주어진다면 음성파형을 음향공학적인 변환모형에 의한 생성결과와 비교함으로써 모형의 정량화가 가능하게 될것이다. 그러나 그 반대의 경우 변환모형에 의하여 생성된 음성파로부터 추상기호로서의 음소를 찾아내는것은 매우 어려운 문제이다.

　만일 어떤 음소의 고유한 음향특징파라메터가 존재하며 그것이 주위어음환경에 의존하지 않는 불변량이라면 그자체가 음운지각의 중요한 실마리로 될뿐아니라 기계에 의한 자동음성인식에서도 가장 좋은 특징량으로 될것이다.

　그러나 음소나 음운은 어떤 위치에서 어떤 어음과 결합되는가에 따라 각이하게 변화된다. 따라서 음소의 고유한 불변량이란 상대적인 개념이며 이로부터 여러가지 환경과 조건에서 각이하게 변화되는 특징량을 여러가지 수법에 의한 탐색과 예측의 방법으로 음소를 인식한다.

결국 음성인식은 기술개발수준의 영향을 강하게 받으며 공학적 실현준위에 따라 여러가지로 분류할수 있다.

첫째로, 인식정보에 따라 음성인식(언어음성인식)과 화자인식으로 분류된다.

화자인식은 발성자의 이름표시이며 음성인식(언어음성인식)은 음성정보의 음운기호에로의 변환처리이다.

화자인식은 화자의 등록형식에 따라 화자식별(Speeker Identification)과 화자대조(Speeker Verification)로 나눈다.

화자식별은 등록된 발성자중에 미지의 발성자를 판정하는 형식이며 화자대조는 발성자가 자칭하는 화자인가를 대조하여 확인하는 형식이다.

음성의 자동인식이라고 할 때 이 범주에는 언어인식은 물론 화자인식까지도 포괄하지만 음성인식이라고 할 때는 음운성정보가 담겨진 언어인식을 념두에 둔다.

둘째로, 음성인식은 기술적가능성에 의하여 발성법에 제한이 있는가 없는가에 의존하는 리산음성인식과 련속음성인식, 발성자의 수에 따라 특정화자인식과 불특정화자인식, 음성인식단위에 따라 음소, 음운, 반소리마디, 소리마디, 단어, 문장단위의 음성인식으로 나누며 또한 인식어휘수에 따라 소(수십~300단어), 중(300~1,000단어), 대(1,000단어이상)규모인식체계로 나눈다.

음성인식의 기본형은 단어인식과 음성리해이다.

단어인식은 일반적으로 련속음성의 원리적인 복잡성을 계통적으로 피하고 공학적으로 비교적 쉽게 실현하는 해결방도로 된다는데로부터 연구단계를 훨씬 벗어나 실용화되고있다.

한편 음운의 위치-결합적특성과 운률적특성의 영향을 받아 음소는 물론 소리마디와 소리마디, 단어와 단어경계에서의 음성신호는 련속적으로 변화되며 이로 하여 나타나는 물리적현상의 경계도 뚜렷하지 않게 된다.

따라서 단순히 음향분석에 기초하여 인식된 음소기호렬에는 필연적으로 오유가 포함되며 한정된 어휘수를 벗어나면 높은 인식률을 기대할수 없다.

이러한 사정으로 인식과제를 특정화하고 음소, 음운, 소리마디, 단어, 구, 문장준위에서의 다방면적인 지식을 리용하며 의미의 예측과 귀환조종에 의하여 종합적으로 인식하는 보다 높은 급의 음성인식체계라고 볼수 있는 음성리해체계가 연구되기 시작하였다. 1970년대초 ARPA(Advanced Research Project Agency)계획이 발표된 후 정보검색, 좌석예약 등을 목적으로 HARPY, MAP, HWIM을 비롯하여 여러가지 음성리해체계들이 개발되였다.

특히 새 세대 콤퓨터개발에서 관견적의의를 가지는것으로 하여 여러가지 체계모형에 기초한 음성인식체계(전문가체계)들이 제안되고 있는데 대표적으로 계층모델, 흑판모델, 신경회로망모델을 들수 있다.

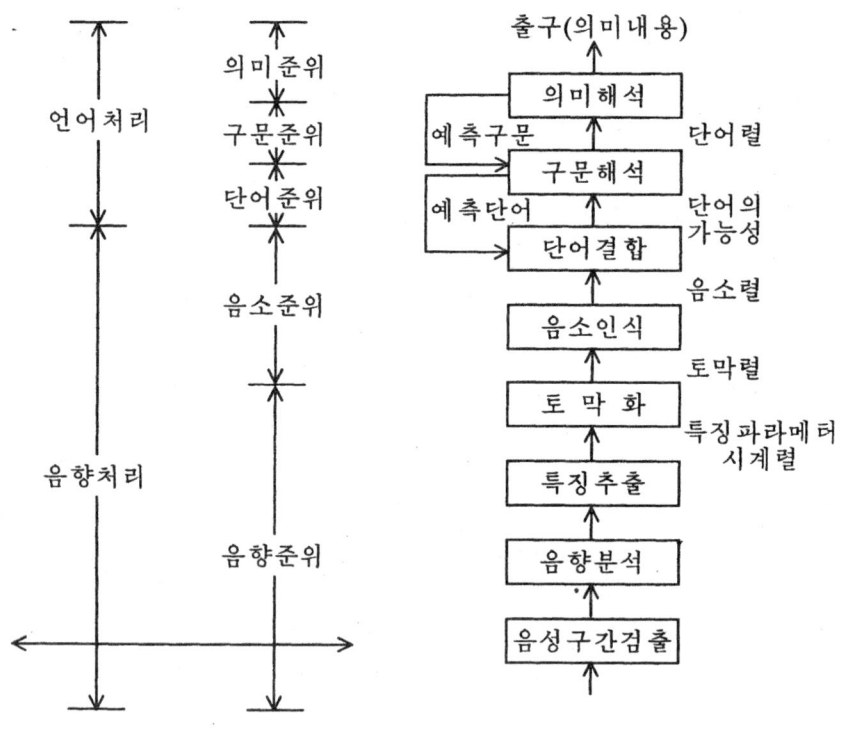

그림 1-2. 음성인식체계의 일반적구성

제2절. 우리 말 음소식별과 인식

1. 음소식별

1) 우리 말 소리파형의 상관분석
 음성인식을 위한 특징정수들은 다음과 같은 분석조건에서 구해진다.

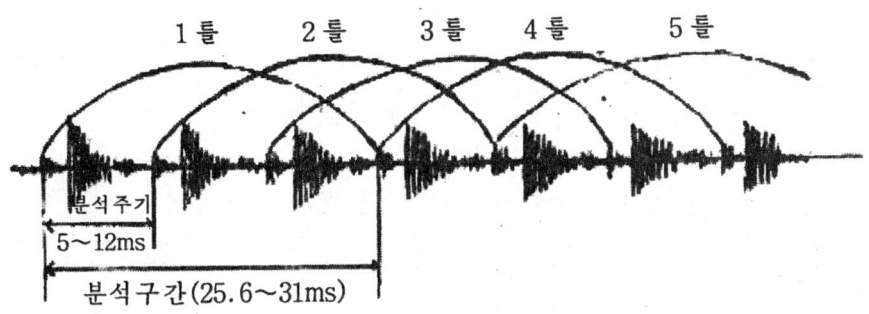

그림 2-1. 음성파형과 분석조건들사이의 관계

① 분석구간(틀길이): 25.6~31ms
② 분석주기(틀주기): 5~12ms
③ 창함수: 구형창, 하밍창, 하닝창
④ 표본화주파수: 8~12KHz
⑤ 량자화비트수: 8~12bit
 음성분석정수들의 물리적의미를 그림 2-1에 보여주었다.
 음성분석조건에 따라 음성신호를 고찰하는 경우 2가지 분석방법이 있다.
 하나는 시간파형의 특징들을 리용하는 분석방법이고 다른 하나는 주파수성분을 리용하는 분석방법이다.
 이러한 음성정보처리를 위한 분석방법들은 제3장에서 제시하였다.
 (1) 모음파형의 상관분석
 조선말의 홀소리마디파형속에는 언제나 주기성을 가지는 단순모음들이 있다.

모음파형의 고찰에서 우리는 매개 단순모음들의 파형이 주기적이라는 측면에서는 공통적이나 파모양에서는 명백히 차이난다는것을 알수 있다.

조선어홀모음에 속하는 《ㅏ, ㅓ, ㅗ, ㅜ, ㅡ, ㅐ, ㅔ, ㅚ, ㅟ, ㅣ》들의 전체 구간에서 파형의 상관관계를 구하고 그 특징을 수값으로 밝히였다.

여기서 얻어진 상관함수값은 소리마디파형의 전체 틀에 대한 평균값들이다.

R(i) 모음	R_1	R_2	R_3	R_4	R_5	R_6	R_7	R_8	R_9	R_{10}	R_{11}	R_{12}	R_{13}	R_{14}	R_{15}
ㅏ	1.0	.77	.227	-.367	-.795	-.872	-.593	-.115	.357	.655	.664	.428	.074	-.283	-.522
ㅓ	1.0	.92	.74	.48	.19	-.88	-.32	-.51	-.64	-.70	-.71	-.67	-.58	-.44	-.26
ㅗ	1.0	.87	.57	.17	-.22	-.53	-.69	-.73	-.55	-.32	-.07	.10	.22	.26	.23
ㅜ	1.0	.95	.85	.68	.46	.21	-.03	-.28	-.50	-.67	-.79	-.85	-.86	-.81	-.72
ㅡ	1.0	.95	.81	.61	.36	.09	-.18	-.45	-.67	-.82	-.89	-.88	-.78	-.60	.38
ㅣ	1.0	.92	.84	.74	.57	.37	.18	-.01	.22	-.42	-.57	-.70	-.80	-.85	-.85
ㅐ	1.0	.83	.59	.35	-.02	-.33	-.55	-.75	-.74	-.58	-.42	-.18	.10	.31	.45
ㅔ	1.0	.93	.78	.58	.32	.04	-.25	-.49	-.69	-.82	-.87	-.82	-.69	-.50	-.27
ㅚ	1.0	.90	.68	.36	-.01	-.39	-.68	-.87	-.91	-.79	-.54	-.23	.11	.42	.64
ㅟ	1.0	.90	.83	.71	.54	.36	.12	-.03	-.22	-.41	-.54	-.64	-.68	-.71	.68

표 2-1. 홀모음파형의 상관함수값

표 2-1에서 보는바와 같이 10개의 홀모음들은 상관값에서 명백한 차이를 가지고있다.

겹모음과 홀모음과의 차이를 얻기 위하여 겹모음의 소리마디파형에서 앞부분과 뒤부분의 파형에 대한 상관분석을 하였다.

R(i) 겹모음	R₁	R₂	R₃	R₄	R₅	R₆	R₇	R₈	R₉	R₁₀	R₁₁	R₁₂	R₁₃	R₁₄	R₁₅
ㅑ	1.00	.85	.67	.48	.21	-.10	-.41	-.61	-.71	-.78	-.78	-.61	-.39	-.21	.53
ㅕ	1.00	.93	.78	.58	.32	.03	-.25	-.49	-.69	-.82	-.86	-.82	-.70	-.51	-.29
ㅛ	1.00	.80	.64	.48	.28	-.02	-.34	-.53	-.66	-.72	-.74	-.67	-.50	-.32	-.13
ㅠ	1.00	.73	.59	.62	.55	.28	.02	-.01	-.19	-.35	-.60	-.65	-.63	-.74	-.78
ㅒ	1.00	.90	.73	.48	.17	-.15	-.46	-.71	-.86	-.72	-.87	-.71	-.46	-.17	-.14
ㅖ	1.00	.91	.79	.66	.46	.21	-.04	-.27	-.45	-.62	-.74	-.76	-.72	-.66	-.57
ㅘ	1.00	.90	.66	.35	.02	-.24	-.42	-.52	-.55	-.53	-.47	-.37	-.24	-.07	.09
ㅝ	1.00	.93	.77	.54	.29	.06	-.12	-.26	-.36	-.42	-.44	-.45	-.43	-.39	-.33
ㅙ	1.00	.89	.73	.57	.41	.21	.02	-.17	-.31	-.33	-.41	-.43	-.42	-.35	-.25
ㅞ	1.00	.81	.56	.44	.30	.07	-.09	-.13	-.14	-.17	-.21	-.19	-.18	-.18	-.14
ㅢ	1.00	.96	.87	.74	.58	.39	.20	.01	-.16	-.22	-.45	-.54	-.60	-.62	-.60

표 2-2. 겹모음의 첫째 틀에 대한 상관함수값

R(i) 겹모음	R₁	R₂	R₃	R₄	R₅	R₆	R₇	R₈	R₉	R₁₀	R₁₁	R₁₂	R₁₃	R₁₄	R₁₅
ㅑ	1.00	.71	.39	.21	-.001	-.31	-.67	-.76	-.56	-.41	-.31	-.03	-.29	.53	.58
ㅕ	1.00	.93	.76	.52	.23	-.08	-.38	-.64	-.83	-.93	-.92	-.82	-.65	-.38	-.10
ㅛ	1.00	.89	.67	.39	.06	-.27	-.55	-.73	-.79	-.71	-.54	-.31	-.04	.21	.41
ㅠ	1.00	.86	.70	.54	.53	.27	.009	-.13	-.27	-.45	-.60	-.64	-.63	-.62	-.58
ㅒ	1.00	.88	.70	.50	.23	-.07	-.35	-.54	-.65	-.72	-.71	-.59	-.42	-.24	-.68
ㅖ	1.00	.87	.72	.55	.33	.05	-.23	-.44	-.59	-.71	-.77	-.70	-.57	-.44	-.26
ㅢ	1.00	.95	.85	.69	.50	.28	.06	-.14	-.34	-.51	-.64	-.74	-.79	-.80	-.76
ㅘ	1.00	.86	.54	.14	-.20	-.42	-.49	-.45	-.39	-.31	-.26	-.24	-.13	.03	.23
ㅝ	1.00	.92	.71	.43	.13	-.15	-.38	-.54	-.62	-.60	-.52	-.40	-.24	.67	.10
ㅙ	1.00	.90	.71	.47	.21	-.06	-.33	-.53	-.64	-.68	-.66	-.58	-.44	-.25	-.45
ㅞ	1.00	.94	.85	.76	.60	.42	.23	.07	-.09	-.25	-.38	-.47	-.51	-.53	-.52

표 2-3. 겹모음의 둘째 틀에 대한 상관함수값

겹모음\R(i)	R_1	R_2	R_3	R_4	R_5	R_6	R_7	R_8	R_9	R_{10}	R_{11}	R_{12}	R_{13}	R_{14}	R_{15}
ㅑ	1.00	.74	.22	-.29	-.67	-.78	-.60	-.24	.19	.60	.76	.57	.17	-.26	-.59
ㅕ	1.00	.91	.71	.44	.13	-.15	-.39	-.57	-.65	-.65	-.58	-.44	-.26	-.72	-.10
ㅛ	1.00	.87	.59	.24	-.13	-.46	-.68	-.77	-.74	-.60	-.35	-.45	.24	.47	.60
ㅠ	1.00	.93	.75	.50	.21	-.05	-.29	-.49	-.64	-.74	-.77	-.74	-.62	-.43	-.19
ㅒ	1.00	.87	.62	.32	-.50	-.41	-.70	-.86	-.83	-.69	-.45	-.10	.24	.51	.67
ㅖ	1.00	.91	.74	.53	.26	-.05	-.36	-.60	-.77	-.86	-.88	-.78	-.57	-.33	-.07
ㅢ	1.00	.95	.86	.72	.53	.33	.11	-.11	-.52	-.52	-.68	-.80	-.87	-.89	-.86
ㅘ	1.00	.78	.30	-.12	-.46	-.58	-.49	-.29	-.10	.05	.18	.27	.31	.25	.09
ㅝ	1.00	.88	.61	.26	-.08	-.37	-.56	-.62	-.57	-.45	-.31	-.16	-.27	.09	.21
ㅙ	1.00	.84	.56	.27	-.33	-.44	-.69	-.78	-.71	-.52	-.26	.063	.36	.54	.61
ㅞ	1.00	.89	.74	.54	.24	-.06	-.33	-.58	-.75	-.81	-.82	-.70	-.51	-.29	-.44

표 2-4. 겹모음의 가운데틀에 대한 상관함수값

모음에 대한 상관함수분석표들을 종합해보면 파형에서와 마찬가지로 상관값에서도 겹모음들은 음성의 시작부분에서 홑모음과 차이나고 안정구간(뒤요소구간)에서는 근사적으로 같다.

상관함수를 리용하여 겹모음들에서 앞요소로부터 뒤요소로 이행하는 시간이 약 30～50ms 걸린다는것을 알수 있다.

(2) 받침소리파형의 상관분석

조선어에서 받침소리파형은 다 모음파형과 같이 주기성을 띤다.

따라서 상관함수를 리용하여 파형을 특징지을수 있다.

조선어에서 받침소리들은 3가지로 나누어볼수 있다.

첫째로, 《ㄱ, ㄷ, ㅂ》가 결합되여 막힘소리로 발음되는 받침소리파형이고 둘째로, 《ㅁ, ㄴ, ㅇ》이 결합되여 울림소리로 발음되는 받침소리, 셋째로, 《ㄹ》가 결합되여 혀옆소리로 발음되는 받침소리파형이다.

1부류받침소리파형들은 무음구간을 포함하고있기때문에 상관함수분석을 하지 않아도 다른 주기적인 소리파형들과 명백히 구별하여 낼수 있다. 즉 무음구간에서의 R(i)의 값들은 1에 가까운 값을 가진다고 할수 있다.

2부류받침소리파형들의 상관적특징을 얻기 위하여 홑모음과 2부류받침모음으로 이루어진 소리마디를 발음한것에서 받침소리부분의 파형을 가지고 상관함수분석을 하였다.

R(i) 받침	R_1	R_2	R_3	R_4	R_5	R_6	R_7	R_8	R_9	R_{10}	R_{11}	R_{12}	R_{13}	R_{14}	R_{15}
안	1.00	.86	.74	.67	.52	.40	.28	.08	-.10	-.23	-.33	-.43	-.50	-.59	-.65
언	1.00	.90	.81	.74	.58	.45	.32	.13	-.02	-.18	-.36	-.46	-.56	-.69	-.72
온	1.00	.84	.71	.64	.50	.37	.27	.10	-.05	-.21	-.39	-.45	-.51	-.58	-.62
운	1.00	.92	.84	.75	.59	.43	.27	.08	-.08	-.26	-.33	-.41	-.45	-.49	-.49
은	1.00	.91	.82	.74	.57	.41	.26	.06	-.09	-.21	-.34	-.43	-.47	-.51	-.51
인	1.00	.91	.82	.74	.60	.45	.31	.14	-.07	-.13	-.26	-.35	-.40	-.44	-.45
앤	1.00	.91	.80	.70	.58	.46	.29	.10	-.05	-.22	-.38	-.48	-.58	-.66	-.70
엔	1.00	.90	.79	.69	.55	.41	.26	.08	-.07	-.26	-.43	-.55	-.64	-.69	-.71

표 2-5. 받침소리 《ㄴ》의 상관함수값(전체구간평균)

R(i) 받침	R_1	R_2	R_3	R_4	R_5	R_6	R_7	R_8	R_9	R_{10}	R_{11}	R_{12}	R_{13}	R_{14}	R_{15}
암	1.00	.87	.72	.61	.47	.37	.26	.09	-.07	-.23	-.38	-.49	-.54	-.57	-.59
엄	1.00	.91	.81	.71	.59	.45	.30	.15	-.01	-.20	-.35	-.48	-.58	-.65	-.72
옴	1.00	.88	.75	.66	.54	.42	.27	.10	-.06	-.23	-.37	-.46	-.55	-.62	-.68
움	1.00	.93	.85	.74	.59	.42	.23	.03	-.15	-.33	-.49	-.61	-.72	-.79	-.82
음	1.00	.89	.80	.71	.51	.34	.19	-.02	-.18	-.30	-.45	-.51	-.55	-.58	-.54
임	1.00	.94	.85	.73	.58	.40	.21	.01	-.17	-.35	-.51	-.64	-.75	-.81	-.82
앰	1.00	.91	.80	.69	.52	.37	.20	.009	-.15	-.30	-.45	-.55	-.61	-.68	-.71
엠	1.00	.91	.86	.76	.63	.46	.27	.69	-.09	-.26	-.41	-.51	-.59	-.64	-.65

표 2-6. 받침소리 《ㅁ》의 상관함수값(전체구간평균)

R(i) 받침	R_1	R_2	R_3	R_4	R_5	R_6	R_7	R_8	R_9	R_{10}	R_{11}	R_{12}	R_{13}	R_{14}	R_{15}
앙	1.00	.91	.76	.58	.40	.28	.17	.07	-.04	-.18	-.33	-.46	-.55	-.62	-.66
엉	1.00	.93	.82	.71	.54	.37	.21	.01	-.18	-.34	-.51	-.64	-.71	-.77	-.80
옹	1.00	.87	.69	.55	.36	.20	.04	-.05	-.08	-.12	-.15	-.18	-.25	-.35	-.47
웅	1.00	.85	.76	.71	.42	.26	.13	-.12	-.22	-.30	-.47	-.47	-.50	-.59	-.53
웅	1.00	.94	.84	.72	.56	.38	.17	-.025	-.18	-.34	-.46	-.57	-.66	-.71	-.73
잉	1.00	.92	.79	.66	.51	.34	.14	-.05	-.22	-.36	-.47	-.55	-.59	-.59	-.56
앵	1.00	.94	.83	.70	.56	.37	.16	-.03	-.22	-.39	-.53	-.65	-.74	-.79	-.80
엥	1.00	.92	.81	.69	.55	.39	.20	.02	-.15	-.33	-.48	-.62	-.72	-.78	-.79

표 2-7. 받침소리 《ㅇ》의 상관함수값(전체구간평균)

R(i) 받침	R_1	R_2	R_3	R_4	R_5	R_6	R_7	R_8	R_9	R_{10}	R_{11}	R_{12}	R_{13}	R_{14}	R_{15}
알	1.00	.89	.68	.47	.26	.02	-.25	-.51	-.66	-.72	-.70	-.62	-.51	-.36	-.16
얼	1.00	.87	.68	.60	.56	.38	.09	-.31	-.23	-.34	-.51	-.64	-.68	-.67	-.66
올	1.00	.77	.38	.25	.39	.40	.06	-.35	-.49	-.37	-.32	-.48	-.65	-.60	-.35
울	1.00	.87	.66	.58	.56	.39	.35	-.17	-.28	-.36	-.53	-.71	-.77	-.73	-.68
을	1.00	.93	.82	.70	.54	.32	.09	-.13	-.34	-.53	-.71	-.84	-.90	-.92	-.91
일	1.00	.92	.84	.76	.63	.48	.31	.14	-.02	-.18	-.32	-.46	-.55	-.62	-.68
앨	1.00	.90	.72	.55	.36	.12	-.11	-.42	-.59	-.65	-.69	-.72	-.65	-.51	-.32
엘	1.00	.91	.76	.67	.57	.35	.07	-.11	-.25	-.41	-.59	-.70	-.72	-.72	-.72

표 2-8. 받침소리 《ㄹ》의 상관함수값(전체구간평균)

받침소리파형의 상관분석표를 종합해보면 2부류받침소리들은 일반적으로 상관결수가 9차부터 부수이고 3부류받침소리는 8차부터 부수이다. 그러므로 받침은 상관결수만 따져도 3부류로 간단히 갈라낼수 있다.

2) 상관함수변동량에 의한 우리 말 음소식별

조선말의 한개 소리마디는 보통 100~300ms사이에서 발성된다.

음성의 분석주기를 10ms로 잡는다면 10~30개 틀로 한개 소리마디가 이루어진다.

앞에서의 음성파형고찰에서 알수 있는바와 같이 모음과 받침소리들의 음소구간들에서는 주기적인 형태를 가지였다.

그러므로 하나의 음소구간에 있는 임의의 2개 틀사이의 상관결수변화는 작지만 서로 다른 음소구간에 있는 틀사이의 상관결수변화는 커진다.

이 성질을 수학적인 상관결수변동량으로 표현하고 이에 기초하여 음소식별을 할수 있는 정수(경계틀번호)를 구하기 위한 알고리듬을 작성할수 있다.

우선 i번째 틀과 그로부터 ℓ틀만큼 떨어져있는 i+ℓ번째 틀사이의 상관결수변동량을 E(i, ℓ)라고 표시하면

$$E(i,\ell) = \sum_{k=1}^{K} \left| R_{i(k)} - R_{i+\ell(k)} \right|$$

로 정의할수 있다.

이 식에 기초하여 음소식별을 위한 흐름도를 그림 2-2와 같이 작성하였다.

흐름도 ①~⑥에서는 δ걸음으로 턱값 $m = \overline{0, M}$에 대하여 m값과 상관결수변동량 E=(i, ℓ)를 비교하고 작은 값을 가지는 틀번호는 선택하지 않고 큰 값을 가지는 틀번호를 선택하여 L(i, k)에 기억시킨다.

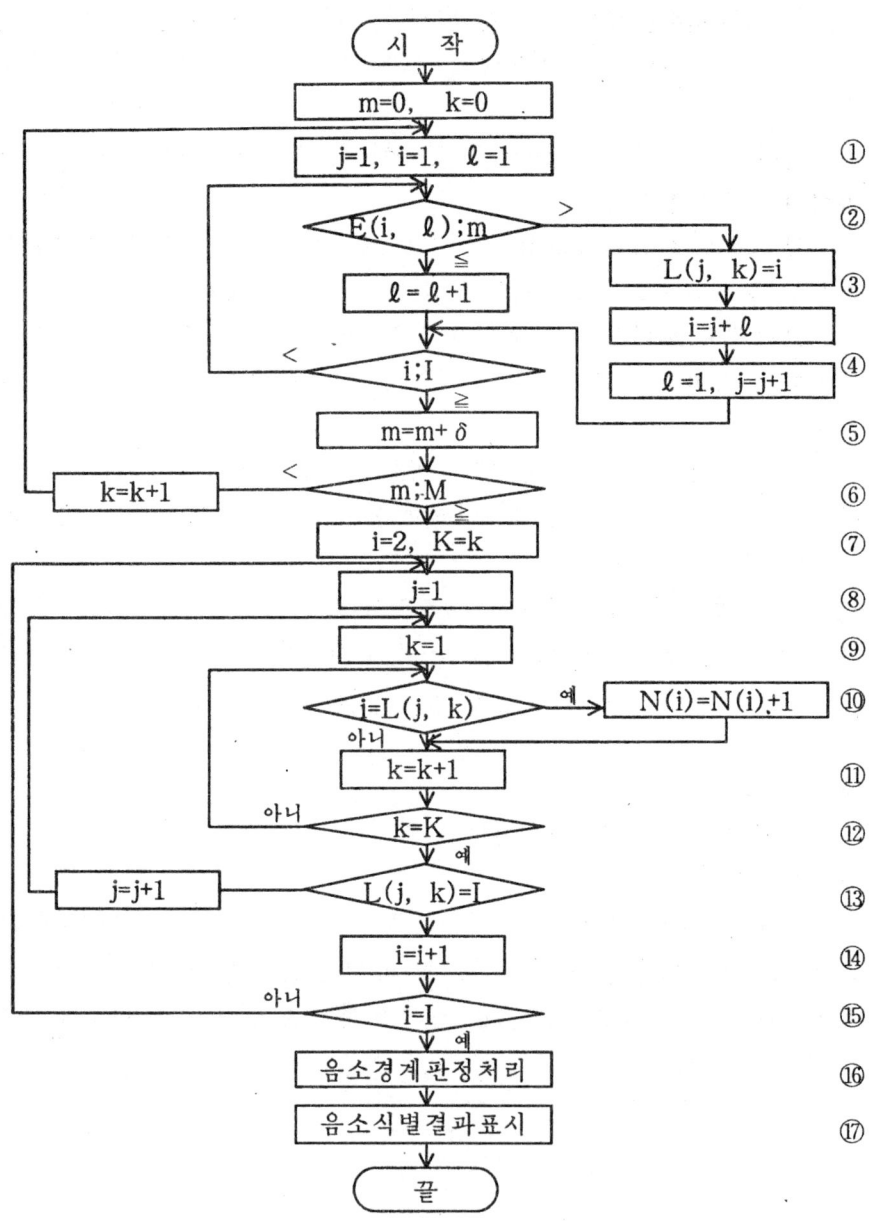

그림 2-2. 음소식별흐름도

흐름도에서 m의 변화는 k의 변화와 같다. E(i, ℓ)의 크기가 m보다 작을 때에는 ℓ만을 증가시키고 클 때에는 i를 현재의 ℓ만 큼 증가(변화)시킨다. 흐름도 ⑦~⑮에서는 선택된 틀번호 L(j, k)를 가지고 임의의 틀번호 i가 m의 변화에 따라(k의 변화에 따라) 선택된 회수를 N(i)에 기억시킨다.

흐름도 ⑯에서의 판정처리는 $i=\overline{1,I}$에 대하여 N(i)와 $K=M/\delta$와의 비를 취하여 일정한 턱값 Q이상이 되는 I를 음소경계틀로 판정한다. 턱값의 결정은 여기서 실험적으로 0.8~1로 정하였다.

흐름도 ⑰에서는 음소식별의 정확성을 객관적으로 평가하기 위하여 소리마디파형과 L(j, k)를 그림으로 련관시켜 표시하여준다.

흐름도에 기초하여 진행한 음소식별결과를 그림 2-3에 보여주었다.

그림에서 m=0일 때에는 모음, 자음에 관계없이 전체틀이 다 선택된다. 이것은 파형이 주기적이라도 구체적으로 틀마다 조금씩 변화가 있다는것을 의미한다.

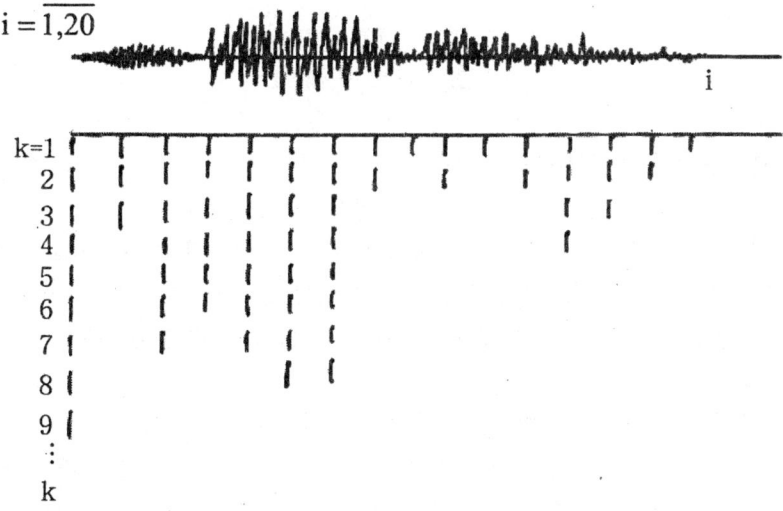

그림 2-3. 음소식별결과

m=0.5일 때에는 음성파형이 육안으로도 주기성이 인정되는 구간들에서 1개 틀만 취하고 나머지 구간(파형이 주기성을 가지지 않는 구간, 음소들사이의 경계구간, 음성의 마지막구간)들에서는 모든 틀이 다 선택된다.

이때 평균틀수는 $\overline{N}_{(0.5)} = 1/2$로서 절반으로 감소된다.

m=1.0일 때에는 음소들사이의 경계구간, 자음음소구간, 음성의 마지막구간들에서는 0.5일 때와 큰 차이는 없으나 모음음소구간들에서는 평균 1~2개 틀이 선택되며 평균 취해진 틀수는 $\overline{N}_{(0.5)} = 1/3$으로서 분석 및 인식속도를 3배로 높게 한다.

m=1.5~2.5일 때는 기본적으로 음소경계구간들에서 1~2개 틀이 취해진다. 음소경계가 없는 홑모음에서도 2~3개 틀이 취해진다.

m=3.0~4.0일 때에는 취해진 틀번호가 음성종류에 따라 여러가지가 있지만 기본적으로 음소경계구간들에서 취해지는 확률이 크다.

여기서 제시한 알고리듬은 미리 작성한 표준견본이 없이 입력한 음성자료를 리용하여 음소식별을 하기때문에 불특정화자음소식별알고리듬으로 된다.

2. 음소인식

1) 음소단위토막화

음소인식은 련속음성인식의 필연적인 단계이다.

음성신호에 대한 음소단위토막화를 정확히 하고 안정하게 진행할수 있다면 음성의 최소구성단위인 음소를 인식한 다음 여러가지 언어적정보와 문법적규칙들을 리용하여 단어나 문장에 대한 인식을 진행할수 있다.

여기서는 우리 말의 음소단위토막화방법이 확립된것을 전제로 하여 인간의 청각특성을 잘 반영하고있는 멜케프스트람결수를 리용하여 음소인식을 진행하는 방법에 대하여 보기로 한다.

음소인식체계를 보면 그림 2-3과 같다.

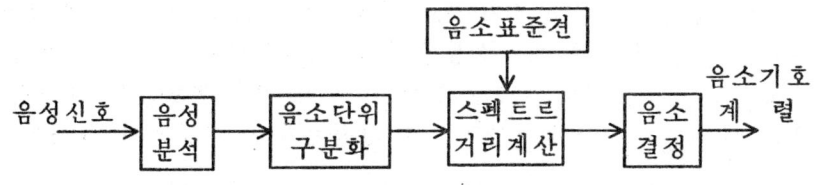

그림 2-3. 음소인식체계

우선 멜로그스펙트르를 추정하기 위한 한가지 방법을 제기하고 멜케프스트람결수와 령교차수에 의한 음소단위토막화방법에 대하여 보기로 하자.

(1) 멜로그스펙트르의 추정

여기서는 스펙트르포락정수로써 소리의 세기와 높이에 대한 인간의 청각특성을 잘 반영하고있는 멜케프스트람을 음소식별에 리용한다.

멜케프스트람 $g(m)$은 다음과 같이 정의한다.

$$g(m) = \varphi \log G(\tilde{z})\tilde{Z}^{-m}d\tilde{z} \qquad (2-1)$$

여기에서 $G(\tilde{z})$는 멜변환된 평면 $\tilde{Z}$ 우에서 신호 $X(n)$의 Z변환이며 멜변환함수는 다음과 같이 표시된다.

$$\tilde{Z}^{-1} = \frac{Z^{-1} - \alpha}{1 - \alpha Z^{-1}} \qquad (2-2)$$

표본화주파수가 10kHz일 때 $\alpha = 0.35$로 하면 음의 높이에 대한 인간의 청각특성과 잘 일치한다.

멜로그스펙트르의 불편추정을 위하여 로그스펙트르의 불편추정의 조건에 대응하는 평가함수

$$E = \frac{1}{2\pi} \int_{-\pi}^{\pi} [\exp R(\Omega) - R(\Omega) - 1] d\Omega \qquad (2-3)$$

$$R(\Omega) = I_N(\Omega) - G(\Omega)$$

를 리용한다.

여기에서 $I_N(\Omega)$은 신호 $X(n)$의 단시간로그전력스펙트르이고 $G(\Omega)$는 멜케프스트람에 의해 표현되는 로그전력스펙트르의 추정값이다.

이 평가함수는 신호가 정규정상과정이고 스펙트르모형으로 전극모형을 가정하는 최우추정법에서의 오차평가함수와 형식상으로 일치하지만 여기에서는 평가함수가 로그전력스펙트르의 불편추종조건에 대응하여 스펙트르모형으로 전극모형을 가정하지 않는다는 점이 다르다.

로그전력스펙트르를 멜케프스트람 $g(m)$에 의하여

$$G(\tilde{\Omega}) = g(o) + 2\sum_{m=1}^{M} g(m)\cos(m,\Omega) \quad (2-4)$$

로 표현하고 식 (2-3)을 최소로 하는 $G(\Omega)$를 추정하자.

식 (2-4)에서 $\tilde{\Omega}$는 멜척도우에서의 주파수이며 선형척도에서의 주파수 Ω에 의하여

$$\tilde{\Omega} = \tilde{\Omega}(\Omega,\alpha) = \Omega + 2\tan^{-1}\frac{\alpha\sin\Omega}{1-\alpha\cos\Omega} \quad (2-5)$$

으로 표시된다.

이때 E는 $G(\tilde{\Omega})$의 함수로 되며 $E(G(\tilde{\Omega}))$의 최소값을 구하는 형식으로 멜로그스펙트르의 추정값 $G(\tilde{\Omega})$를 구할수 있다.

추정값 $G(\tilde{\Omega})$가 미소량 $\Delta G(\tilde{\Omega})$만큼 변하였을 때 목적함수 $E(G(\tilde{\Omega}))$의 변화 $\Delta E(G(\tilde{\Omega}))$는

$$\Delta E(G(\tilde{\Omega})) = \frac{1}{2\pi}\int_{-\pi}^{\pi}[-\exp(I_{N(\Omega)}) - G(\Omega) + 1]\Delta G(\tilde{\Omega})d\Omega$$

$$= -\frac{1}{2\pi}\int_{-\pi}^{\pi}\eta(\tilde{\Omega})\Delta G(\tilde{\Omega})d\Omega \quad (2-6)$$

로 표시된다. 여기에서

$$\eta(\tilde{\Omega}) = \exp(I_{N(\Omega)} - G(\tilde{\Omega}) - 1)$$

이다. 이제

$$\eta(\tilde{\Omega}) = \sum_{n=\infty}^{\infty}\Delta g(n)e^{-j\tilde{\Omega}n} \quad (2-7)$$

$$\Delta g(n) = \frac{1}{2\pi}\int_{-\pi}^{\pi}[\exp(I_{N(\Omega)} - G(\tilde{\Omega}) - 1)]e^{j\tilde{\Omega}n} \quad (2-8)$$

로 표시하면 추정값 $G(\tilde{\Omega})$의 변화량 $\Delta G(\tilde{\Omega})$를

$$\Delta G(\tilde{\Omega}) = \sum_{n=-\infty}^{\infty} \Delta g(n) e^{-j\tilde{\Omega}n} \quad (2-9)$$

라고 하면 식 (2-6), (2-7), (2-8)로부터

$$\Delta E(G(\tilde{\Omega})) \leq 0$$

으로 된다.

(2) 음소단위토막화방법

멜케프스트람분석에 의한 음성인식에서는 멜로그스펙트르추정을 전제로 하고 음소단위토막화결과에 기초하여 음소인식을 진행한다.

음소단위토막화는 령교차수와 식 (2-10)~(2-14)식으로 표시되고 다섯가지 종류의 구분화파라메터를 리용하여 진행한다.

$$V_i = \frac{1}{8} \sum_{\ell=1}^{8} G_i(\Omega_\ell), \quad \Omega_\ell = \frac{2\pi\ell}{256} \quad (2-10)$$

$$C_i = g_{i(0)} = \frac{1}{2\pi} \int_{-\pi}^{\pi} G_{i(\tilde{\Omega})} d\tilde{\ell} \quad (2-11)$$

$$e_i = -A \sum_{n=-4}^{4} Wn(n^2 - B)(d_{i+n} - C) \quad (2-12)$$

$$d_i = \left(\sum_{m=1}^{7} (d_i^m)^2 \right)^{\frac{1}{2}} \quad (2-13)$$

$$A = \left(\sum_{n=-4}^{4} Wn(n^2 - B)^{-1} \right), \quad B = \frac{1}{D} \sum_{n=-4}^{4} Wn \cdot n^2$$

$$C = \frac{1}{D} \sum_{n=-4}^{4} Wnd_{i+n}, \quad D = \sum_{n=-4}^{4} Wn$$

$$a_i = K_3 \sum_{n=-3}^{3} Wn \cdot n \cdot C_{i+n} \quad (2-14)$$

여기서 Wn은 |n|>M에서 0인 블랙크맨창이며 Km은

$$Km = \left(\sum_{n=-M}^{M} Wn \cdot n^2 \right)^{-1}$$

로 표시되는 량이다.

식 (2-10)에 의하여 표시되는 유성음검출파라메터 V_i는 로그스펙트르의 기본주파수대역의 평균값이며 식 (2-11)에 의하여 표시되는 령교차멜케프스트람곁수 C_i는 로그스펙트르의 저역에 무게를 붙인 평균값이다.

e_i, a_i 는 각각 멜로그스펙트르, 령차멜케프스트람곁수의 변화속도를 검출하는 동적인 파라메터이다.

음소단위토막화는 다음과 같은 순서로 진행된다.

① V_i의 크기에 의하여 련속음성신호를 유성음, 무성음구간으로 나눈다.

② C_i와 d_i를 리용하여 ①에서 얻은 무성음구간을 무음 및 유성음구간에서의 음소경계로 한다.

③ a_i와 e_i의 극값을 리용하여 ①에서 얻은 유성음구간의 음소경계를 정한다.

④ ②와 ③에서 구한 매 음소토막에 대하여 음소무리의 기호화를 진행한다.

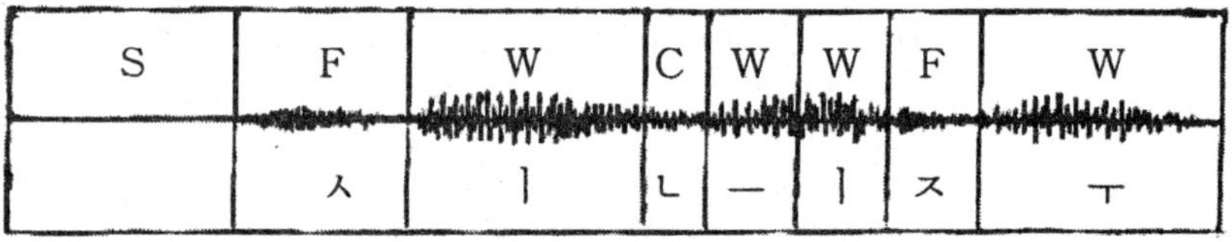

S	F	W	C	W	W	F	W
	ㅅ	ㅣ	ㄴ	ㅡ	ㅣ	ㅈ	ㅜ

그림 2-4. 음소단위구분화의 실례

그림 2-4에 단어 《신의주》에 대한 음소단위구분화의 실례를 보여주었다. 그림에서 음성파형우에 기입된 기호는 음소의 속성을 나타낸다.

즉 구분화된 음소토막은 모음(W), 유성자음(C), 파렬음(D), 마찰음(F), 무음(S), 유성음(V), 무성음(U)의 7가지 종류로 크게 분류된다.

2) 음소표준견본의 작성

대체로 음소는 여러개의 분석구간으로 이루어지며 이에 맞게 여러개의 분석구간들의 특징파라메터들을 구체적으로 리용해야 음소의 특징을 충분히 반영할수 있다.

일반적으로 모음에서는 음소의 지속시간이 길고 그의 음향학적 특징이 일정한 스펙트르포락의 정상부가 존재한다.

또한 자음에서는 지속시간이 짧은것이 많으며 이러한 음소의 특징파라메터는 뒤따르는 모음의 영향을 많이 받는다.

여기서는 음소의 특징에 따라 음소구분화결과로 얻어지는 토막구간의 속성에 기초하여 음소표준견본을 W, C, CW, UF, UW, SV, VS의 7종류로 작성한다.

(1) W형, C형표준견본의 작성

모음과 지속시간이 비교적 긴 유성자음의 경우 음소식별에 유효한 정보는 그의 음향학적성질이 안정한 스펙트르포락의 정상부에 있다고 볼수 있다.

W형과 C형표준견본은 모음 또는 유성자음의 스펙트르포락의 정상부를 반영하는 표준견본이며 표준견본을 작성할 때 W, V, C 및 D토막으로부터 음소의 특징을 추출한다.

여기서는 음소토막내에서 식 (2-13)의 스펙트르포락의 시간변화량 d_i가 가장 작은 구간을 스펙트르특징이 가장 안정한 구간으로, 스펙트르포락의 정상부로 정의한다. 이 스펙트르포락의 시간변화량 d_i는 토막화단계에서 토막파라메터 e_i를 구할 때 얻어지므로 표준견본의 작성 및 음소인식단계에서는 새롭게 계산할 필요가 없다. W형과 C형표준견본은 다음과 같은 순서로 작성한다.

① W, V, C, D토막에서 d_i가 극소인 분석구간을 찾고 이 분석구간번호를 j라고 한다.

극소를 이루는 분석구간이 2개이상인 경우에는 이 분석구간들에서 령차멜케프스트람결수 $g_{i(0)}$ (또는 c_i)이 제일 큰 분석구간번호를 j라고 한다. d_i의 극소가 없는 경우에는 d_i가 최소인 분석구간번호를 j라고 한다.

② 분석구간번호 j-2, j+2에 대한 멜케프스트람결수들을 추

출하여 그 토막의 특징파라메터로 한다.

③ W토막 또는 V토막에서 음소기호가 모음인 경우는 W형표준견본으로 기억한다. C, D, V토막에서 음소기호가 자음인 경우에도 C형표준견본으로 기억한다. 매개 음소표준견본에는 음소기호와 음소의 특징파라메터, 발성자이름, 음운환경 등을 기억시킬수도 있다.

(2) CW형, UW형, SV형, VS형표준견본의 작성

일반적으로 자음에서는 음소의 특징이 뒤따르는 모음에 의존하여 여러 형태로 나타난다. 따라서 자음의 식별에 유효한 정보는 자음에서 모음에로 전환하는 과도부에도 존재한다고 볼수 있으며 이로부터 자음으로부터 뒤따르는 모음에로의 과도부의 특징파라메터는 토막의 경계분석구간을 기준으로 하여 구할수 있다.

CW형과 UW형표준견본은 각각 유성자음과 무성자음에 뒤따르는 모음에로의 이행과정에 있게 되는 스펙트르포락특성의 과도부를 반영하는 표준견본이며 C, D와 W, V토막 또는 V, F와 W, V토막이 접속하는 경계부근의 스펙트르포락파라메터로부터 음소의 특징을 추출한다.

순한소리자음들이 단어의 첫머리에서 발음될 때 이 자음은 뒤따르는 모음에 포함되는것이 많으며 음소의 경계검출이 어렵고 음소경계가 없어져버리기 쉽다.

이러한 환경속에 있는 자음을 식별하기 위하여 SV형표준견본을 작성한다.

SV형표준견본은 S토막(무음토막)이 모음토막과 접속하는 경계부근에서 음소의 특징을 추출한다.

VS형표준견본은 발성시간이 대단히 짧고 앞에 있는 모음에 결합되기 쉬운 우리 말 받침소리에 대응하는 음소를 식별하기 위하여 작성한다. VS형표준견본은 모음토막과 S토막이 이어서 나오고 S토막에 대응시킬수 있는 받침에 대응하는 음소가 있을 때 이 토막들이 접속하는 경계부에서 특징파라메터를 추출한다.

CW형, UW형, SV형, VS형표준견본은 다음과 같은 순서로 작성한다.

① ㄱ): C, D, V토막뒤에 모음토막이 접속하는 경우

ㄴ): U, F토막뒤에 모음토막이 접속하는 경우

ㄷ): S토막의 뒤에 모음토막이 접속하고 S토막에 대응시킬 수 있는 음소가 있는 경우

토막이 접속하는 경계분석구간의 번호를 j라고 한다.

② ㄱ)의 경우는 분석구간번호 j-4, j-2, j+2, j+4에 관한 멜케프스트람을, ㄴ)의 경우는 분석구간번호 j-2, j+2에 관한 멜케프스트람을, ㄷ)의 경우는 j-1, j+1에 관한 멜케프스트람을 추출하여 자음의 특징파라메터로 한다.

③ 추출한 음소의 특징을 각각 그 토막의 음소기호, 음운환경 등과 함께 CW형, UW형, SV형, VS형표준견본으로 기억시킨다.

(3) UF형표준견본작성

무성자음인 경우에도 지속시간이 비교적 짧은것과 함께 모음 못지 않게 긴것도 있다.

지속시간이 비교적 짧은 경우에는 UW형표준견본에 의하여 무성자음을 나타낼수 있다.

그러나 무성자음의 지속길이가 비교적 긴 경우에는 UW형표준견본이 뒤따르는 모음에 린접한 분석구간의 특징만을 취하기때문에 무성자음의 특징을 충분히 표현할수 없다.

무성자음의 길이가 비교적 긴 경우에 대처하기 위하여 UF형표준견본을 작성한다.

UF형표준견본은 다음과 같은 순서로 작성한다.

① U, F토막의 지속길이가 6개의 분석구간일 때 U, F토막의 기하학적중심으로 되는 분석구간번호를 j라고 한다.

② 분석구간번호 j-2, j-1, j+1, j+2에 관한 멜케프스트람을 음소의 특징으로 한다.

③ 추출한 음소의 특징파라메터를 음소기호와 함께 UF형 표준견본으로 기억시킨다.

3) 음소인식프로그람

(1) 음소단위스펙트르거리척도

여기서는 음소인식을 위한 스펙트르거리계산을 모든 음소표준견본에 대하여 진행하지 않고 입구음성에서 음소토막의 속성기호에

따라 음소표준견본과의 거리계산만 진행한다.

입구음성에서 음소토막의 속성기호가 W인 경우에는 W형표준견본만을, V인 경우에는 W형과 C형, CW형표준견본만을, C, D인 경우에는 C형, CW형표준견본만을, S와 V 혹은 W토막이 S토막과 접속하는 경우에는 UW형표준견본만을 조사하면 된다.

입구음성의 음소토막 T의 특징벡토르를 T_1, $T_2 \cdots$ (여기서 T_k는 1부터 12차까지의 멜케프스트람결수로 이루어졌으며 k는 입구음성에서 음소토막의 분석구간번호이다.)이라고 하고 표준견본 R의 특징벡토르를 R_1, $R_2 \cdots$ 이라고 하자. 이때 R의 특징벡토르는 3개 또는 5개의 분석구간의 파라메터모임으로 이루어져있다.

입구음성의 음소토막 T의 분석구간번호는 스펙트르거리계산을 할 때 스펙트르특징의 정상부와 과도부가 대응되도록 정한다.

즉 스펙트르거리계산을 진행하기 전에 입구음소토막에 대하여 음소표준견본의 작성에서와 같은 방법으로 스펙트르포락의 정상부와 과도부를 찾는다.

W, C형표준견본과의 정합을 진행하는 경우에는 정상부에 대응하는 분석구간번호를 3으로, CW, UW형표준견본과의 정합을 진행하는 경우에는 과도부에 대응하는 분석구간번호를 5로, SV형표준견본과의 정합을 진행하는 경우에는 과도부에 대응하는 분석구간번호를 3으로, VS형표준견본과의 정합을 진행하는 경우에는 과도부에 대응하는 분석구간번호를 2가 되도록 정한다.

또한 UF형표준견본과의 정합을 진행하는 경우에는 음소구간의 기하학적중심에 대응하는 분석구간번호가 3이 되도록 정한다.

입구음성의 음소토막 T와 표준견본 R의 분석구간번호가 i, j인 두개 분석구간사이의 스펙트르거리 $D_{i,j}$는 멜케프스트람결수의 절대값거리척도로서 다음과 같이 정의한다.

$$D_{i,j} = \sum_{m=1}^{12} |t_{i(m)} - r_{j(m)}| \qquad (2-15)$$

여기서 $t_{i(m)}$은 입구음성의 음소토막 T의 i번째 분석구간의 m차멜케프스트람결수, $r_{j(m)}$은 표준견본 R의 j번째 분석구간의 m차멜케프스트람결수이다.

입구음성의 음소토막 T와 표준견본 R사이의 스펙트르거리 $D_{(T,R)}$는 표준견본의 형이 여러가지이므로 정합하는 표준견본의 형에 따라 다르게 정의한다.

　스펙트르거리계산은 음소구분화의 결과로 얻어지는 음소경계와 스펙트르포락의 시간변화량 d_i의 극소점으로 나타나는 스펙트르특징의 정상부가 한개 분석구간정도 앞뒤로 편차될수 있으므로 입구음성에서 음소토막의 특징과 표준견본과의 정합이 이에 대처할수 있도록 신축성있게 진행되여야 한다.

　음소구간의 길이와 음소의 특징은 언제나 일정할수 없으며 발성자마다, 발성환경에 따라 비선형적으로 달라지게 된다.

　이것을 고려하여 입구음성의 음소토막과 음소표준견본과의 스펙트르거리에서 스펙트르포락의 정상부와 과도부의 이동, 음성특징파라메터의 변화를 고려할수 있도록 다음과 같이 정의한다.

① W형, C형, SV형 스펙트르거리

$$D_{(T,R)} = \frac{1}{4}\left(\min_{-1\leq i \leq 1} D_{1+i,1+2} \min_{-1\leq i \leq 1} D_{3+j,2} \min_{-1\leq i \leq 1} D_{5+k,3}\right) \quad (2-16)$$

② CW형, UW형 스펙트르거리

$$D_{(T,R)} = \frac{1}{9}\left(\min_{-1\leq i \leq 1} D_{1+i,1} + 2\min_{-1\leq i \leq 1} D_{3+j,2} + 3\min_{-1\leq i \leq 1} D_{5+k,3} + \right.$$
$$\left. + 2\min_{-1\leq i \leq 1} D_{7+m,4} + \min_{-1\leq i \leq 1} D_{9+n,5}\right) \quad (2-17)$$

③ VS형 스펙트르거리

$$D_{(T,R)} = \min_{-1\leq i \leq 1}\left(D_{1+k,1} + 2D_{2+k,2} + D_{3+k,3}\right)\frac{1}{4} \quad (2-18)$$

④ UF형 스펙트르거리

$$D_{(T,R)} = \min_{-1\leq i \leq 1}\left(D_{1+k,1} + 2D_{2+k,2} + 2D_{3+k,3} + 2D_{4+k,4} + \right.$$
$$\left. + D_{5+k,5}\right)\frac{1}{8} \quad (2-19)$$

　입구음성의 음소토막과 음소표준견본과의 스펙트르거리에서는 정상부와 과도부에 해당하는 분석구간들사이의 거리에 더 큰 무게를 주었다.

　또한 식 (2-16)～(2-19)에서의 최소화조작은 음소토막의 경계가 한개 분석구간정도 앞뒤로 밀리우는 경우와 토막내에서 음성신호의 비선형신축의 영향을 극복하기 위하여 리용하였다.

(2) 음소식별

스펙트르거리계산을 진행하는 표준견본의 형은 음소토막의 속성기호에 따라 결정되며 그 형태에 속하는 모든 음소표준견본과 입구음성의 음소토막과의 스펙트르거리를 식 (2-16)~(2-19)에 따라서 계산한다. 그리고 거리가 가까운 표준견본의 순서를 D_1, D_2 … D_M으로 표시한다. 즉 D_i는 입구음성의 음소토막과의 스펙트르거리가 i번째로 카까운 표준견본에 대응하는 스펙트르거리이다.

또한 M은 입구음성토막과 표준견본과의 스펙트르거리가 RdB 이내에 있는 음소표준견본의 개수를 표시한다. 이때 R의 값은 W형, C형, SV형, VS형표준견본에 대하여서는 0.3dB, CW형, UW형, UF형표준견본에 대하여서는 0.6dB로 설정하였다.

입구음소토막과 표준견본과의 스펙트르거리가 D_i인 때의 류사도 L_i를 다음식으로 정의한다.

$$L_i = \frac{D_1}{D_i} \quad i = 1, 2 \cdots M \quad (2-20)$$

우의 식으로부터 D_1의 류사도 L_1은 1이며 D_i의 값이 커짐에 따라 L_i의 값은 작아진다.

또한 동일한 음소기호에 대한 류사도를 $L_j (j \in \{1, 2, 3 \cdots M\})$라고 할 때 그 음소기호에 대한 점수 S_k를 다음의 식으로 정의한다.

$$S_\kappa = \frac{\sum_{j}^{M} D_j}{\sum_{i=1}^{M} D_i} \quad k = 1, 2 \cdots k \quad (2-21)$$

$$\sum_{k=1}^{K} S_k = 1 \quad (2-22)$$

식 (2-21)의 분자는 D_1, D_2 … D_M에 대응하는 표준견본중에서 같은 음소기호를 가진 표준견본에 대응하는 류사도를 더한 값이며 K는 M개의 음소표준견본가운데서 음소기호가 다른 개수(음소의 종류수)를 표시한다.

M개의 음소표준견본의 음소기호가 모두 같은 경우에는 $K=1$ 이므로 식 (2-21)의 분자와 분모는 같아져 $S_k = 1(k=1)$로 된다.

식 (2-21)과 (2-22)로부터 점수 S_k의 최대값이 1이므로 S_k값이 1에 가까울수록 그 음소기호는 입구음소토막의 위력한 후보로 된다.

따라서 S_k의 값은 후보음소의 믿음성을 표시하는 척도로 볼수 있다.

최종적인 음소인식결과는 점수 S_k의 값이 제일 큰 후보음소의 음소기호로 된다.

(3) 인식알고리듬의 프로그람적실현

그림 2-5에 인식처리의 흐름도를 보여주었다.

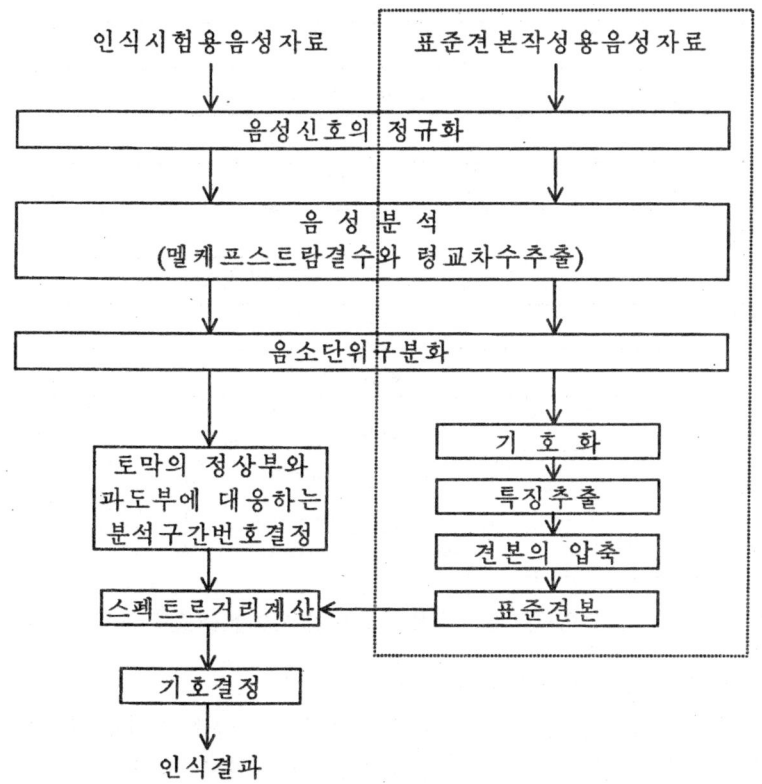

그림 2-5. 인식처리의 흐름도

그림에서 보는바와 같이 인식처리의 흐름도는 표준견본을 작성하기 위한 처리부와 인식처리부의 2개 부분으로 구성되여있다. 그림에서 점선으로 둘러막힌 부분이 표준견본을 작성하기 위한 처리부분이다. 음성자료의 정규화와 음성분석 및 음소단위토막화는 인식처리부와 표준견본작성에서 공통적이다.

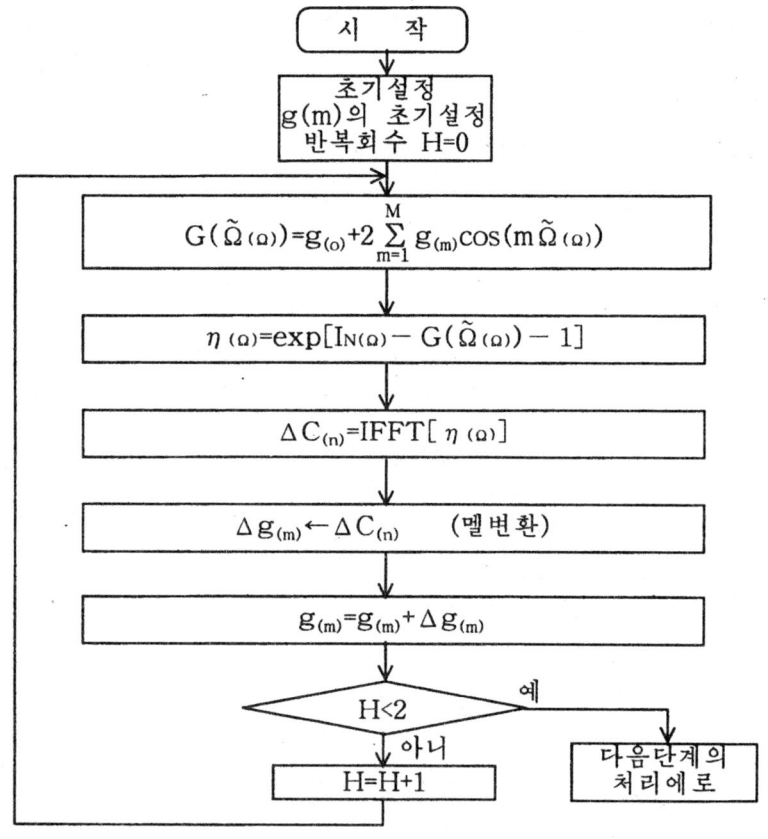

그림 2-6. 멜케프스트람곁수추출흐름도

— 멜케프스트람곁수의 추출

멜케프스트람곁수는 멜로그스펙트르포락추출과정에 얻어지며 음소단위구분화와 인식에서 멜케프스트람곁수를 리용한다.

그러므로 멜케프스트람곁수를 어떻게 추출하는가 하는것은 전반적인 체계의 성능에 큰 영향을 준다. 그림 2-6에 음소인식체계에 기초한 멜케프스트람곁수추출흐름도를 제시하였다.

멜주파수척도 $\tilde{\Omega}$우에서의 푸리예변환식을 실현하기 위하여 먼저 $\eta(\tilde{\Omega})$를 등간격의 주파수 Ω의 함수로 만든 다음 주파수척도 Ω우에서 고속푸리예변환(FFT)을 진행하고 그 결수를 다음과 같은 변환식을 리용하여 멜척도우에서의 푸리예결수로 변환하여 $\Delta g_{(m)}$을 구한다.

$$\Delta g_{(i)} = \begin{cases} \Delta C_{(i)} + \alpha \Delta g_{(0)}^{(i-1)}, & m=0 \\ (1-\alpha^2)\Delta g_{(0)}^{(i-1)} - \alpha \Delta g_{(1)}^{(i-1)}, & m=1 \\ \Delta g_{(m-1)}^{(i-1)} + \alpha \left[g_{(m)}^{(i-1)} - g_{(m-1)}^{(i)} \right], & m=2, 3 \cdots M \\ & i=255 \cdots 2, 1, 0 \end{cases}$$

$$\Delta g_{(m)} = \Delta g_{(m)}^{(0)}, \qquad m=0, 1, 2\cdots M \quad (2-23)$$

여기서 $\Delta C_{(i)}$는 등간격주파수척도 Ω우에서 $\eta(\Omega)$의 푸리예결수이며 $\Delta g_{(m)}$은 멜주파ㄱ수척도 $\tilde{\Omega}$우에서 $\eta(\tilde{\Omega})$의 푸리예결수이다.

멜케프스트람결수추출의 초기값은 될수록 수렴값에 가까운것을 리용하여야 한다.

여기서는 로그스펙트르의 불편추정법에 의하여 얻어지는 케프스트람결수들을 다음의 주파수변환식을 리용하여 멜척도우에서의 케프스트람결수로 변환하여 멜케프스트람결수추출의 초기값으로 리용하였다.

$$g_{(i)} = \begin{cases} C_{(i)} - \alpha g_{(0)}^{(i-1)}, \\ (1-\alpha^2)g_{(0)}^{(i-1)} - \alpha g_{(1)}^{(i-1)}, & m=2, 3, 4 \cdots N \\ g_{(m-1)}^{(i-1)} + \alpha \left[g_{(m)}^{(i-1)} - g_{(m-1)}^{(i)} \right], & i=255 \cdots 2, 1, 0 \end{cases}$$

$$g_{(m)} = g_{(m)}^{(0)}, \qquad m=0, 1, 2\cdots M \quad (2-24)$$

이 변환식은 식 (2-23)과 원리적으로 같은 식이다.

여기서 멜케프스트람분석의 차수를 보통의 케프스트람차수에 비하여 절반정도로 작게 하면서도 분석정확도를 높이고 음소표준견본을 작성함에 있어서 기억용량을 줄이고 음성인식의 속도를 높이도록 하는 문제가 중요하다.
 - 표준견본작성프로그람
표준견본을 작성하기 위한 처리는 음성자료의 정규화, 음성분석, 음소단위구분화, 기호화, 특징의 추출, 견본의 압축단계를 거쳐 수행된다.
표준견본은 표준견본을 작성하기 위한 음성자료기지에 기초하여 마련된다.
음소단위로 구분화된 매개 토막에 기호를 할당하는 기호화작업은 수동적으로 진행한다.
즉 매개 토막에 자동적으로 기입된 토막의 속성에 대응하는 기호(W, C, D, V, S, F, U)와 음성파형을 눈으로 보면서 미리 주어진 표준견본에서 음성자료의 음운정보와 발음과정을 고려하여 매 토막에 음소기호를 콤퓨터의 건반으로 기입하는 방법으로 진행한다.
음운과 문자의 대응이 좋은 우리 말의 경우에는 간단한 설명을 받으면 특별한 경험을 가지지 않은 사람도 쉽게 진행할수 있다.
특징추출부에서는 표준견본을 작성하기 위한 음성자료전체에 대하여 토막의 속성에 대응하는 기호와 앞에서 기입한 기호, 앞뒤 토막의 기호 등에 기초하여 그림 2-5에서 제시한 인식처리흐름도에 따라 초기표준견본을 작성한다.
이렇게 얻어진 초기표준견본들은 표준견본의 압축단계를 거쳐 표준견본으로 기억된다.
 - 인식프로그람
인식처리는 음성자료의 정규화, 음향분석, 음소단위구분화, 토막의 스펙트르특징의 정상부와 과도부에 대응하는 분석구간번호의 결정, 스펙트르거리계산, 기호결정단계를 거쳐 수행된다.
분석구간번호의 결정은 음소구분화결정과 음운환경에 기초하여 음성의 언어적정보가 집중되는 스펙트르포락의 정상부와 과도부를 찾는 방법으로 진행한다.
인식처리에서는 이 분석구간번호와 매개 토막의 속성에 대응하는 스펙트르거리척도를 리용하여 표준견본과의 스펙트르거리, 음소에 따르는 류사도와 점수를 계산하고 그에 기초하여 음소결정을 진행한다.

제3절. 우리 말 단어와 련속단어음성인식

1. 우리 말 단어음성인식

조음상태로부터 음성현상에로의 변환방법이 리론적으로 체계화되여 인간의 요구대로 음성을 합성해내고있다.

그러나 그의 역변환 즉 관측된 파형으로부터 추상기호로서의 조음상태의 발견은 매우 복잡하고 현재로서는 그것이 가능한지도 모른다.

그것은 대뇌에서의 정보처리과정이 고도로 능동적이여서 어떤 대상(현상)을 연구할 때 모형화 또는 추상화에 의하여 실험을 진행하고 정량적으로 평가하는 방법과 많은 경우 차이를 가지기때문이다.

음성의 합성과정과 인식과정은 현재의 상태에서는 비가역적관계에 있다고 말할수 있다. 그럼에도 불구하고 선행방법들에 의하여 본다면 음성의 복원을 전제로 하여 스펙트르보존원리가 만족되는 분석결과를 리용하는 경우에 특징파라메터시계렬에는 준주기적성격이 강하게 내포되며 이것은 정보량의 여유와 처리의 효률을 저하시키는 작용을 한다.

만일 선행한 방법들에서와 같이 분석단계와 정합단계를 별개로 갈라서 고찰하지 않고 통계적분석에 기초하여 특징파라메터들의 상관성을 제거해버린다면 패턴의 정규화를 실현할수 있고 인식파라메터와 처리량을 현저히 줄일수 있다.

1) 상태지속모형

선행방법들에서는 청각이 분석기관인 와우각대역려파기묶음이며 그의 극점위치가 2차의 신경망으로 전달되여 간다는 신경생리학적견해로부터 스펙트르첨두값 또는 스펙트르의미에서의 그와 등가적인 량(례하면 LPC예측결수, 케프스트람결수)을 인식파라메터로 한다.

그림 3-1에 모음《ㅏ》의 음성파형과 그의 스펙트르변동을 보여주었다.

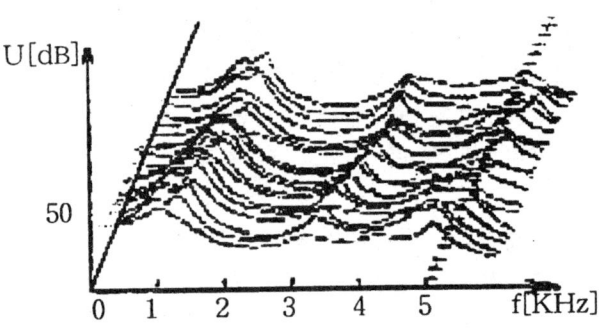

그림 3-1. 모음 《ㅏ》의 음성파형과 스펙트르변화

만일 선행한 방법들과 달리 분석단계에서 동적특징에 대한 인간의 감각특성을 고려하여 특징파라메터사이의 스펙트르이지러짐을 어떤 한계내에서 허용하는 방법으로 음향학적특징이 부분적으로 류사한 린접구간들을 하나의 카테고리에 포함시킨다면 인식파라메터수를 줄이고 처리량과 기억량을 축소할수 있다. 스펙트르이지러짐 평가함수가 어떤 근방에서 정의된다면 음향특징이 부분적으로 류사한 린접구간들을 대표하는 벡토르와 그의 지속길이로 표현되는 동적특징으로 되며 이것을 인식파라메터로 잡을수 있다.

i번째 입구흐레임까지의 벡토르렬을 /A $=a_1, a_2 \cdots a_i$, j번째 대표벡토르와 그의 지속길이를 $|b_j$와 ℓ_i로 표시할 때 스펙트르특성이 류사한 입구음성토막과 지속길이가 반영된 견본과의 대응관계를 그림 3-2에 보여주었다. 이것을 상태지속모형이라고 한다

j번째 입구토막의 끝흐레임을 $m_{(j)}$로 표시할 때 스펙트르이지러짐과 지속길이를 평가하는 함수를 다음과 같이 정의하자.

$$S_{(i)} = \sum_{i=m_{(j-1)}+1}^{m_{(j)}} \text{dist}_1(a_i, |b_j) \qquad (3-1)$$

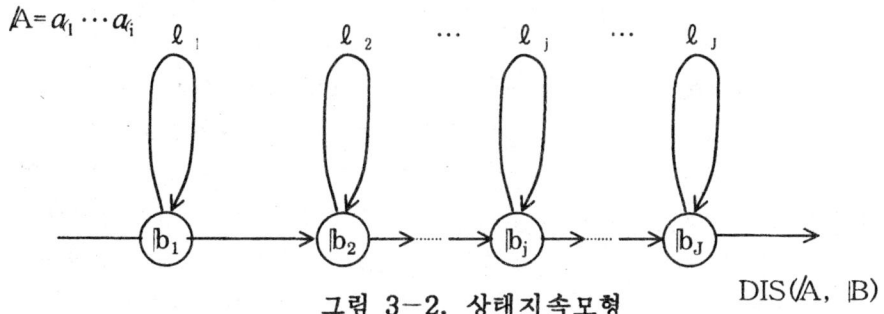

그림 3-2. 상태지속모형   DIS(A, B)

$$T_{(j)} = \omega_{(j)} \text{dist}_2 \left(m_{(j)} - m_{(j-1)} \ell_j \right) \quad (3-2)$$

$\text{dist}_1( )$은 입구특징과 대표벡토르사이의 스펙트르거리, $\text{dist}_2( )$는 입구토막의 길이와 견본의 지속길이와의 거리, $\omega_{(j)}$는 지속길이에 대한 부아닌 무게곁수이다.

그러면 입구음성과 견본사이의 스펙트르이지러짐과 지속상태를 동시에 평가하는 함수를 다음과 같이 정의할수 있다

$$\text{DIS}(A,B) = \min_{m_{(1)} \cdots m_{(j)} \cdots m_{(J)}} \left\{ \sum_{j=1}^{J} [S_{(j)} + T_{(j)}] \right\} \quad (3-3)$$

웃식에서 모든 $m_{(j)}$에 대하여 평가하는것은 계산량이 방대해지므로 동적계획법의 원리를 적용하여 구한다.

즉 i번째 입구흐레임을 j개의 토막으로 분할하고 정합하였을 때의 루적거리를 $D(i,j)$로 표시하면 $T(j) = 0$인 특수한 경우를 먼저 고찰하고 $T(j) \neq 0$인 일반적인 경우를 론의한다.

① $T(j) = 0$인 특수한 경우

$$D_{(i,j)} = \text{dist}_1 \left(a_i, b_j \right) + \min \begin{cases} D_{(i-1,j)} \\ D_{(i-1,j-1)} \end{cases} \quad (3-4)$$

$$\text{DIS}(A,B) = D(I,J) \quad (1 < i \leq I, 1 < j \leq J) \quad (3-5)$$

② $T(j) \neq 0$인 일반적인 경우

이때는 식 (3-4)와 (3-5)의 루적거리에 지속길이를 포함시켜 구한다.

$$D_{(i,j)} = \text{dist}_1(a_i, b_j) + \min \begin{cases} D_{(i-1,j)} \\ D_{(i-1,j-1)+J(j-1)} \end{cases} \quad (3-6)$$

$$\text{DIS}(A, B) = D(I, J) + T(J) \quad (1 \leq i \leq I, 1 \leq j \leq J) \quad (3-7)$$

우의 계산과정에 T(j)가 같은 산법으로 구해지므로 식 (3-6)과 (3-7)에 의하여 얻어지는 DIS(A, B)는 식 (3-3)을 엄밀하게 만족한다는 보증은 없다. 따라서 준최적풀이가 얻어진다.

그러나 준최적풀이가 최적풀이보다도 인식률이 반드시 떨어진다고 말할수 없다. 그것은 인식원리, 정식화 그자체에 절대적기준이 없고 상대적이기때문이다. 상태지속모형은 스펙트르이지러짐을 어떤 범위에서 허용함으로써 음성의 대역적인 정보흐름에 기초하여 음성의 동적특징을 유한상태의 렬과 지속길이로 표현한다.

따라서 본 모형에서는 J가 가변이 아니라 고정이므로 DP정합법에 비하여 연산량과 인식파라메터수가 I/J(I≧J)배로 줄어 든다는 본질적인 우점이 있다.

또한 매 단어에 대한 견본의 크기가 고정이므로 패턴자료의 구조화가 간단하고 탐색과 변경을 고속화할수 있는데 이것은 가변길이의 견본을 가지는 선행방법에 비하여 간접소비시간(Overhead)을 단축할수 있는 요인으로 된다.

부호화의 측면에서 본다면 상태지속모형은 흐레임단위로 스펙트르보존원리가 만족되는 분석결과에 토대하여 흐레임사이의 상관성을 함축된 형태로 표현한 합성보다도 오히려 인식을 목적으로 하는 극저비트부호화방식이라고 말할수 있다. 그러나 상태지속모형은 스펙트르이지러짐허용범위와 상태수에 따라 스침소리를 비롯한 과도적으로 존재하는 상태가 정확히 반영되지 않는 경우도 있을수 있으므로 턱값의 설정과 상태수의 선정에 주의를 돌려야 한다는 문제가 있다.

특징정합알고리듬을 제기하기 위하여 먼저 몇가지 기호들을 다음과 같이 정의한다.

    i: 입구음성의 흐레임번호(1≦i≦I)

    j: 모형의 상태번호 (1≦j≦J)

D(i, j) : (i, j)격자점까지의 루적거리
B(i, j) : (i, j)격자점우에서 (j-1)상태의 끝흐레임
ω(j) : j상태의 지속길이에 대한 무게결수
m(j) : j번째 입구음성토막의 끝흐레임

앞에서 본 상태지속모형에 의한 정합원리에 기초하여 인식알고리듬을 다음과 같이 할수 있다.

걸음 1 $D(1.1) = dist_1(a_1, b_1)$ (3-8)
      $B(1.1) = 0$ (3-9)

걸음 2 j=2, 3, 4… J에 대하여
      $D(1, j) = \infty$ (3-10)

걸음 3 i=2, 3… I에 대하여 걸음 4와 5를 실행한다.

걸음 4 $D(i, j) = dist_1(a_i, b_j) + D(i-1, 1)$ (3-11)

걸음 5 j=2, 3… J에 대하여
$$D(i, j) = dist_1(a_i, b_j) + \\ + \min \begin{cases} D(i-1, 1) \\ D(i-1, j-1) + \omega(j-1)dist_2(i - B_{(i-1, j-1)-1}) \end{cases}$$
                                 (3-12)

(ㄱ) : $B(i, j) = B(i-1, j)$
(ㄴ) : $B(i, j) = i - 1$

걸음 6 $DIS/(A, |B) = D(I, J) + \omega(J)dist_2(I - B(I, J), \ell J)$ (3-13)

걸음 7 j=1, 2… J-1에 대하여
      $m(j) = B(I, j+1)$ (3-14)

걸음 8 $m(J) = I - B(I, J)$ (3-15)

이 알고리듬은 첫째로, 대역적(global)범위에서 스펙트르를 고찰하므로 동적특징에 민감하다는 인간의 감각특성을 직접적으로 반영한다. DP정합과 HMM에서는 미지음성의 흐레임마다 극소적인 거리와 확률을 구하고 이것을 음성구간전체에서 루적하면서 입구음성과 견본과의 조합거리로 한다. 따라서 본 방법에서는 흐레임단위의 극소거리가 아니라 흐레임사이의 대역고찰에 의하여 풀이가 얻어지므로 스펙트르운동의 영향을 적게 받으며 대략적인 스펙트르변

화에 예민하다는 인간의 감각특성이 직접 반영된다.

둘째로, 흐레임단위로 얻어지는 파라메터가 유한상태의 대표벡토르렬과 지속길이로 함축되므로 견본의 수가 줄어든다는 본질적인 특징이 있다. 따라서 전통적인 DP정합법에 비하여 정합경로의 절대길이가 줄어들며 처리량도 축소되는데 이것은 지속길이평가에 보충적인 연산이 요구된다는것을 고려할 때 본 모형의 결합특성의 우점을 증가시키는것으로 된다.

셋째로, 입구흐레임방향으로 처리되므로 실시간처리가 가능하다.

넷째로, 모형의 작성이 간단하다.

통계적방법에 의하여 모형이 작성되는 HMM은 모형작성에 방대한 훈련작업을 전제로 하지만 상태지속모형에 의한 방법에서는 훈련작업이 단 1번이라도 된다.

다섯째로, 본 방법은 음성의 동적특징을 유한상태의 대표벡토르렬과 그의 지속길이로 표현하므로 모형을 효률적으로 작성하여야 한다.

동일한 특징에 대하여 스펙트르이지러짐턱값과 상태수에 따라 각이하게 견본이 얻어지므로 턱값의 설정, 상태수의 선택, 무게결수의 선정에 특별히 주의를 돌려야 한다.

본 모형의 작성에서 기본은 음성의 동적특성이 유한상태의 렬에 충분히 반영되도록 훈련을 진행하는것이다.

이를 위하여 특징정합알고리듬(식 (3-8)~(3-15))으로 얻어진 파라메터와 본 모양과의 거리를 DIS(Am, B)로 표시할 때

$$D_M = \sum_m DIS(Am, B) \qquad (3-16)$$

이 최소로 되는 B를 찾는다. 이것은 HMM에서의 파라메터추정에서와 같은 방법으로 실현한다. 즉 초기모형은 훈련자료를 시간축우에서 등분할하고 매 상태에 할당된 특징들의 대표벡토르를 구한다. 이때 모든 상태의 지속길이는 동일하다. 다음에 식 (3-8)~(3-15)까지의 점화식을 리용하여 훈련자료와 초기모형과의 정합처리를 진행하여 경계를 변경시키고 새로 할당된 상태의 대표벡토르

를 구한다. 동시에 매 상태로 할당된 흐레임수를 지속길이로 등록한다. 그리고 우의 정합과정이 수렴할 때까지 반복한다.

일반적으로 우의 반복과정으로 경계의 극소적인 변경만으로 모형이 얻어질 가능성이 있으므로 수렴후에 최적모형이라는 담보는 없다. 그러므로 선행연구에서 제안된 상태분할 및 통합원리를 적용하여 보다 근사적인 모형을 다음과 같이 얻는다.

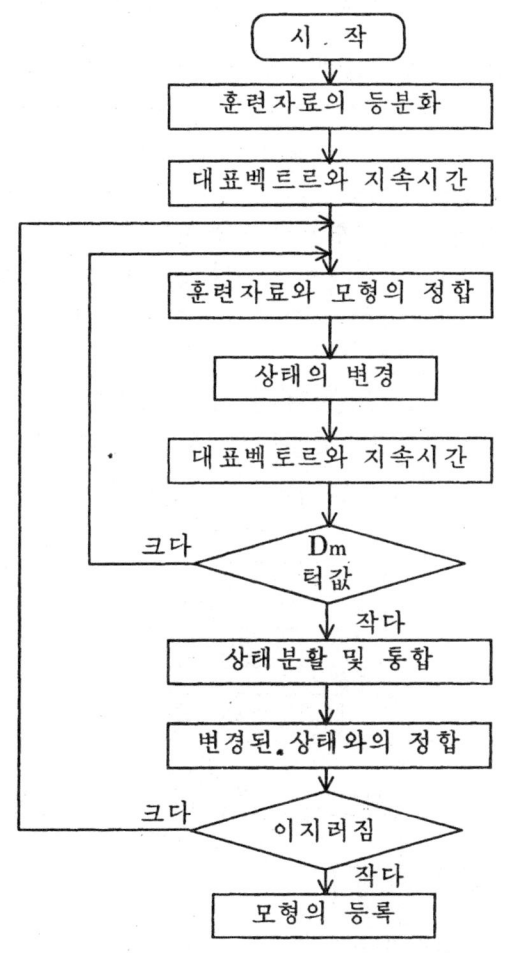

그림 3-3. 상태지속모형작성의 흐름도

수렴후의 모형을 B_p라고 할 때

ㄱ. 상태안의 이지러짐 $S(i)+T(i)$가 최대로 되는 상태를 검출하고 이것을 두 상태로 등분할한 다음 각각 대표벡토르로 구한다.

ㄴ. 린접한 상태의 이지러짐이 최소인 두 상태를 검출하고 이것을 하나의 상태로 통합한다. 그리고 다시 대표벡토르를 계산한다.

ㄷ. ㄱ, ㄴ의 처리에 의하여 얻어진 모형을 B_p라고 할 때

$$\sum_p DIS(A_m, B_p) < \sum_g DIS(A_m, B_g)$$

인 경우에는 B_p가 B_g보다 최적에 근사한 모형이므로 등록한다. 그렇지 않은 경우에는 B_g를 리용하여 ㄱ, ㄴ의 처리를 반복한다. ㄱ~ㄷ의 처리는 소규모인 초기모형에서 출발하여 특징공간의 순차2진분할이라는 수법에 따라 상태를 세분화하는 상태분할법과 이와는 반대로 과잉으로 세분화된 초기모형에서 모형파라메터의 부분적인 류사성에 주목하고 파라메터를 통합하여 점차적으로 모형의 단순화를 진행하는 상태통합수법의 반복이므로 모형의 최량화가 실현된다고 볼수 있다.

2) 상태지속모형에 의한 우리 말 단어음성인식

상태지속모형에 의한 단어인식체계의 흐름도를 그림 3-4에 보여주었다.

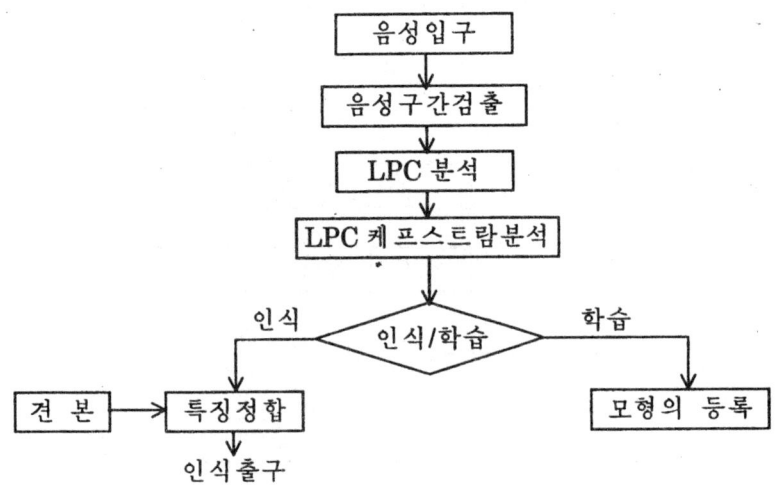

그림 3-4. 상태지속모형을 리용한 단어인식체계의 흐름도

(1) 초기모형의 작성

입구흐레임수를 상태수로 등분하고 매 구간에서의 특징벡토르의 평균값과 지속길이를 구한다. 이것을 초기모형으로 한다. (그림 3-5)

$C_{[i],[j]}$: i번째 입구흐레임의 j번째 케프스트람결수
$tem_{[j],[i]}$: i번째 상태수의 j번째 대표벡토르원소
Predord: 예측차수

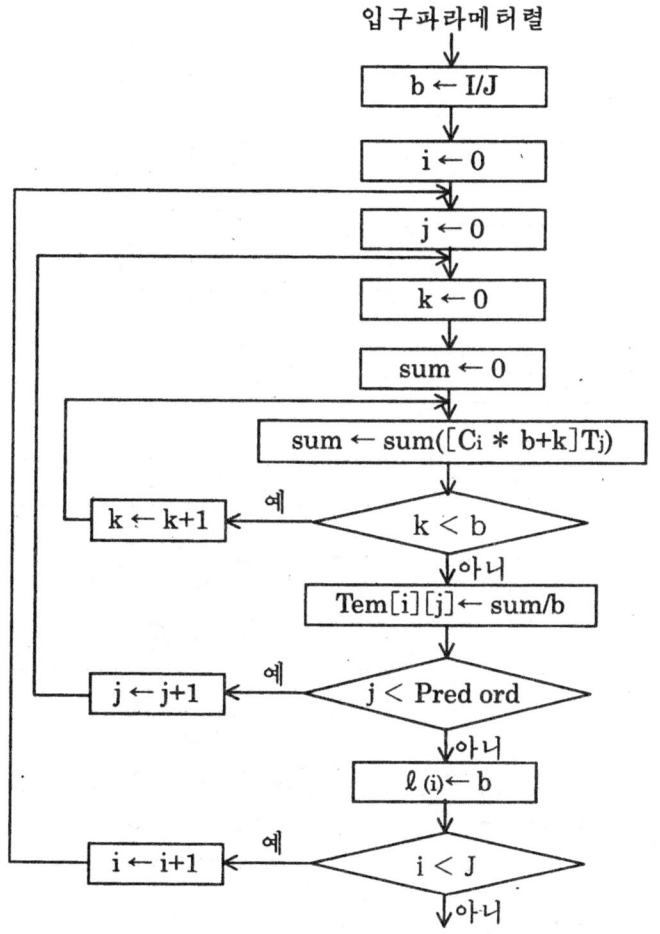

그림 3-5. 특징정합에 의한 초기모형작성알고리듬

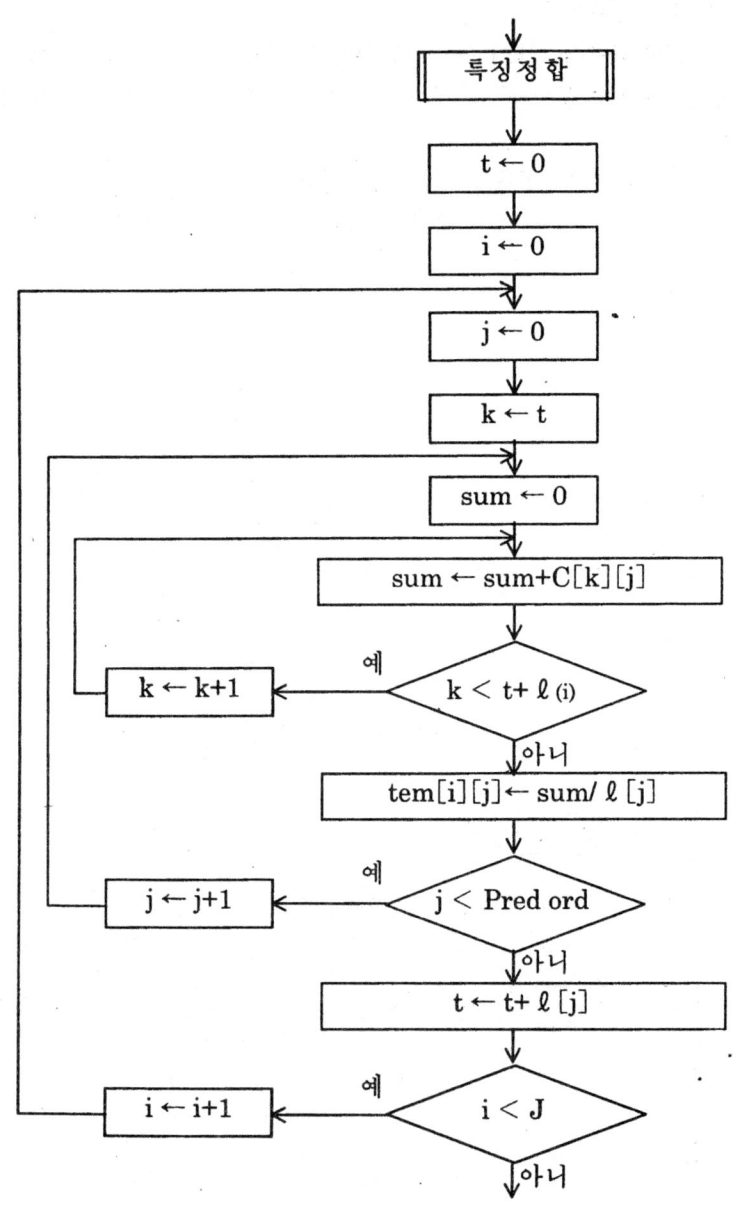

그림 3-6. 상태의 갱신알고리듬

(2) 상태의 갱신

얻어진 모형과 입구특징을 다시 정합한다. 그다음 새로 얻어지는 경계(지속길이)에 기초하여 모형을 갱신한다. (그림 3-6)

(3) 상태의 분할 및 통합

상태분할 및 통합의 원리에 기초하여 먼저 모형과 이지러짐이 최대로 되는 입구음성구간을 검출하고 이것을 두 상태로 등분할 한 다음 모형에서 최소이지러짐상태를 찾고 이것을 하나의 상태로 통합한다. (그림 3-7)

① 최대이지러짐구간검출

본 모형과 입구음성토막과의 이지러짐척도는 다음과 같이 정의하였다.

$$F_{0(j)} = \sum_{i=Len[i-1]}^{Len[j]} \sum_{K=1}^{P} \left| C_{[i][K]} - tem_{[j][K]} \right|$$

(j=0, 1, 2 … J-1, J)

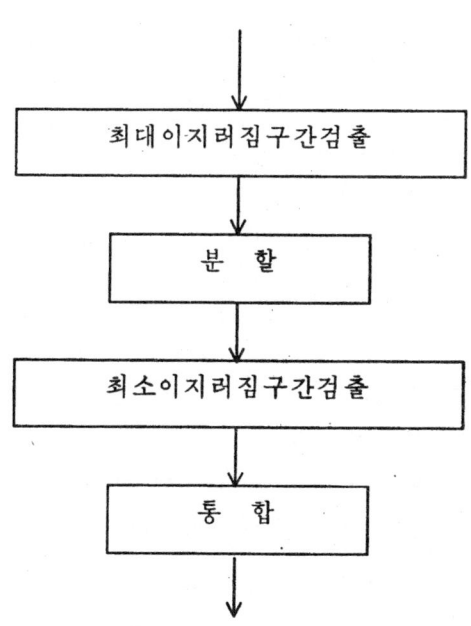

그림 3-7. 상태의 분할 및 통합

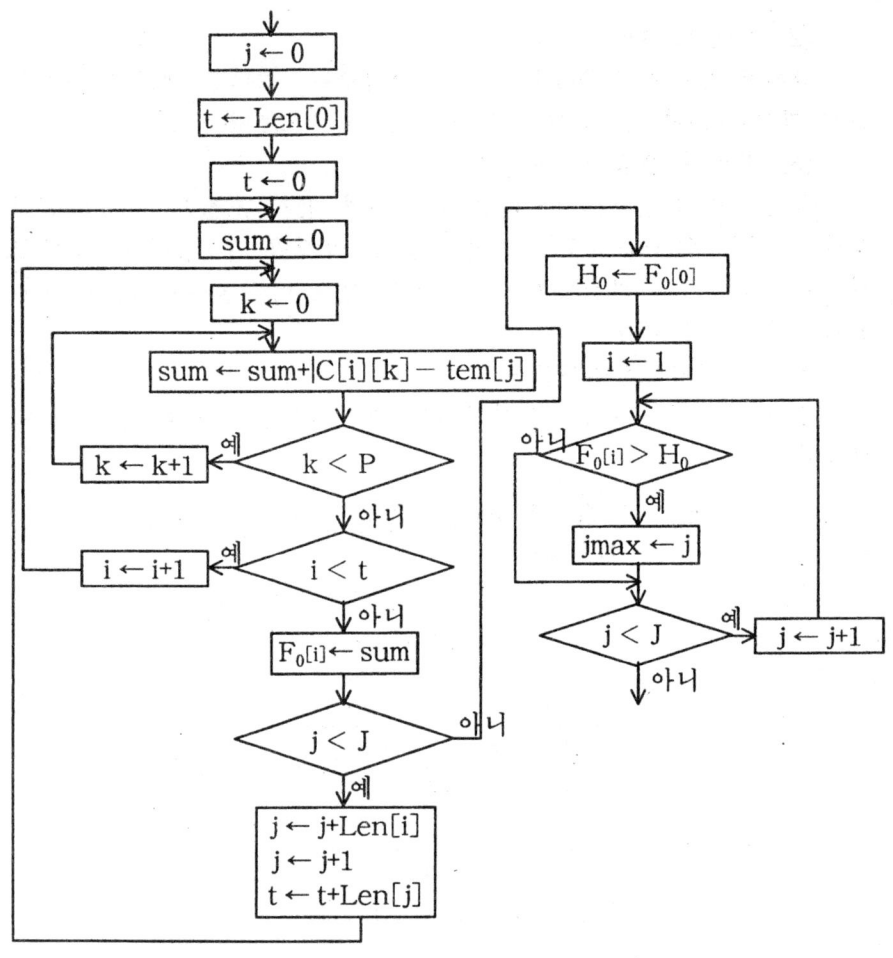

그림 3-8. 최대이지러짐구간검출알고리듬

② 최소이지러짐상태검출

본 모형에서는 린접상태의 이지러짐이 최소로 되는 두 상태를 하나로 통합한다. 두 상태의 이지러짐평가척도는 다음과 같이 정의하였다.

$$|F_{[j]} = \sum_{k=1}^{P} \left| tem_{[j+1][k]} - tem_{[j][k]} \right|$$

(j=0, 1, 2… J−1)

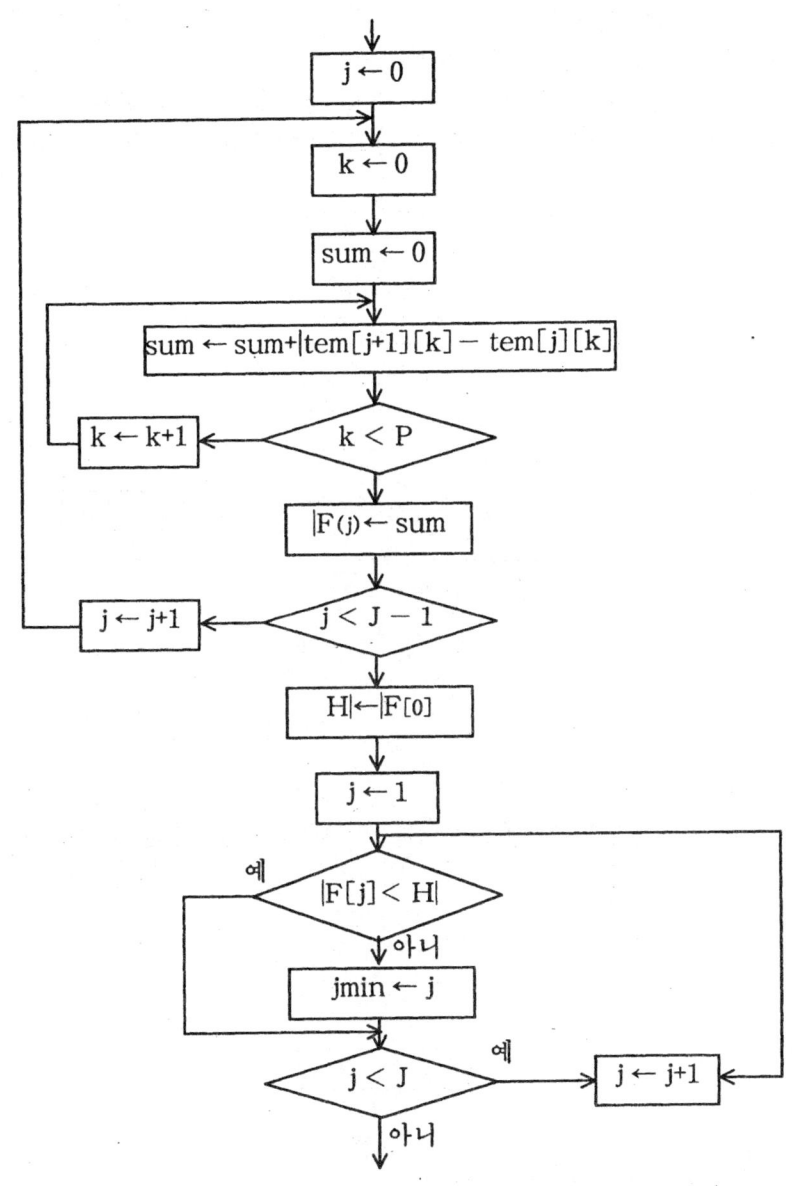

그림 3-9. 최소이지러짐상태검출알고리듬

(4) 모형의 등록

초기모형으로부터 출발하여 특징정합, 갱신, 상태분할과 통합을 다음과 같은 방법으로 진행한다.

ㄱ) 훈련자료로 되는 입구음성패턴을 초기모형과 정합하였을 때의 이지러짐 DIS1이 기정값 Q보다 작아질 때까지 특징정합과 모

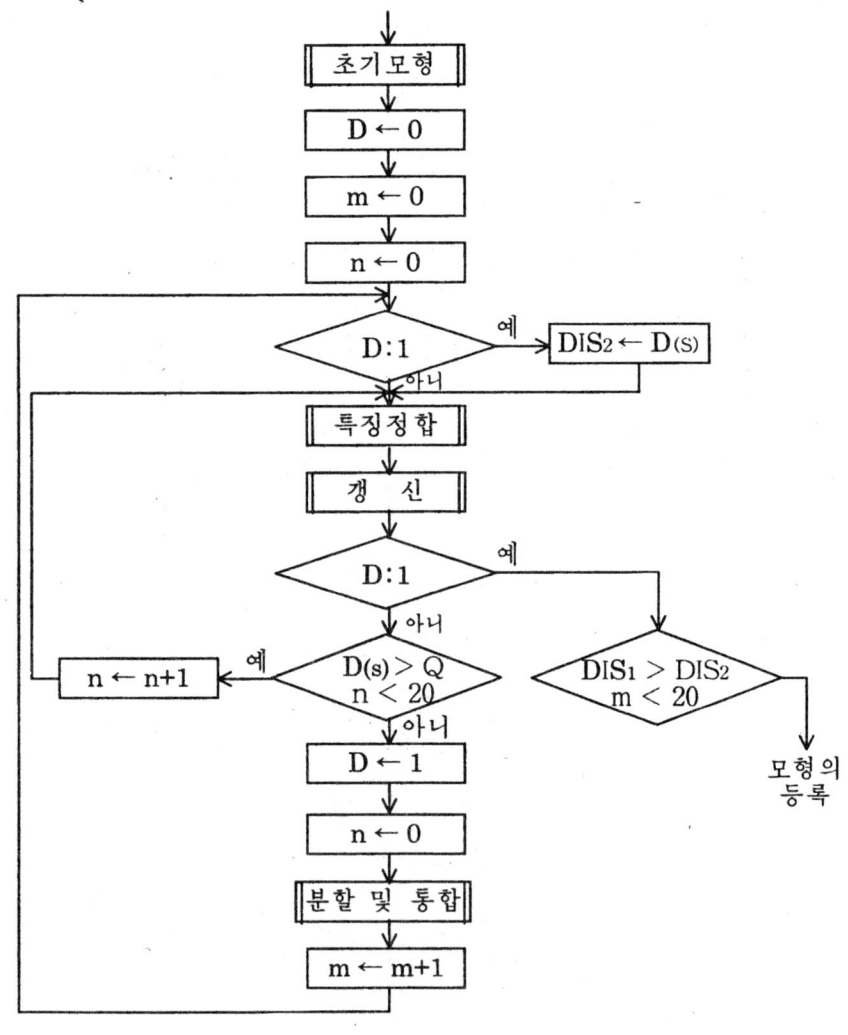

그림 3-10. 모형작성알고리듬

형의 갱신을 반복한다. 모형이 진동하여 다가들지 않는 경우를 고려하여 반복회수를 최대로 20회로 한다.
ㄴ) 국부적인 수렴성을 피하기 위하여 상태분할 및 통합을 진행하여 경계를 변경시키고 특징정합한다. 이때의 이지러짐을 DIS2라고 보고 모형으로 등록한다. 그렇지 않은 경우에는 ㄱ)에로 넘어간다.
이 경우에는 반복회수가 20번이상이면 끝내고 모형으로 등록한다.

2. 우리 말 련속단어음성인식

1) 실시간음성구간검출

음성정보처리를 위한 음성구간검출에서는 지금까지 음성자료에서 유성음, 무성음을 판별하여 음성구간을 검출하는 몇 가지 방법들이 제안되였다.
선행한 음성구간검출방법들에서는 음성신호에 대한 자기상관결수, 선형예측결수, 멜케프스트람결수 등을 리용하였다.
음성신호의 절대값이나 두제곱값을 리용하는 선행한 음성구간검출방법들에서는 입력신호값이 어떤 턱값보다 높은 경우가 분석구간길이만큼 계속되면 이 구간에 대한 음성의 판정신호를 출력한다.
이 방법은 분석구간길이의 영향을 받는 결함이 있기때문에 단어음성구간내에서의 일부 소리마디들사이에 존재하는 무음구간도 검출되므로 인식구간이 잘못 결정되여 인식률을 저하시킨다. 또한 분석구간길이에 대한 턱값을 크게 하면 검출을 위한 연산도중에 자리넘침이 일어날수 있는 결함도 있다.
련속음성자료에는 언어적정보를 포함하지 않는 무음구간도 많이 존재한다.
TDNN을 리용한 음소식별에서도 무음판정을 할수 있지만 무음을 막힘소리로 오인식할수 있는 가능성도 있기때문에 련속단어구간의 경계를 정확히 결정하기 어렵다.
음성구간검출을 진행하면 무음구간에 대한 음운인식은 진행하지 않을수 있으며 련속음성자료에서 련속단어의 시작과 끝위치를 미리 결정할수 있으므로 련속단어의 음성구간에 대한 TDNN의 음소인식결과와 단어렬과의 정합을 진행할수 있게 된다.
그러므로 음성구간검출을 진행하면 언어적의미가 없는 무음구간에 대한 검출을 하지 않고 음성구간의 자료만을 인식하게 되며 이렇게 되면 인식속도의 측면과 인식정확도의 측면에서 보다 효과적이다.
음성검출방법의 원리를 그림 3-11에 보여주었다.

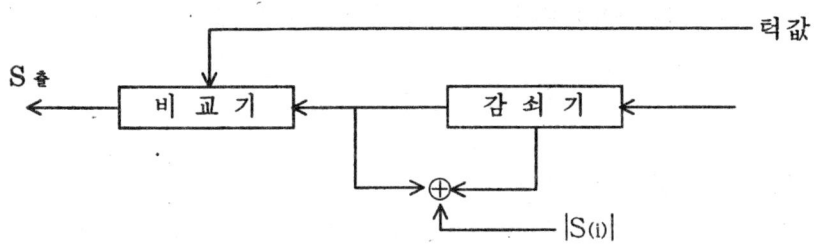

그림 3-11. 음성검출방법

이 방법에서는 음성신호의 절대값 |S(i)|와 감쇠기의 출력값을 가산하여 가산결과와 감쇠량 C를 다시 감쇠기에 넣는다.
감쇠기의 출력은 가산기에 입력되는 동시에 비교기에도 입력된다.
비교기는 감쇠기의 출력과 턱값을 비교하여 비교결과에 기초한 유음, 무음의 판정신호 $S_ㅊ$을 출력한다.
감쇠기를 리용하는것은 입력음성의 절대값만을 계속 더하기때문에 연산도중에 자리넘침이 일어나는것을 방지하기 위해서이다.
감쇠기능은 감쇠함수로 수행할수 있으며 여기서는 2비트오른쪽 밀기연산을 감쇠함수로 리용한다.
감쇠기의 입력을 X라고 할 때 출력 F(x)는

$$F(x) = C:X = 2^{-2} \cdot X \qquad (3-17)$$

라고 할수 있으며 m번째 음성표본이 입력된 시점에서 감쇠기의 출력 F(Xm)은 다음과 같다.

$$F(Xm) = 2^{-2}(|S(m)| + F(Xm-1)) \qquad (3-18)$$

$$F(X_m) = \sum_{j=1}^{m} \left[2^{-2(m-j+1)} \cdot |S_{(i)}| \right] \qquad (3-19)$$

만일 F(Xm)>T_1이면 S(m)은 유음이며 F(Xm)≤T_1이면 S(m)은 무음으로 판정한다.

이 방법을 리용하면 m번째 음성표본 S(m)이 유음인가, 무음인가를 그 표본이 입력된 시점에서 판정할수 있다. 그러나 이렇게 하면 실지 음성구간내에서는 무음으로 판정되는 표본들도 있게 되므로 적당한 구간턱값 T_2를 리용하여 비교판정을 진행한다.

S(m_1)으로부터 S(m_2)까지의 음성신호가 모두 무음으로 판정될 때 m_2-m_1≥T_2이면 이 구간을 무음구간으로 판정하며 m_2-m_1<T_2이면 유음구간으로 판정하고 S(m_1)부터 S(m_2)까지의 음성신호를 모두 유음으로 한다.

여기서 T_2는 무음의 지속길이에 대한 턱값으로 된다.

음성구간검출을 위한 알고리듬

걸음 1. 초기값설정

　　i←1, F←0, m_0←i, m_1←i, m_2←i
　　P←0; P=0이면 무음, P=1이면 유음을 의미

걸음 2. X←|$S_{(i)}$|+F
　　F←2^{-2}·X

걸음 3. 판정처리

　　① F_1>T_1이고 P=0이면
　　　　P←1, m_2←i
　　　　m_2-m_1≥T_2이면 S(m_0)부터 S(m_2-1)까지는 무음구간, S(m_0)부터 S(m_1-1)까지는 유음구간, m_1←m_2
　　② F≤T_2이고 P=1이면
　　　　P←0, m←i

걸음 4. i←i+1
　　i≤I이면 걸음 2로 간다.
　　i>I이면 걸음 5로 간다.

걸음 5. 마감처리

　　① P=0이면 S(m_0)부터 S(m_1-1)까지 유음구간, S(m_1)부터 S(I)까지 무음구간
　　② P=1이면 S(m_0)부터 S(I)까지 유음구간
　　③ 처리를 끝낸다.

턱값 T_1과 T_2는 실험적으로 결정하는 고정턱값이다. T_1을 결정하기 위하여 16비트의 음성표본자료에 대하여 T_1의 값을 50, 100, 200, 400, 800, 2,000으로 변경시키면서 음성검출실험을 하였다. T_1의 값이 50 또는 100일 때는 약한 잡음도 음성으로 판정하게 되는 현상이 있었다.

T_1의 값이 400이상일 때에는 《ㅅ, ㅈ, ㅊ, ㅎ》와 같은 지속시간이 긴 음운구간의 표본들을 무음으로 판정하는 현상이 있었다.

T_1의 값이 200일 때에는 우와 같은 결함이 나타나지 않았으며 무음검출성능도 좋았다.

T_2는 무음의 지속길이에 대한 턱값이므로 련속음성중에서 단어렬사이에 존재하는 무음구간을 검출할수 있도록 실험적으로 결정하였다.

T_2의 값을 결정하기 위하여 보통의 발성속도로 발성한 음성자료에 대하여 $T_1=200$으로 고정시키고 T_2의 값을 10~300ms사이에서 10ms만큼씩 중가시키면서 음성구간검출을 진행하였다.

T_2의 값이 10~40ms일 때에는 단어안에 존재하는 짧은 무음구간도 검출되여 검출된 음성구간내에 한개 소리마디만이 포함되는 경우도 있다. T_2의 값이 120ms이상일 때에는 단어렬들사이에 존재하는 짧은 무음구간을 검출하지 못하여 검출된 음성구간안에 많은 단어가 포함되여 련속단어인식에 불리한 조건을 지어주는 경향이 있었다.

T_2의 값이 50~100ms일 때에는 검출된 음성구간안에 1~4개의 련속된 단어가 포함되여 련속단어인식에 적합하게 음성구간이 검출되였다.

여기서는 TDNN을 리용한 련속단어음성인식체계의 전처리부에서 이 음성구간검출방법을 련속단어의 경계검출에 리용한다.

2) TDNN을 리용한 련속단어인식체계

여기서는 TDNN의 음운인식방법과 련속DP정합법을 리용하는 련속단어인식체계구성에 대하여 고찰한다. TDNN을 리용한 음성인식체계의 구성도는 그림 3-12와 같다.

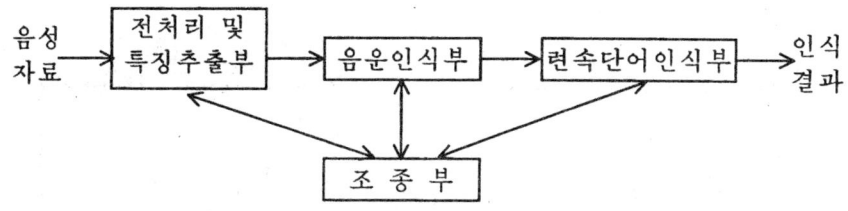

그림 3 - 12. TDNN을 리용한 음성인식체계의 구성도

그림에서 보는바와 같이 체계전반에 대한 조종은 조종부에서 진행한다.
체계는 전처리 및 특징추출부, 음운인식부, 련속단어인식부와 조종부로 구성된다.
전처리 및 특징추출부는 들어온 음성자료에 대한 전처리를 진행하고 음운인식에 리용되는 특징량을 추출하는 부분이다.
음운인식부는 들어온 특징벡토르의 시계렬에 대하여 TDNN을 리용한 음운인식을 진행하는 부분이다.
련속단어인식부는 TDNN의 음운인식결과와 단어의 음운기호렬과의 정합을 진행하여 련속단어인식을 진행하는 부분이다.
음성에는 의미정보, 감정정보, 개인성정보가 포함되여있지만 의미정보는 5KHz까지의 저주파대역에 거의 포함된다고 볼수 있다.
표본화정리에 의하면 5KHz까지의 주파수스펙트르를 얻으려면 표본화주파수가 10KHz이상 되여야 한다. 그러므로 체계에서는 11,025KHz, 16bit, mono방식의 음성자료를 취급한다.

(1) 전처리 및 특징추출부

① 전처리

전처리단계에서는 음성구간의 검출과 고역강조 및 진폭정규화를 진행한다.
음성구간검출에는 실시간음성검출방법을 리용한다.
체계에서는 음성구간검출단계에서 검출된 유음구간내의 음성자료들만을 취급한다. 유음구간의 음성자료는 고역강조와 진폭정규화가 진행되여 특징추출단계에로 넘어간다.
체계에서는 입구된 음성자료에 대하여 프로그람적으로 $1\sim 0.95z^{-1}$ 형식의 고역강조를 진행하고있다.

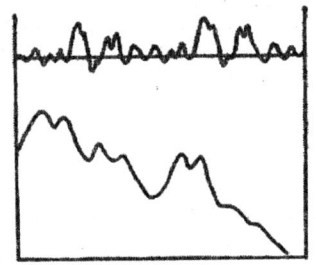
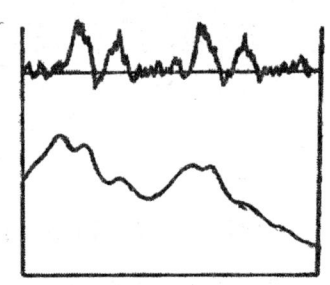

ㄱ) 고역강조를 하지 않은 경우의
음성파형과 그에 대한
스펙트르포락

ㄴ) ㄱ)와 같은 자료에 대하여
고역강조를 한 경우의
파형과 스펙트르포락

그림 3-13. 고역강조에 의한 스펙트르포락의 평탄화

고역강조에 의한 스펙트르포락의 평판화에 대한 실례를 그림 3-13에 보여주었다.

고역강조를 진행하면 스펙트르포락이 고주파부분으로 갈수록 낮아지는 현상이 극복된다. 음성신호의 진폭값은 발성자에 따라, 마이크감도에 따라 차이나므로 진폭정규화를 한다.

진폭정규화는 다음의 식들에 의하여 진행한다.

$$y_i = (X_i - \overline{X})/v \quad (i=1, 2, \cdots, N) \quad (3-20)$$

$$\overline{X} = \frac{1}{N}\sum_{i=1}^{N} X_i, \quad e = \frac{1}{N}\sum_{i=1}^{N} X_i^2, \quad v = \sqrt{e - \overline{X}^2}$$

여기서 X_i는 고역강조된 음성표본이며 N은 음성구간내의 표본수, $\overline{X}$는 음성구간에서의 평균값, e는 음성구간에서의 두제곱평균값, v는 음성구간에서의 분산이며 y_i는 정규화된 음성자료이다.

음성자료에 대한 전처리의 실례를 그림 3-14에 보여주었다.

그림에서 우의 파형은 음성파형의 진폭을 2.56배로 압축하여 그린것이며 아래의 파형은 음성구간검출을 위하여 무음구간의 진폭값을 0으로 만들고 유음구간은 고역강조와 진폭정규화를 진행한 후 진폭을 10배 확대하여 그린것이다.

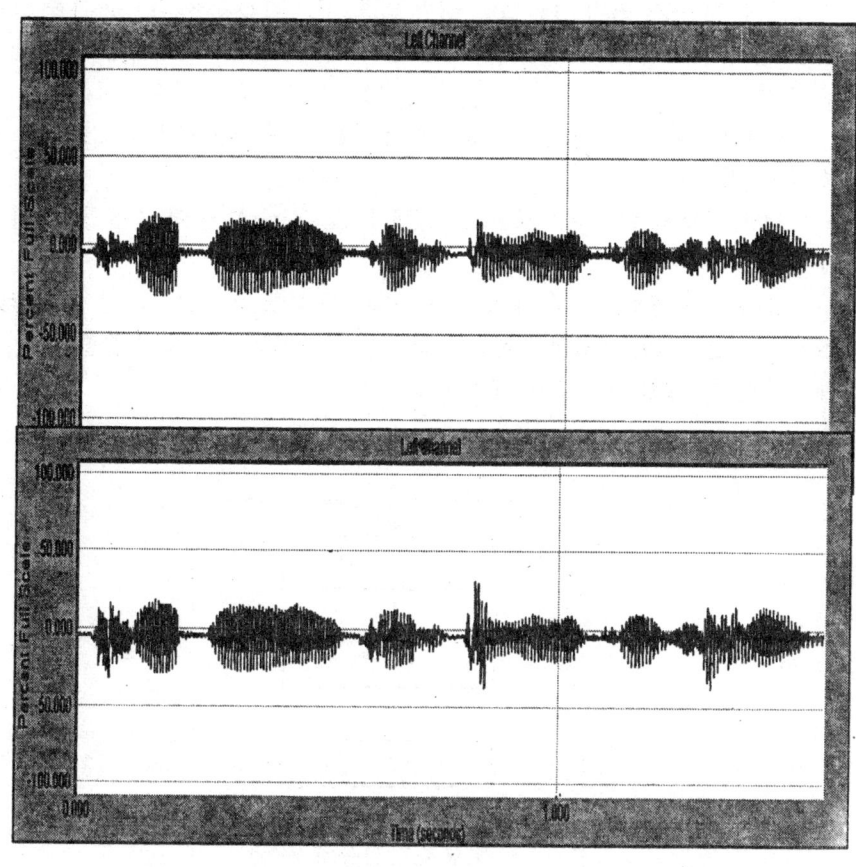

그림 3-14. 음성자료 《<ㄷ.ㄷ>의 전통을 계승한》에 대한 전처리의 실례

② 특징추출

특징추출단계에서는 전처리된 음성자료에서 TDNN의 입력자료로 리용될 특징파라메터를 추출한다. 특징파라메터로는 멜케프스트람을 리용하였다.

멜케프스트람계산에서는 로그스펙트르의 불편추정법을 리용하여 불편추정스펙트르를 구하고 이로부터 멜케프스트람의 재귀적계산법을 리용하여 멜케프스트람결수를 얻는다.

표본화주파수가 11,025Hz이므로 5.5kHz까지의 주파수스펙트르를 얻기 위하여 1차부터 16차까지의 멜케프스트람곁수들을 구한다.

령차멜케프스트람은 에네르기를 표시하는 량이므로 인식에 리용하지 않는다.

단시간스펙트르분석에서는 256점(23.22ms) 블랙크맨창을 리용한다.

조선어음운의 지속길이는 8∼350ms정도이므로 분석흐레임의 전진주기를 5.8ms(64개표본)로 하였다. 전처리 및 특징추출부의 처리흐름도를 그림 3-15에 주었다.

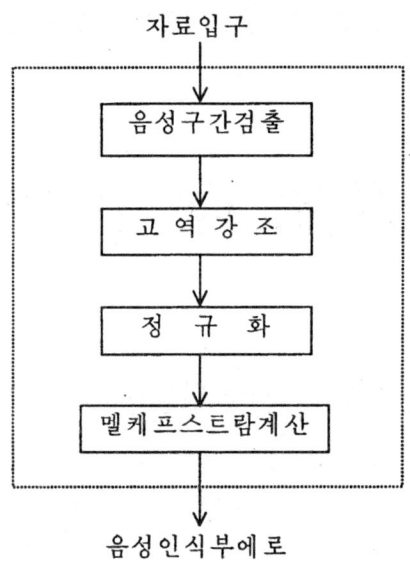

그림 3-15. 전처리 및 특징추출부의 처리흐름도

(2) 음운인식부

음운인식부는 앞단에서 16차멜케프스트람곁수들의 시계렬을 TDNN의 입력자료로 하여 음운인식결과를 얻는 부분이다.

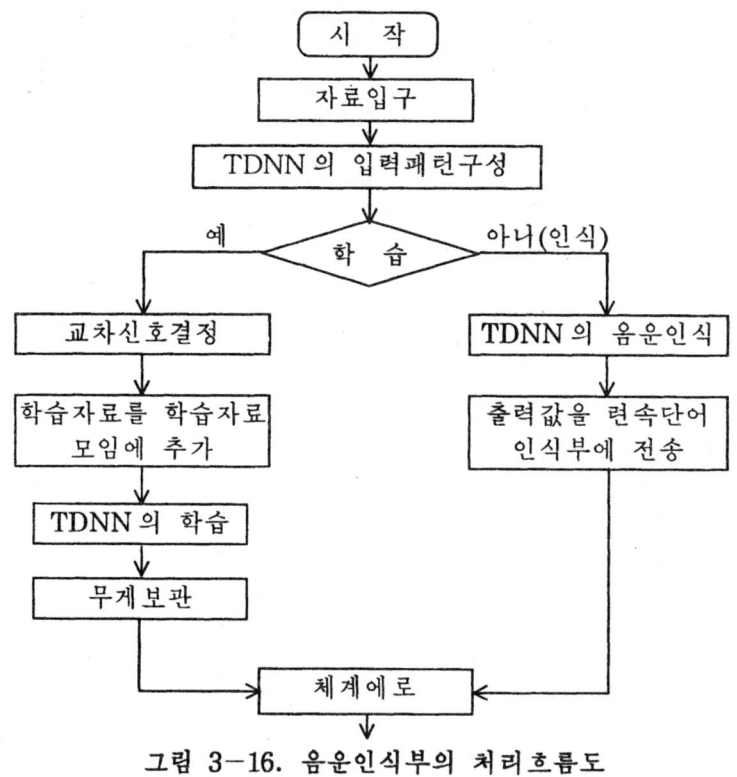

그림 3-16. 음운인식부의 처리흐름도

음운인식부는 학습과 인식의 두가지 방식으로 동작한다.

체계가 학습을 요구하는 경우에는 이미 추출한 학습자료모임의 음운학습자료를 리용하여 TDNN의 학습을 진행하며 학습의 진행과정을 체계에 알려준다.

TDNN의 학습은 여러가지 음성정합법들을 리용하여 진행한다.

체계가 인식방식으로 동작할 때 음운인식부는 입력자료에 대한 음운인식결과를 출력한다.

음운인식부의 처리흐름도를 그림 3-16에 보여주었다.

음운인식부에는 조선어음운론적견지에서 규정된 40개의 음운과 7개의 받침소리를 인식대상으로 하였다.

	음운과 음운변종	개수
첫소리	ㄱ, ㄴ, ㄷ, ㄹ, ㅁ, ㅂ, ㅅ, ㅇ, ㅈ, ㅊ, ㅋ, ㅌ, ㅍ, ㅎ, ㄲ, ㄸ, ㅃ, ㅆ, ㅉ	19개
가운데 소리	ㅏ, ㅑ, ㅓ, ㅕ, ㅗ, ㅛ, ㅜ, ㅠ, ㅡ, ㅣ, ㅐ, ㅔ, ㅖ, ㅚ, ㅟ, ㅘ, ㅝ, ㅞ, ㅒ, ㅙ, ㅢ	21개
끝소리	ㄱ, ㄴ, ㄷ, ㄹ, ㅁ, ㅂ, ㅇ	7개
무음	ㅡ	1개

표 3-1. 인식대상의 음운들과 받침소리(음운변종)

이렇게 모두 48개의 음성단위를 인식대상으로 하고 TDNN출력층에 48개의 유니트를 넣었다.

인식체계에 리용한 TDNN의 규모는 표 3-2와 같다.

출력 층	48개 유니트
입력 층	16차멜케프스트람×7흐레임(58.05ms)
시간지연	3흐레임
제1숨은층	60개 유니트×5흐레임
제2숨은층	48개 유니트×3흐레임

표 3-2. 인식체계에 리용한 TDNN의 규모

인식체계에 리용되는 TDNN은 흐레임마다 추출한 16차멜케프스트람결수들의 시계렬에서 7흐레임씩 취하여 입력패턴으로 하며 이에 대하여 이미 학습된 48개의 음성단위대상들과의 류사도를 출력값으로 한다.

입력음성에 대하여 1흐레임씩 전진해가면서 음성단위(음운단위)에 대한 인식을 진행하면 TDNN의 출력층에서 얻어진 출력결과의 시계렬이 얻어지게 된다.

(정의) i번째 입력패턴에 대한 TDNN의 출력값(Q_1^i, Q_2^i ··· Q_k^i)^{T}를 출력벡토르라고 하고 Q^i로 표시한다.

여기서 k는 출력층의 유니트수이다.
　　음성인식을 진행할 때 음성단위(음운단위)인식부에서는 검출된 음성구간에 대한 출력벡토르의 시계렬이 얻어지게 된다.
　　출력벡토르는 TDNN의 입력패턴과 이미 학습한 음성단위들과의 류사도이다.
　　인식체계에서는 련속단어의 인식에 출력벡토르의 모든 출력값들을 리용한다.
　　검출된 음성구간에서 추출한 특징파라메터의 시계렬로부터 구성된 TDNN의 입력패턴의 수가 N개일 때 출력층에서는 출력벡토르의 시계렬 $Q^1, Q^2 \cdots Q^N$ 이 얻어진다
(3) 련속단어인식부
　　련속단어인식부는 음운인식부에서 보내온 출력벡토르의 시계렬과 단어사전에 있는 단어에 대한 음운기호렬과의 기호준위련속 DP정합을 진행하여 련속단어음성에 대한 인식결과를 얻는 부분이다.
　　단어사전에는 매 단어가 음운기호렬로 들어있다.
　　단어사전은 2중배렬구조의 자료구조를 가지는 trie사전이다.
　　단어사전에서는 단어에 대한 발음표를 탐색단어로 하고 그 단어를 탐색단어에 대한 정보로 리용하였다.
　　○ <u>철리마</u>(ㅊㅓㄹㄹㅣㅁㅏ)→<u>천리마</u>(ㅊㅓㄴㄹㅣㅁㅏ)
　　　　탐색단어　　　　　　　　정보
　　음운인식부에서는 발음되는 음운만을 인식하므로 련속단어인식에서는 탐색단어에 대한 음운기호렬을 표준패턴으로 하여 출력벡토르의 시계렬과 정합을 진행하고 인식결과로 얻어진 탐색단어들을 그에 대한 정보로 바꾸어 출력한다.
　　음운인식부에서는 입력자료에 대하여 1흐레임씩 전진하면서 음운인식을 진행하므로 한개 음운구간에서도 많은 출력벡토르들이 얻어지며 그리하여 표준패턴과의 DP정합이 어렵게 된다.
　　DP정합을 쉽게 하기 위하여 련속단어인식부에서는 출력벡토르의 시계렬에 대하여 다음과 같은 자료압축을 진행한다.

$$m_1 = \arg_k \max(Q_1^i, Q_2^i \cdots Q_k^i, \cdots, Q_K^i)$$
$$m_2 = \arg_k \max(Q_1^{i+1}, Q_2^{i+1} \cdots Q_k^{i+1}, \cdots, Q_K^{i+1})$$
$$\vdots \qquad \vdots \qquad \vdots$$
$$m_n = \arg_k \max(Q_1^{i+n-1}, Q_2^{i+n-1} \cdots Q_k^{i+n-1}, \cdots, Q_K^{i+n-1})$$

일 때 $m_1=m_2=\cdots=m_n$ 즉 린접한 n개의 출력벡토르의 제1후보음이 일치할 때 n개의 출력벡토르의 합 $(Q^i = (Q^i + (Q^{i+1} + \cdots (Q^{i+n-1}$ 를 출력벡토르의 시계렬에서 린접한 n개의 벡토르 $(Q^i, \cdots (Q^{i+n-1}$ 과 치환한다.

린접한 n개의 출력벡토르의 제1후보음운이 일치할 때 n개의 벡토르를 그의 합벡토르로 바꾸는것은 그 n개의 린접한 출력벡토르가 같은 음운구간에 대한 음운인식결과라고 할수 있기때문이다.

출력벡토르의 시계렬 $(Q^1, (Q^2 \cdots (Q^N$ 에 대하여 우와 같은 압축을 진행하여 얻은 벡토르의 시계렬 $(Q^1, (Q^2 \cdots (Q^M (N \geq M)$ 을 DP정합에서의 입력패턴으로 리용하여 II 로 표시한다.

그러면 입력패턴 II 는 K×M행렬로 표시된다.

련속단어인식부에서는 확장련속DP정합법을 리용하여 입력패턴 II 와 가장 잘 정합되는 단어계렬을 구하여 인식결과를 얻는다.

련속DP정합법을 리용하여 단어렬을 인식하자면 입력패턴행렬의 임의의 부분과 표준단어사이의 정합을 진행하고 최대정합우도를 가지는 단어렬을 구해야 한다.

체계에서는 입력패턴의 임의의 부분과 단어사이의 정합에 보통 DP정합법을 리용하는 단어인식방법을 적용하였다.

— 단어인식

여기서는 입력패턴행렬의 임의의 부분과 단어사전의 음운기호렬과의 정합을 진행한다.

단어인식단계에서는 단어의 시작과 끝이 입력패턴의 제s렬, 제e렬이라고 가정하고 이 구간의 자료와 단어와의 정합을 진행한다. s와 e의 값은 련속단어인식단계에서 결정되며 s, e의 값이 결정된 후에 이 구간에 대한 정합을 진행하고 최대정합우도를 가지는 단어를 인식결과로 하며 그것을 다시 련속단어인식단계에로 넘긴다. 정합우도로는 입력패턴의 벡토르들에서 표준패턴의 음운에 대한 류사도의 로그값을 리용하였다.

정합에 리용하는 DP경로는 표준패턴축을 기준으로 하는 비대칭경로이며 4대 1신축까지 고려하여 그림 3-17과 같이 하였다.

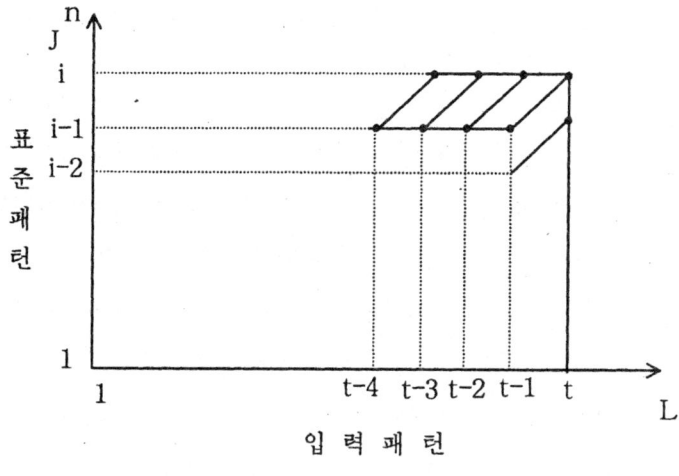

그림 3-17. 정합에 리용한 DP경로

— 단어인식에 리용하는 DP정합알고리듬
알고리듬에서 리용되는 변수들은 다음의 의미를 가진다.
L: 입력패턴에서의 단어구간의 길이, $L=e-s+1$
N: 단어수(표준패턴의 수)
n: 단어번호($1 \leq n \leq N$)
J^n: 단어 n에 대한 표준패턴의 길이
r_j^n: 단어 n의 표준패턴에서 j번째 음운
$D(t, r^n)$: 입력패턴의 $s+t-1$번째 렬에서 단어 n에 대한 표준패턴의 j번째 음운 r_j^n과의 류사도값

R^n: 단어 n의 표준패턴 $R^n = r_1^n, r_2^n \cdots r_{jn}^n$

$D(n|s, e)$: 단어 n과 입력패턴의 [s, j] 구간의 정합우도

$D(s, e)$: 입력패턴의 [s, e] 구간에서 모든 단어에 대한 최대정합우도

$Q^n(i, t)$: 입력패턴의 [s, s+t−1] 구간과 단어 n에 대한 표준패턴의 1부터 i번째 음운들과의 최대정합우도

정합알고리듬

걸음 1. 초기값설정

$n=1$, $Q^n(1.1) = P(1, r_j^n)$: 기타는 모두 0으로 한다.

걸음 2. $t=1, 2 \cdots L$

$i=1, 2 \cdots j^n$에 대하여 다음의 점화식을 계산한다.

$$Q_{(i,t)} = \max \{ Q_{(i-1,t-1)} + \log P(t, r_i^n), (Q_{(i-2,t-1)} + \log P(t, r_i^n) + \log P(t, r_i^n)),$$
$$Q_{(i-1,t-2)} + 0.5 \log P(t-1, r_i^n) + 0.5 \log P(t, r_i^n), Q_{(i,t-1)} + \log P(t, r_i^n),$$
$$Q_{(i-1,t-3)} + 0.4 \log P(t-2, r_{i-1}^n) + 0.4 \log P(t, r_i^n) + \log P(t, r_i^n),$$
$$Q_{(i-1,t-3)} + \log P(t-2, r_i^n) + 0.4 \log P(t-1, r_i^n) + 0.4 \log P(t, r_i^n),$$
$$Q_{(i-1,t-4)} + 0.3 \log P(t-3, r_{i-1}^n) + 0.3 \log P(t-2, r_{i-1}^n) +$$
$$+ 0.3 \log P(t-1, r_{i-1}^n) + \log P(t, r_i^n), Q_{(i-1,t-4)} + \log P(t-3, r_i^n) +$$
$$+ 0.3 \log P(t-2, r_i^n) + 0.3 \log P(t-1, r_i^n) + 0.3 \log P(t, r_i^n) \}$$

(3−21)

걸음 3. 정합우도계산

$$D_{(n|s,e)} = \frac{1}{J^n} Q_{(J^n, L)} \qquad (3-22)$$

$n = n+1$

걸음 4.

$n \leq N$이면 걸음 2로 간다.

$n > N$이면 $D(s, e) = \max_n D(n|s, e)$ (3−23)

처리를 끝낸다.

단어인식단계에서는 식 (3−23)을 만족하는 단어 n을 구간

〔s,e〕에서의 인식결과로 하고 그때의 정합우도 D(s,e)와 함께 련속단어인식단계에 넘겨준다.

- 련속단어인식

련속단어인식단계에서는 련속DP정합법을 리용하여 입력패턴에 대한 최대루적정합우도를 가지는 단어렬을 구하여 인식결과로 출구한다.

즉

$$D_{(M)} = \max_{1<i_1<i_2<\cdots<i_k=M} \{D_{(1,i_1)} + D_{(i_1+1,i_2)} + \cdots + D_{(i_k-1,M)}\} \quad (3-24)$$

을 만족하는 단어렬 n_1, n_2, $n_3\cdots n_k$를 입력음성구간에 대한 련속단어의 인식결과로 한다.

여기서 M은 입력패턴의 길이이다.

련속단어인식을 위한 알고리듬

련속단어인식알고리듬에서 리용하는 변수들의 의미는 다음과 같다.

X: 입력단어수(미정)

$D_{X(m)}$: 입력패턴의 1~m번째 벡토르들과 X개의 단어로 되는 단어렬과의 최대루적정합우도

$N_{X(m)}$: $D_{X(m)}$에 대응하는 제일 마지막단어

$B_{X(m)}$: $N_{X(m)}$의 시작점위치 -1(역방향지적자)

$D_{(m)}$: 입력패턴의 1~m번째 벡토르들과 단어렬과의 최대루적정합우도

$N_{(m)}$: $D_{(m)}$에 대응하는 단어렬의 제일 마지막단어

$B_{(m)}$: $N_{(m)}$의 시작점위치 -1(역방향지적자)

련속단어인식알고리듬

걸음 1. 초기값설정

$$D_{0(0)}=0, \quad B_{0(0)}=0, \quad D_{(0)}=0, \quad B_{(0)}=0$$

걸음 2. 단어인식

n=1, 2… N에 대하여 단어인식알고리듬을 리용하여

$D(nli+1, m)$을 계산한다. ($1 \leq i < m-1$)

걸음 3. $X=1$, $n=1, 2 \cdots N$에 대하여

$$\hat{i}, \hat{n} = \arg\max_{i,n}\{D_{x-1(i)} + D_{(nli+1,m)}\}$$

$$D_{x(m)} = D_{x-1(\hat{i})} + D_{(nli+1,m)}$$

$$N_{x(m)} = \hat{n}, \quad B_{x(m)} = \hat{i}$$

걸음 4. $X=X+1$

만일 $X>1$이면 걸음 5로, 아니면 걸음 3으로 간다.

걸음 5. $m=m+1$

만일 $m>M$이면 $m=1$로 하고 걸음 6으로, 아니면 걸음 2로 간다.

걸음 6. $D_{(m)} \max_x D_{x(m)} = \max_{i,n}\{D_{(i)} + D^n_{(i+1,m)}\}$

$$\hat{i}, \hat{n} = \arg\max_{i,n}[D_{(i)} + D^n_{(i+1,m)}]$$

$$N_{(m)} = \hat{n}, \quad B_{(m)} = \hat{i}$$

걸음 7. $m=m+1$

만일 $m>M$이면 $m=M$으로 하고 걸음 8로 간다. 아니면 걸음 6으로 간다.

걸음 8. $n=N_{(m)}$(인식결과의 출력)

걸음 9. $B_{(m)} \neq 0$이면 $m=B_{(m)}$으로 하고 걸음 7로 간다.

$B(m)=0$이면 처리를 끝낸다.

이 알고리듬에 의하여 얻어지는 인식단어렬은 준최적풀이이며 인식결과는 입력단어의 거꿀순서로 얻어진다.

이 알고리듬은 확장련속DP정합법과 원리적으로 같지만 걸음 2에서 단어인식을 진행하는 부분이 차이난다.

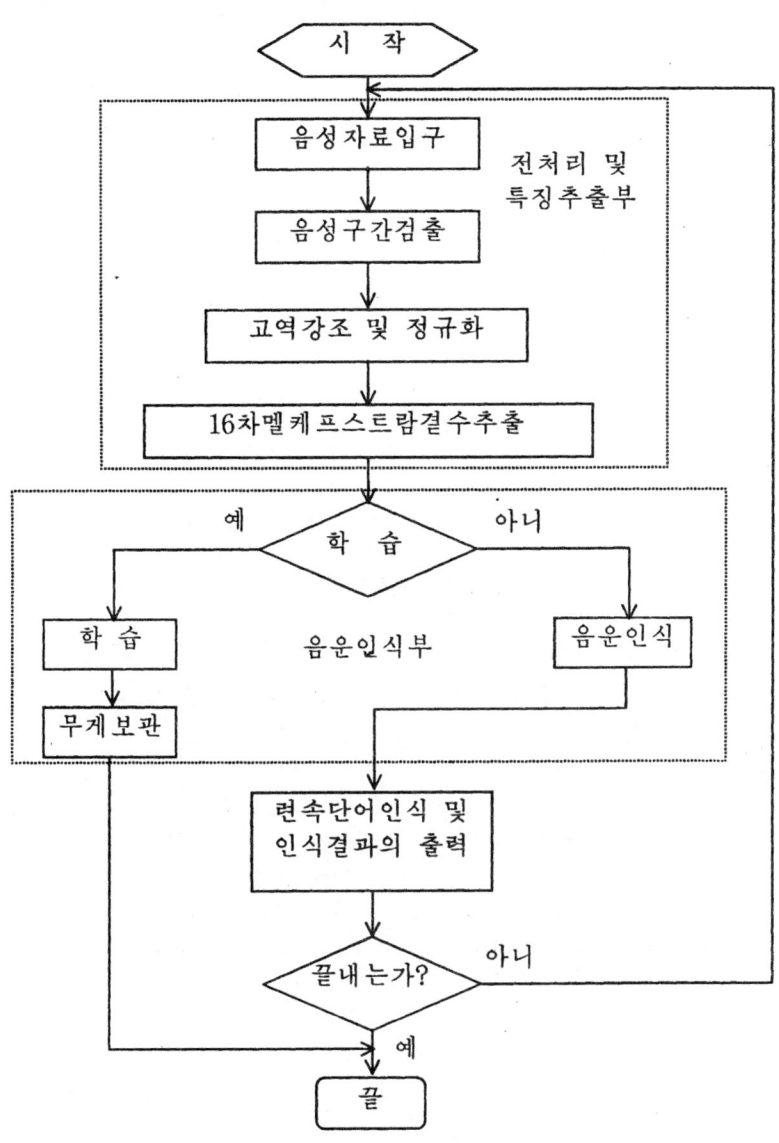

그림 3-18. 조선어련속단어인식체계의
처리흐름도

조선어학전서 40

조선어음성공학

집필 학사 홍석희
심사 박사, 부교수 권종성, 박사, 부교수 김길연
편집 학사 최홍락　**장정** 김순희　**교정** 리순희

낸 곳	사 회 과 학 출 판 사
인쇄소	평 양 종 합 인 쇄 공 장
인 쇄	주체94(2005)년 4월 5일
발 행	주체94(2005)년 4월 20일

ㄱ－56052